普通高等教育"十一五" 高等院校"十三五"
国家级规划教材 电子商务系列规划教材

ELECTRONIC
EGOVERNMENT

电子政务

微课版 第3版

史林娟 张展赫 张基温 ◎ 编著

人民邮电出版社
北京

图书在版编目（CIP）数据

电子政务：微课版 / 史林娟，张展赫，张基温编著
. -- 3版. -- 北京：人民邮电出版社，2019.8（2022.5重印）
高等院校"十三五"电子商务系列规划教材
ISBN 978-7-115-51192-8

Ⅰ．①电… Ⅱ．①史… ②张… ③张… Ⅲ．①电子政
务－高等学校－教材 Ⅳ．①D035-39

中国版本图书馆CIP数据核字(2019)第081741号

内 容 提 要

本书是一本电子政务的入门教材。全书共7章。其中，第1～2章讲述了现代行政理念以及电子政务与现代行政理念之间的关系，介绍了世界上有关国家的电子政务建设概况和我国电子政务建设的基本框架；第3～6章介绍了电子政务网站建设及评估（第3章）、政务信息资源开发利用（第4章）、政府事务处理（第5章）和电子政务保障体系（第6章）的相关内容；第7章介绍了我国电子政务建设的指导原则，以及顶层设计、工程管理与监理的有关要求和方法。本书内容丰富，概念清晰，贴近电子政务工作实际，具有较强的指导性。

本书可以作为电子政务专业以及计算机、信息管理与信息系统、行政管理等专业的"电子政务"课程教材，也可以作为公务员的电子政务培训教材，还可供政府信息化管理和技术人员参考。

◆ 编　著　史林娟　张展赫　张基温
　责任编辑　孙燕燕
　责任印制　焦志炜

◆ 人民邮电出版社出版发行　　北京市丰台区成寿寺路 11 号
　邮编 100164　电子邮件 315@ptpress.com.cn
　网址 http://www.ptpress.com.cn
　北京九州迅驰传媒文化有限公司印刷

◆ 开本：787×1092　1/16
　印张：14.5　　　　　　　　2019 年 8 月第 3 版
　字数：378 千字　　　　　　2022 年 5 月北京第 6 次印刷

定价：46.00 元

读者服务热线：(010)81055256　印装质量热线：(010)81055316
反盗版热线：(010)81055315
广告经营许可证：京东工商广登字 20170147 号

前言 | Foreword

《电子政务（第 2 版）》已经出版了 3 年。这 3 年间，随着行政理念的不断更新、电子政务理论的日臻成熟，我国电子政务建设进入稳步发展阶段。其中，新媒体政务为电子政务开辟了新的发展方向，这是本书进行修订的主要原因之一。

本书与第 2 版相比，主要有以下区别。

（1）优化章节结构。根据读者反馈，本书重组知识框架，不仅精简了第 2 版前两章内容，而且删除了部分偏计算机的内容，结构得到了优化。

（2）更新内容。本书不仅增加了政务微信公众号、政务数据分析与挖掘等知识，而且更新了案例和数据，内容更与时俱进。

（3）形式新颖。本书采用二维码形式链接拓展知识和微课视频，读者通过扫描二维码，可随时随地学习书中重难点知识，提高学习效率。

这次修订工作主要由史林娟、张展赫、张基温完成，张秋菊、戴璐等也参与了修订工作。此外，本书修订得到了江苏省宜兴市发展和改革委员会董瑜的帮助，编者在此表示衷心感谢。需要说明的是，本书在编写过程中引用和参考了一些资料，在此谨向相关作者致歉，并致以谢意。

由于编者知识水平有限，书中难免还有不足之处，希望读者和有关专家不吝指正。

编者

2019 年 1 月 8 日

目 录 Contents

第3章　电子政府网站建设及评估

第4章　政务信息资源开发利用

第7章 电子政务规划、设计与项目管理

附录 链接文献目录

参考文献

　　"政务"有广义与狭义两种含义。广义的"政务"具有两个方面的含义：一方面是"关于政治方面的事务"；另一方面是指"国家的各类行政管理活动"或"公共事务管理工作"。狭义的"政务"只指后者。所以，政府就是处理公共事务的社会机构。

　　本章从政府形象说起，首先让读者建立对于电子政务的初步印象，然后介绍电子政务的 3 种基本应用模式，最后介绍电子政务的有关术语。

1.1 政府形象

　　政府形象是公众对政府客观存在的知觉、看法、情感与评价，它具体反映社会公众对政府的认同感和信任度，是评价政府凝聚力和感召力的一杆秤和尺度，是政府推行政策、实现既定目标时可利用的重要资源，是关系到政权稳固性的重要方面。

　　政府类型不同，形象各异。这里，我们仅将政府形象分为两类：传统政府形象和电子政务形象。

1.1.1　传统政府形象

　　政府作为维系社会关系的工具，随着人类社会发展而生，也随着社会发展而变化，从封建社会开始，就呈现出一种阶层结构。但是不管哪个层次的政府，都是以"官"作为其体制中心的。中国古代把在衙署办事的官吏称为官僚，所以，也将这种传统政府体制称为官僚制。从政治学的角度，将传统政府体制分为中国式官僚制和由德国社会学家马克思・韦伯（Max Weber）提出的西方官僚制（Bureaucracy）——也称科层结构，它们都是官僚制。

微课　扫一扫：

传统政府形象

　　官僚制指一种以分部——分层、集权——统一、指挥——服从等为特征的组织形态，也即现代社会实施合法统治的行政组织。其核心点是金字塔式的等级制。例如在中国古代，官僚形象渗透在官僚们的衣食住行、言谈举止等各方面。例如，不同级别的官僚具有不同的官帽和服饰、出行有不同的仪仗等。

　　到了近代，尽管各国的政治体制、国情民风各有不同，但几乎无例外地延续了一些传统的政府组织体制，这种体制的一些弊端也在不断地暴露出来。

官僚制的特征

1.1.2　政务大厅、政务服务网与移动电子政务

1. 政府瘦身与政务大厅

　　从 20 世纪 90 年代中期开始，我国进行了两个方面的行政改革：一方面是清理行政许可、行政审批事项，即分清哪些是政府应该管的，哪些是政府不应该管的，坚决推进政府"瘦身"；另一方面是建立"一表式""一站式""一条龙式"的办公服务机构——政务大厅，即把政府机构中有关对外审批的部分，集中到一个建筑物内，以减少办事者在不同地点的政府机构之间来回奔波，

也便于部门之间的协调，大大提高了办事效率。图 1.1（a）所示为一个政务大厅内办公的状况，图 1.1（b）所示为一个政务大厅内的布局。

(a) 政务大厅内办公的状况　　　　　　　　（b）政务大厅内的布局

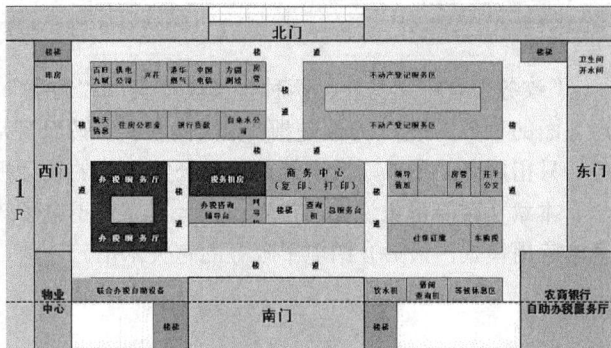

图 1.1　政务大厅

各级政府的政务大厅还积极开展多种形式的便民服务，将办理事项、申请书格式文本和办理结果全部公开、公示，并配备了办公用具、饮水机、手机充电站、休息区等便民设施。

2．电子政务大厅

进入 21 世纪后，由于计算机网络在政府部门深入应用，各地先后开通了政务大厅网站，提供网上下载表格、网上申请、文件查询等服务，有的网站还提供语音电话查询系统和手机短信通知等先进的信息服务。这种形式通常称为电子政务大厅、网上政务大厅或政务服务网。

电子政务大厅一般具有 3 大功能。

① 信息发布：将行政审批和公共事务的办事程序进行全方位、系统的展示，实现政务公开。

② 网上协同办公：采用计算机支持的协同工作等现代技术，对具有群体性、交互性、分布性和协作性特点的事务，使用群件技术，形成一个有机的程序化处理过程，提高办事效率。

③ 多功能查询：在透明的环境下，对办事过程进行实时跟踪、查询，对政府工作人员的办事过程施行行政监督。

这些政务服务网络的设立，大大缩短了政府与民众之间的距离，方便了民众，让他们不出门就可以享受到政府的服务。它们与实际政务大厅相互配合，进一步做到了为民、便民。

3．移动电子政务

移动电子政务（Mobile Government，mGovernment），又称移动政务、政务新媒体，主要是指无线通信及移动通信技术在政府工作中的应用，通过诸如手机、PDA、Wi-Fi 终端、蓝牙、无线网络等技术为公众提供服务。迄今为止，移动电子政务已经积累了以下 4 种应用模式。

（1）以短信、微博为基础的电子政务模式

以短信、微博为基础的移动电子政务最突出的问题是实时性和交互性比较差。例如，查询和提问请求不会立即得到回答等。此外，由于信息长度的有限性制约其应用领域，因而其一般多用于发布预警、通知、简单消息等。图 1.2 为短信、公众号电子政务的案例。

（2）基于 WAP 的政府网站应用模式

无线应用协议（Wireless Application Protocol，WAP）是一项全球性的网络通信协议。它使移动 Internet 有了一个通行的标准，可以将 Internet 的丰富信息及先进的业务引入到移动电话等无线终端之中。这样，手机就可以通过浏览器的方式来访问 WAP 网页。但是，WAP 网页访问的交互能力极差，因此极大地限制了移动电子政务系统的灵活性和方便性。此外，由于 WAP 使用的加密认证的 WTLS 协议建立的安全通道必须在 WAP 网关上终止，形成安全隐患，因而 WAP 网页访问的安全问题对于安全性要求极为严格的政务系统来说也是一个严重的问题。这些缺点随着 3G、4G 技术的应用，基本得到了解决。

图 1.2　短信、公众号电子政务的案例

（3）政务微信模式

微信与微博、短信相比，具有信息交互及时性、操作简便性的特点。政务微信的自动服务可以极大地提高政务的工作效率，方便用户。

（4）政务 APP 应用模式

APP 指智能手机的第三方应用程序。比较著名的应用商店有苹果的 APP Store、谷歌的 Google Play Store、安智市场，还有微软的 Marketplace 等。尽管 APP 作为平台软件已经不属于网站范畴，但由于它们具有点对面以及自主运营等特点，因而它们与基于第三方平台的新媒体还是有所不同的。但是，APP 具有针对性强的优势，这对于有特定需求的民众和工作人员都十分便利。

1.1.3　电子政务门户网站

门户（Portal）的原意是指正门、入口。门户网站是随着网络信息急剧膨胀、网站数量快速增长而出现的一种网站。它集中了一些相关网站的窗口或目录，提供搜索引擎，通过它可以快速进入其他的网站，享受到有关网站提供的信息或服务，所以又称为入口网站、网络导航。例如，"中国上海"门户网站。它就像是上海市政府的一个缩影——或称一个虚拟的上海市政府，向公众展示了该政府所提供的所有服务和信息。

一般来说，政府门户网站包括以下 3 大基本版块。

（1）向民众提供信息的版块

① 城市基本数据，即政府管辖行政区（城市）概况，如地理环境、风土人情、土特地产、现代风貌、历史变迁、基本设施、企业产业、科技文教、重要数据等。

② 城市以及相关新闻、消息等。

③ 有关法律、政策、法规、政府公告等。

④ 按照信息公开原则要求应当公开的其他信息。

（2）为公众、企业或机关提供服务的版块

① 网上办公、办事通道。

② 投资指南。

③ 交通、气象、旅游导航。

④ 便民服务、办事指南。

⑤ 友好链接。

⑥ 地图。

（3）为公众提供参与政府事务的通道的版块

① 民众反映意见的通道。

② 民众对于政府工作进行监督的通道。

③ 民众与政府机构进行咨询的通道。

④ 民众与有关领导互动的通道。

⑤ 为民众之间互相就热点问题或专题讨论提供场所的版块。

这些服务可以让民众"不出门，知天下事，办需要事"，大大方便了民众，缩短了政府与民众之间的距离。

在互联网上，门户网站多种多样，如教育类门户网站、休闲娱乐门户网站、网上营销门户网站、行业门户网站、教育培训门户网站等。它们与政府门户网站的区别主要在3个方面。

① 服务对象不同：政府门户网站是一种以全体公众为服务对象的网站，而其他的网站都有其特定的服务群体——用户（客户）群。

② 营运目的不同：政府门户网站是非营利性的网站，是政府为民服务的窗口，而其他网站多数是有一定商业目的的网站，是营利性的或有某种补偿要求的网站。

③ 服务内容不同：政府门户网站的服务内容是与公众利益密切相关的，而其他门户网站是围绕某个中心主题的。

1.1.4 一位网民心目中的电子政务形象

一位网民在互联网上发贴，谈了自己对于电子政务的印象。

① 电子政务是国民经济和社会信息化的"牛鼻子"。政府是信息资源的最大拥有者和应用者，因此电子政务也就成为国民经济和社会信息化的中心环节，发展电子政务可有力地推进国民经济和社会信息化的进程。

② 电子政务是转变政府职能的"助推器"。政府工作千头万绪，但最根本的只有两项：一是推行政令，二是为社会公众服务。发展电子政务，可有效地增强政府的公仆意识，更好地为纳税人服务。

③ 电子政务是传递政令的"千里马"。长期以来，政府政令的传递速度慢，现实情况和问题往往需要较长的时间才能反馈回来，应变能力较差。电子政务可通过网络传递，提高政令推行的时效性，提高政府的工作效率。

④ 电子政务是反腐倡廉的"好帮手"。电子政务可对行使权力的过程进行监督，提高透明度，杜绝暗箱操作，防止以权谋私，促进政务公开和廉政建设。

⑤ 电子政务是政府与群众之间的"连心桥"。电子政务可使政府及时了解到社情民意，集中群众智慧，促进决策的民主化和科学化，同时也有利于改进工作作风，密切与群众的联系。

⑥ 电子政务是节约行政开支的"好管家"。电子政务可通过虚拟办公、电子邮件交换和远程连线会议等方式，克服文山会海和公文旅行等现象，节约了人力、财力。

⑦ 电子政务是政府信息资源的聚集库和开发中心。电子政务系统积累了大量的信息资源，经过筛选、分类、整理和归纳，可转换为政府工作的参考依据。经过整合的信息，有助于资源共享，便于为社会和企业所利用，增强政府的指导和服务功能，发挥信息资源的社会效益和经济效益。

1.1.5 电子政务与传统政务的形象差异

1. 办公手段不同

电子政务与传统政务在办公手段上的不同主要表现在以下 3 个方面。

① 信息资源的数字化。

② 信息交换的网络化。

③ 信息处理计算机化。

微课 扫一扫:

电子政务与传统政务的形象差异

传统政务办公以纸质文件作为信息传递的介质。人们查阅某些信息时，需要翻阅大量文件、档案，少则几分钟，多则几天；进行文件传送时，利用传统的手段，通过收发机构，收集、包装、运输、分发文件，效率极低。实现电子政务后，信息数字化，处理业务流程计算机化，人们查阅一个信息，只要输入关键词，几秒便有结果；文件的交换和传输网络化，向任何地方传输文件也都只需要几秒，人们可以随时传递、交换和共享各种信息资源，加快了信息交换的速度，提高了信息利用的频率，使信息资源的开发利用渗透到经济和社会生活的各个领域，推动了经济和社会的发展。

2. 行政业务流程不同

图 1.3 所示为传统政务的办事流程和信息交换流程。可以看出，由于传统政务的科层结构和分工细化，造成其机构臃肿膨胀，如果要办一件比较复杂、超出办事人员（科员）职权范围的事情，则要层层向上请示，再层层向下批示才能办理；要在不同部门之间交换信息，需要层层向上请示，进行高层协调，再层层向下指示，才能交换。由于业务流程长而复杂，再加上手工操作，办事成本高而效率低，因而造成信息失真的概率较高，使行政意志在执行与贯彻的过程中会发生不同程度的偏离。

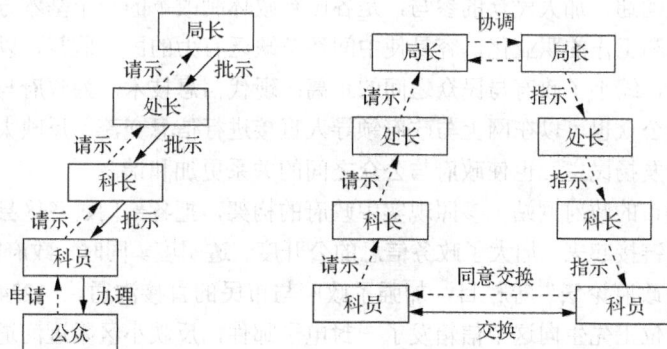

（a）一个较复杂问题的办事流程　（b）两个不同局的科员间的信息交换流程

图 1.3　传统政务的办事流程和信息交换流程

电子政务的业务流程就不一样，如图 1.4 所示，公众、所有办事人员以及领导都在一个信息网络上工作，使政府机构趋向扁平化，形成一个扁平化的结构。

政府机构扁平化结构的特点如下。

① 政府内部的领导层与执行层之间、各职能部门之间直接对话，减少了行政层次，办事流

程缩短，极大地提高了政府的行政效率，降低了成本，大大提高了信息传递的准确率和利用率，也减轻了政府部门人员的管理劳动强度。

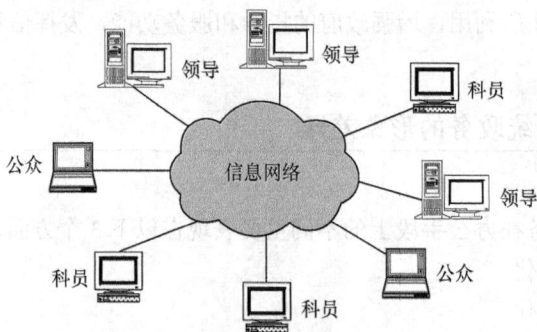

图 1.4　电子政务的业务结构

② 在信息系统面前人人平等，知识真正替代权力成为决策的主要根据，政府从权力中心向信息中心转移。

③ 各部门间交流与沟通渠道增加，政府的反应能力和团队精神增强。

④ 领导民主作风增强，权力结构趋向分散。

⑤ 取消了组织与外界环境间严格的界限，为政府职能转变扫除了组织结构上的障碍。

此外，电子政务不仅可以使公众用单击鼠标代替跑腿，还通过一站式、一表式服务，大大提高了政务效率。例如，上海市的政府网站在提高政府效能等方面，发挥了明显作用。过去进行公务员招考，外地考生先后要来上海 5 次；现在通过电子政务处理，考生只要到上海参加笔试、面试与体检即可。以前市民要询问有关财税的问题，得到回复平均需要 21.23 个工作日，如今通过"上海财税"网站进行网上提问，得到回答的时间平均是 2.94 个工作日。

扁平化结构加上完善的法治体系，将形成一种新的社会形态。计算机网络按照法律办事，减少了人为因素，社会上的所有人面对法制和计算机网络，只有分工不同，没有高低之分。

3. 与公众沟通方式不同

直接与公众沟通，加大民众的参与，是各国行政体制改革的一个基本方向。传统政务的科层结构、分工细化和工作的职业化，容易使中间环节缺乏有力的民主监督，以致发生腐败。电子政务的扁平化结构，缩小了政府与民众之间的距离；现代信息技术，为政府与民众的沟通提供了高效手段，使普通公众也可以在网上与政府领导人直接进行信息交流，反映大众呼声，促进政府职能转变，更便于发扬民主，也使政府与公众之间的关系更加和谐。

例如，杭州市的政府网站，参照现实中政府的构架，把各部门、各区县市，直至街道乡镇和社区的信息层层链接起来，加大了政务信息的公开度、透明度。同时，政府网站上设立的"12345市长信箱"与"政府论坛"等栏目，加强了政府与市民的直接沟通。"12345，网上找政府"，深得市民信赖。一位王先生向这个信箱发了一封电子邮件，反映小区附近河道的环境问题，很快就得到反馈，他十分满意。到 2006 年年底，这个信箱已收到 2.7 万多封群众求助、投诉、咨询和建议的电子邮件，做到了"件件有着落，事事有回音"。

自 2007 年起，每年元旦前夕，国务院有关部委都要通过新华网，向海内外网民恭贺新年；各省市的领导人也会通过人民网以及地方政府网，给广大网民拜年，给全国各地各界朋友拜年。值得一提的还有，2007 年全国"两会"期间，中央电视台中文国际频道每晚的《今日关注》开办了一个名为"我有问题问总理"的节目，在观众中引起了强烈反响，与此同时，央视国际还联动有关媒体在中国新闻网、人民网等网站上同步推出该活动，吸引了大批网友踊跃参与。从 2 月 14

日活动开始，截至 3 月 16 日之前，该活动的总访问量达到了 1 200 万，留言量突破了 20 万条。有许多"两会"代表和委员，还利用博客与网民互动，征求意见。

1.2 电子政务的应用模式

微课　扫一扫：

电子政务应用模式

电子政务的内容非常广泛，从服务对象来看，电子政务主要包括以下 4 个方面。

① 政府间的电子政务（Government to Government，G2G）。

② 政府对企业的电子政务（Government to Business，G2B）。

③ 政府对公众的电子政务（Government to Citizen，G2C）。

④ 政府对公务员的电子政务（Government to Employee，G2E）。

1.2.1　G2G

政务的部分活动需要在上下级政府之间、不同地方政府之间以及不同政府部门之间进行，其活动内容主要是信息交换、资源整合和业务协同。这些活动主要由下列一些信息系统实现。

（1）法规政策系统

对所有政府部门和工作人员提供相关的各项法律、法规、规章、行政命令和政策规范，使所有政府机关和工作人员真正做到依法办事。

（2）公文流转系统

在保证信息安全的前提下，在政府上下级之间、部门之间传送有关的政府公文（如报告、请示、批复、公告、通知、通报等），使政务信息十分快捷地流转，提高政府公文处理速度。

（3）司法档案系统

在政府司法机关之间共享司法信息（如公安机关的刑事犯罪记录、审判机关的审判案宗、检察机关检察案宗等），以提高司法部门的工作效率，提高司法人员的综合能力。

（4）财政管理系统

向各级国家权力机关、审计部门和相关机构提供历年的、分级、分部门政府财政预算及其执行情况（包括从明细到汇总的财政收入、开支、拨付款数据以及相关的文字说明和图表），使有关部门和领导能及时掌握和监控本地区和本部门的财政状况。

（5）业绩评价系统

按照设定的任务目标、工作标准和完成情况，对政府各部门业绩进行科学的测量和评估。

1.2.2　G2B

G2B 是指政府通过信息网络系统，进行政府采购与招标，为企业提供快捷的服务。G2B 主要包括以下内容。

（1）政府采购与招标

通过政府信息网络公布政府采购与招标信息，介绍政府采购的有关政策和程序，为企业参与政府采购提供必要的帮助，使政府采购成为阳光作业，降低企业的交易成本，节约政府采购支出。

（2）税务服务

通过政府税务信息网络系统公布税收政策，开展税务业务，企业可以远程进行税务的登记和申报、税款划拨、税收公报查询工作。

（3）工商审批和证照办理

企业通过政府网站可以方便地进行企业营业执照的申请、受理、审核、发放、年检、登记项目变更、核销，进行统计证、土地和房产证、建筑许可证、环境评估报告等证件、执照和审批事项的办理工作，并缩短办证周期，减轻企业负担。

（4）咨询服务

政府对企业开放所拥有的各种信息（如法律法规规章政策数据库，政府经济白皮书，国际贸易统计资料等），方便企业利用。

（5）为中小企业提供服务

政府通过政策和资源，为提高中小企业的竞争力和知名度提供各种帮助。例如，为中小企业提供统一政府网站入口、提供信息化平台等。

1.2.3　G2C

G2C 是指政府通过政府信息网络为公民提供的各种服务。G2C 主要包括以下内容。

（1）信息提供服务

该服务包括政策与法规信息、公众生活相关信息（如汇率、利率、新闻、交通、气象、旅游、健康、公共安全等）、紧急警报信息（台风、地震、事故、健康风险等）。

（2）民众参与服务

民众参与服务也称交互式服务，即允许民众通过在线评论、对话、意见反馈和发送疑问等，与政府沟通，也使政府充分了解公民对政府工作的意见，改进政府工作；也允许民众参与政策和决策的制定。

（3）提供教育培训服务

建立教育平台，加强对公民信息技术能力的教育和培训，以适应信息时代的挑战。

（4）事务性服务

这类服务包括许多选项，如为求职者提供网上就业培训、就业形势分析、指导就业方向；提供医疗保险政策信息、医药信息和执业医生信息，为公民提供全面的医疗服务；公民可以通过网络查询自己的医疗保险个人账户余额和当地公共医疗账户的情况；查询国家新审批的药品的成分、功效、试验数据、使用方法及其他详细数据，提高自我保健的能力；查询当地医院的级别和执业医生的资格情况，选择合适的医生和医院；还包括纳税、救济、证、交通、保险等。

1.2.4　G2E

G2E 是政务中有关公务员的工作、培训和考核的部分，主要由下面的系统进行。

（1）培训系统

培训系统可对政府公务员提供各种综合性和专业性的网络教育课程，特别是适应信息素养、业务能力、政策法规的专业培训。公务员可以通过网络随时随地注册参加培训课程，接受培训、参加考试等。

（2）办公系统

办公系统通过计算机和网络，为公务员提供现代化的工作环境，节约时间和费用，提高工作效率。

（3）人员考核评估系统

人员考核评估系统通过信息网络对公务员的业绩进行考核，对工作人员出差、请假、工资等进行管理和服务。

1.3 电子政务的有关术语

1.3.1 电子政务发展中使用过的术语

1. 办公自动化

办公自动化（Office Automation，OA）是指利用现代化的办公设备、计算机技术和通信技术来代替办公人员的手工作业。从电子政务发展历程上看，世界各国无一例外地经历了从办公自动化到电子政务的发展历程。实际上，办公自动化还不仅是办公设备的电子化、自动化，办公自动化的进一步发展是建立由各种现代化办公设备组成的政务信息处理系统。

办公自动化还称不上电子政务，它与电子政务的区别如下。

① 在应用人群上，办公自动化系统的应用群体限于政府内部的行政工作人员；而电子政务的应用群体除了政府内部的行政工作人员以外，还有广大企业和普通公众。

② 在业务内容上，办公自动化一般限于政府部门内部，并且集中于办公人员的个人的日常业务层面；而电子政务的业务范围包括政府部门内部以及政府部门之间、政府与企业和政府与公众的政务信息处理。

③ 在目标上，办公自动化限于提高政府内部的办公效率，对政府管理、政府事务的电子化转移是对原有状态的改造和超越；而电子政务就是将政府的信息发布、管理、服务、沟通功能向 Internet 上迁移，同时也结合政府行政管理流程的改变，构建和优化政府的内部管理系统、决策支持系统，并为政府信息管理、服务水平的提高提供强大的技术支持，还涉及政府职能的变革。

2. 政府上网

"政府上网"与电子政务也不相同。"政府上网"的重要任务是建设政府网站，推动政府部门与公众之间的信息交流，使政府信息发布更快速，获得外部信息更及时，与公众的沟通更便捷；而电子政务则是一个更为广泛的概念，它还包括政府部门内部以及政府部门之间所有的政务往来。因此，政府上网只是电子政务建设内容的一个组成部分。

3. 政府信息化

政府信息化是相对于企业信息化、家庭信息化、社会信息化等而提出的一个概念。信息化通常包含了两个方面：数字化和网络化。数字化可以将政府中的办事人员、服务对象和传递的公文等都虚拟化为数字，通过信息系统进行高效率的处理；网络化可以实现跨越地域的联系。办公自动化和政府上网都是政府信息化行为，也是工业时代的政府（即传统政府）向信息时代的政府（即现代政府）演变的过程，使政府以信息时代的高效率工作。

4. 电子政府

电子政府（Electronic Government）实际上是一个利用现代信息技术建立的跨越时间、地点、部门边界的全天候的"虚拟政府"。建设电子政府的目的，是使企业和民众能够随时随地享受各类政府服务。传统政府与电子政府的比较如表 1.1 所示。

表 1.1　　　　　　　　　　　传统政府与电子政府的比较

比 较 内 容	传 统 政 府	电 子 政 府
政务信息形式	物理的	电子的
办事空间	受到地域限制	不受地域限制
办事时间	受到时间限制	一般不受时间限制
办事效率	较低	很高
办事透明程度	低	较高
交互性	差	好

5. 电子政务

电子政务是一个参照电子商务而提出的概念。其基本思想是，政府在其管理和服务职能中运用现代信息和通信技术，实现政府组织结构和工作流程的重组优化；超越时间、空间和部门分隔的制约，全方位地向社会提供优质、规范、透明的服务，是政府管理理念和管理手段的变革。它的实现以信息技术作为基础，从政府信息发布、政府网上服务到政府部门间及政府部门内的信息共享和网络办公，都需要不断发展的信息技术作为保障。其目标在于建设一个国家电子政务体系，将现有的和即将建设的各个政府网络和应用系统连接起来，统一相关的技术标准和规范，做到互连互通，成为一个统一的国家政务服务平台。

简单地说，电子政务就是利用信息技术和其他相关技术，对现有的、工业时代的政府形态的一种改造，逐步构造出更适合信息时代的政府结构和运行方式的政府形态。

6. 准电子政务

"准电子政务"意在完成完善的电子政务建设之前最大限度地发挥政府网站的作用，虽然没有实现完整的电子政务流程，但大部分工作都可以通过政务网络进行，而将一些难以实现的复杂功能仍然通过传统方式来进行。"准电子政务"的思想源于我国电子商务发展初期的"网上订货、货到付款"方式，尽管没有实现交易过程的完全电子化、并非真正意义上的电子商务，但由于"准电子政务"的思想适应了我国网上支付环境不很成熟的现状，直到现在还为许多网上零售网站所采用，也是用户选择最多的支付方式之一。在这种情况下，网站发挥更多的是交流和宣传作用，交易的实现仍然在网下进行。事实上，一些地方的政府网站正是依照"准电子政务"模式逐步发展起来的。

电子政务系统建设是中国信息化建设重点发展的十大领域之一，在某些领域、某些地区已经实现了部分电子政务的功能，但政府信息化的整体发展水平还很低，用"准电子政务"的思想对现有政府网站进行升级改造，是电子政务建设中比较现实的做法。

1.3.2　基于结构的电子政务术语

1. 三网一库

"三网一库"是国务院办公厅自 2000 年起，按照我国国情和政府工作特点，提出的我国电子政务系统框架。

"三网"是指：

① 政务内网，即政府机关内部的"办公业务网"；

② 政务专网，即"办公业务资源网"，是政府涉密网络，可以实现地区级政府共享，并可以与内网有条件互连；

③ 政务外网，即以 Internet 为依托的"政府公众信息网"。

"一库"：是政府共建共享的"信息资源数据库"。

2．两网、一站、四库、十二金

"两网、一站、四库、十二金"是 2002 年国务院 17 号文件中，按照国家"十五"期间全国电子政务建设指导意见，提出的电子政务建设工作的重点任务。

"两网"是指政务内网和政务外网；"一站"是指政府门户网站；"四库"即建立人口、法人单位、空间地理和自然资源、宏观经济 4 个基础数据库；"十二金"则是要重点推进办公业务资源系统、宏观经济管理系统等 12 个业务系统。这 12 个重点业务系统又可以分为 3 类：第一类是对加强监管、提高效率和推进公共服务起到核心作用的办公业务资源系统和宏观经济管理系统的建设；第二类是增强政府收入能力，保证公共支出合理性的金税、金关、金财、金融监管（含金卡）、金审 5 个业务系统建设；第三类是保障社会秩序，为国民经济和社会发展打下坚实基础的金盾、社会保障、金农、金水、金质 5 个业务系统建设。

"两网、一站、四库、十二金"覆盖了我国电子政务急需建设的各个方面，涉及信息资源开发、信息基础设施建设与整合、信息技术应用等领域。

3．一站式服务和无站式服务

① 一站式服务（One-Stop-Service）是指居民或企业只要去一个政府综合办公点，即可解决需要办理的所有的有关事项。

② 无站服务（Non-Stop-Service）是指居民或企业只要进入一个政府网站，即可解决需要解决的问题，同时可以做到每周 7 天，每天 24 小时全天候不间断地向居民或企业提供服务。

这两种形式在许多国家的电子政府建设中得到了采用而且收到了非常明显的效果。

1.3.3　数字城市、无线城市和智慧城市

1．数字城市

"数字城市"的概念分广义和狭义两种。广义的"数字城市"概念，即城市信息化，是指通过建设宽带多媒体信息网络和地理信息系统等基础设施平台，整合城市信息资源，实现城市经济信息化，建立城市电子政府、电子商务企业、电子社区，并通过发展信息家电、远程教育、网上医疗，建立信息化社区。

狭义的"数字城市"概念，是指利用"数字城市"理论，基于地理信息系统（GIS）、全球定位系统（GPS）、遥感系统（RS）、宽带网络等，深入开发和应用空间信息资源，建设服务于城市规划、城市建设和管理，服务于政府、企业、公众，服务于人口、资源环境、经济社会的可持续发展的信息基础设施和信息系统。其本质是建设空间信息基础设施，并在此基础上深度开发和整合应用各种信息资源。

2．无线城市

无线城市是指利用多种无线接入技术，为整个城市提供随时、随地、随需的无线网络接入，形成一个多层次、全覆盖、宽带、泛在、具有融合特性的信息网络，使得用户根据应用和场景自由切换，随时接入最佳网络，为市民构建一个能够便捷、安全、迅速接入信息世界的通道。因此，无线城市以融合了互联网、移动互联网和物联网的信息应用平台为基础，可以聚合大量信息内容和应用，能够为市民的购物、出行、学习、教育、保健等方面提供便利，能为企业的开张、销售、宣传、管理等方面提供有力工具，能够为政府的政务公开、监督、城市管理等方面提供有益帮助。

3. 智慧城市

智慧城市是 IBM 于 2010 年提出的一个愿景：通过物联网基础设施、云计算基础设施、地理空间基础设施等新一代信息技术以及维基、社交网络、Fab Lab、Living Lab、综合集成法、网动全媒体融合通信终端等工具和方法的应用，实现全面透彻的感知、宽带泛在的互连、智能融合的应用以及以用户创新、开放创新、大众创新、协同创新为特征的可持续创新。

习 题

一、选择题

1. 政府形象（　　）。
   A. 是公众对政府客观存在的知觉、看法、情感与评价
   B. 是政府机关建筑物的品位
   C. 政府官员的言谈举止
   D. 人们对政府网站的感觉

2. 政务是指（　　）。
   A. 政府内部的事务　　　　　　　B. 政府内部事务的管理工作
   C. 国家公共事务　　　　　　　　D. 公共事务管理工作

3. 门户网站是（　　）。
   A. 计算机网络中起安全防护作用的网络服务器
   B. 具有显著标志的网站
   C. 集中了一些相关网站的窗口或目录，提供搜索引擎，通过它可以快速进入其他网站的网站
   D. 可以直接提供大量信息或服务的网站

4. 政务专网是（　　）。
   A. 政府为所聘请的专家服务的网络
   B. "办公业务资源网"，是政府涉密网络
   C. 政府为某些专门业务开通的网络
   D. 政府与有关专业部门联系的网络

5. 电子政务大厅的主要功能有（　　）。
   A. 信息发布、网上协同办公和参政议政
   B. 信息发布、网上协同办公和多功能查询
   C. 信息发布、参政议政和多功能查询
   D. 网上协同办公、多功能查询和技术咨询

6. 电子政务的应用群体为（　　）。
   A. 内部工作人员　　B. 广大企业　　C. 社会公众　　D. 前面三种

7. 就业服务是在（　　）模式下运行的一种电子政务服务。
   A. G2G　　　　B. G2C　　　　C. G2B　　　　D. G2E

8. 电子采购与招标是在（　　）模式下运行的一种电子政务服务。
   A. G2G　　　　B. G2C　　　　C. G2B　　　　D. G2E

9. G2G 是上下级政府、不同地方政府、不同政府部门之间的电子政务。下面不属于 G2G 的是（　　）。

　　A. 电子法规政策系统　　　　　　　　B. 电子办公系统

　　C. 业绩评价系统　　　　　　　　　　D. 电子税务

10. 国务院办公厅于 2000 年起，按照我国国情和政府工作特点，提出的"三网一库"是指（　　）。

　　A. 政务内网、政务外网、社会公网和共享信息资源库

　　B. 政务内网、政务外网、政府专网和共享经济数据库

　　C. 政务外网、政府专网、社会公网和共享信息资源库

　　D. 政务内网、政务专网、政务外网和共享信息资源数据库

11. "两网、一站、四库、十二金"中的"四库"是指（　　）。

　　A. 人口、法人单位、文化地理和自然资源、国民经济 4 个基础数据库

　　B. 人口、法人单位、空间资源和自然资源、宏观经济 4 个基础数据库

　　C. 人口、政府单位、空间地理和自然资源、宏观经济 4 个基础数据库

　　D. 人口、法人单位、文化资源和自然资源、国民经济 4 个基础数据库

二、判断题

1. 改善政府形象的关键是建设具有现代形象的政府大门和主建筑。（　　）

2. 政府就是处理公共事务的社会机构。（　　）

3. 扁平结构可以实现政府从信息中心向权力中心转移。（　　）

4. 政务的科层结构、分工细化和工作的职业化，有利于遏制官僚主义、增强政府与公众的关系、防止发生腐败。（　　）

5. "准电子政务"就是在完成完善的电子政务建设之前最大限度地发挥政府网站的作用，虽然没有实现完整的电子政务流程，但一部分工作都可以通过政务网络来进行，而将一些难以实现的复杂功能仍然通过传统方式来进行。（　　）

6. G2B 的电子政务中的"G"表示政府，"2B"表示两个以上企业。（　　）

7. 办公自动化（Office Automation，OA）是指利用现代化的办公设备、计算机技术和通信技术来代替办公人员的手工作业。（　　）

8. "数字城市"的概念分广义和狭义两种。广义的"数字城市"工程的本质是建设空间信息基础设施并在此基础上深度开发和整合应用各种信息资源。（　　）

9. "三网一库"是国务院办公厅自 2000 年起，按照我国国情和政府工作特点，提出的我国电子政务系统框架。"三网"是指政务内网、政务专网、政务外网，"一库"是指系政府共建共享的信息资源数据库。（　　）

10. "两网、一站、四库、十二金"中的"四库"是指：建立人口、法人单位、空间地理和自然资源、宏观经济 4 个基础数据库。（　　）

三、简答题

1. 电子政务大厅一般有哪些功能？

2. 政府门户网站一般具有哪些板块？

3. 电子政务有哪几种运行模式？

4. 办公自动化就是电子政务吗？

5. 电子政务与传统政务在哪些方面有区别？

6. 电子政务与办公自动化有哪些联系与区别？

7. 电子政务与电子政府有哪些联系与区别？

四、实践题

1. 调研：传统政务有哪些方面需要改进？

2. 上网浏览国外 6 个政府网站，中国 6 个政府网站，完成下列任务：

（1）一般政府网站有哪些栏目？

（2）在这些网站上享受一下服务（如自己关心的事宜），感到哪个政府网站方便？

（3）体会一下什么是政府门户网站，什么是一站式服务。

（4）中国政府网站与外国政府网站各有哪些优缺点？

3. 你如何评价传统政务与电子政务？

行政体制改革与电子政务 | 第2章

从字面上说，"行政"就是履行政府职能。进一步说，它包含了在行政理念指导下的行政体制、行政权力、行政法制、行政机构、行政人员、行政职能、行政手段和行政过程。人类社会在发展，政府的行政理念也在发展。为了使政府适应社会发展，需要按照先进的行政理念进行行政体制改革。

中国行政体制改革的理论，是在借鉴国际行政改革理论与实践的基础上，不断探索、不断深化，根据不同发展阶段的国情总结出来的。

本章通过分析世界各国行政体制改革的趋势，讨论如何确立现代行政理念、政府建设与实施电子政务之间的关系，以及我国行政改革和电子政务进展状况。

2.1 行政体制改革理论与实践

行政体制改革就是指政府在整个社会中定位的调整，并相应地转变政府职能和结构。透视世界各国政府行政体制改革的过程和在此过程中总结出来的经验，有助于对现代行政理论进行深入理解，对理解我国当前政府改革的目标、职能定位、体制创新等具有一定的启发性意义。

微课　扫一扫：

国际行政体制改革的潮流

2.1.1 国际行政体制改革的潮流

国家出现后，就有了政府，政府的行政职能管理就成为了统治者的一个重要课题。在西方，从 18 世纪下半叶开始，伴随着科学技术的发展，英国爆发了工业革命。随着人们对自然现象认识水平的提高、生产工具的不断改进、生产组织方式的变化，工业企业的效率问题、控制问题、对企业中人的管理问题更加突出，如何在市场中通过努力获得最高的效率和最大的利润成为人们深入思考的问题。由此，古典管理思想开始萌芽，行政管理理论也在政府的实践中不断调整与完善。

20 世纪 70 年代以后，随着国际形势的变化，西方国家掀起了政府再造运动，并在美国、英国、法国、澳大利亚、新西兰等国家取得了很大成功。在此过程中，相继出现了以新公共管理运动、公共选择理论和治理理论为代表的政府行政改革理论。

西方国家的政府行政职能变革与理论发展

就内容而言，行政体制改革可以简单地分为两部分：政府职能重定位及政府再造与瘦身。这两部分内容构成了政府行政体制改革的内容逻辑。西方行政体制改革的目标也分布在这个内容逻辑之中。

1. 政府职能重定位

政府职能是指政府在国家和社会中所充当的角色以及应起的作用，后者的含义是政府在管理国家事务上的职责和能力，包括政府活动的目标、范围、任务和过程。我国的张国庆等人认为，政府职能可以从不同角度进行划分和考察。

① 从职能的作用领域看：政治职能、经济职能、文化职能、科技教育职能、社会管理职能等。

② 从职能的属性看：统治职能、保卫职能、管理职能、服务职能等。

③ 从职能的性质看：行政立法职能、行政司法职能、行政检察职能等。

④ 从职能的过程和作用方式看：计划职能、指导职能、协调职能、控制职能、沟通职能、监管职能等。

政府职能是一个政治性概念，也是一个历史性概念，即这些职能是随历史的进步不断变化的。在国际上，20世纪70年代，西方的重造政府运动的基本思想是把重新界定政府职能作为西方发达市场经济国家政府改革的重点之一，其目标是使政府从大量社会事务中解脱出来，将这些职能交给或归还社会，由社会经济组织或中介组织去承担，政府则制定法律和规章制度，监督和执行法律法规。

2. 政府再造与瘦身

从政府自身改革的角度看，西方国家行政体制改革的目标之一是分散政府管理职能，缩小政府行政范围，因而必然要求实行分权与权力下放，充分利用市场和社会的力量，推行公共服务市场化和社会化，建立一个市场化、企业化的政府。同时，引入现代化管理技术，再造政府，实现政府管理的现代化。

20世纪70年代开始的政府再造大潮很快波及了许多发达国家和一些发展中国家，许多国家都根据自己国家内外的背景条件，采取了各有特色的改革战略和措施。

（1）公共部门的民营化

为了在日趋激烈的竞争中求得生存和发展，赢得更多的顾客，民营部门采用了灵活的组织结构，在管理技术和方法上不断创新。自20世纪70年代末开始，西方各国相继对公共事业进行了民营化改革，将一些具备条件的公共部门民营化，使政府瘦身，并提高这些部门的服务质量和水平。

（2）公共管理的企业化

企业化的目的是在不能完全民营化的国有企事业单位和政府内部可以独立提供公共服务的行政执行部门中，引入企业文化。其在剥离改制和绩效评估两个层面上进行。剥离改制就是将政府里面那些可以与核心决策职能分开并具备一定规模和明确服务业务的部门，从原来的政府部门中剥离出来，进行公司化运作。绩效评估就是采用企业管理的方法，对一些政府部门进行成本核算、财务控制、业绩奖励等。

（3）公共服务的市场化

为了扩大市场的能力，政府应减小管制范围。公共服务的市场化就是把竞争机制引入到公共服务中。

（4）公共行政的民主化

公共行政的民主化主要有两方面内容，即权力分散和放松规制。

① 权力分散。西方各国行政体制改革的一个重要内容是权力分散。

各国实施权力分散的具体做法不同，如瑞典政府在中央和地方设立了众多具有公共服务职能的自治（或代理）机构。

② 放松规制。放松规制就是重新界定政府的权限，发挥市场"看不见的手"的调节功能，如：

- 对某一个行业的规制（如价格、进入、退出、经营空间等）全部取消；
- 对某一个领域实行弹性管理，如对价格实行浮动管理，取消进入数量限制等；
- 对某一产业的特定部分（如与电力管理的基础网络分离后的电力生产）放松规制；
- 设立专门领导机构，审查各机构的新规则，对所有已有规章条例进行清理之后决定修改或废除。

（5）公共运营的信息化

在信息时代，数字化生存方式要求政府对迅速变化的经济做出反应。技术方法是采用先进的信息技术，实现政务的信息化。信息化打破了长期以来政府对公共信息的垄断，促使政府从金字塔结构向扁平化方向发展，使公民和社会团体更容易参与公共管理活动。

施行电子政务实质上就是要把工业化时代建立起来的政府体系，转变为适应信息时代的政府体系。具体地说，就是把具有分层结构、基于职能管理、在物理经济中运行特征的政府体系，向具有扁平化、基于流程管理和知识管理、在虚拟化经济中运行特征的政府体系转变。这样的一种转变，需要冲破来自思想观念、既得利益、文化知识、官僚作风等多方面的阻力，更需要有行政理念的转变。因为不同的行政理念建立的行政体制不同，形成的政府职能不同，指导的行政事务过程和效果也不同。

所以，建设电子政务不仅是从技术上对政府进行装备，还要把它看作政府建设，建立先进的行政体制，实现现代行政理念，执行政府职能的一部分。

2.1.2 现代行政理念

政府行政理念就是政府治理理念。现代政府治理理念将勾画出现代政府的蓝图。在学术界和政府内部，不少人勾画出了不同的政府治理理念。下面介绍其中主要几个。

微课　扫一扫：

现代行政理念

1. 法治政府理念

法治是人类文明与发展的标志。法治政府理念的核心是权利本位、依法行政和司法审查。

（1）权利本位

权利本位是一种法治政府价值观。它认为人民的权利不是来自法律，也不是来自国家，而是一种不可剥夺的自然权利。因此，对于公民而言，"法不禁止即自由"，即法律不明文限制的行为，公民就可以自由地进行。

（2）依法行政

法治政府要求政府行为按照"法未允许即禁止"的原则进行，即政府权力的组织与运行都要受到法律的制约，一切行政活动必须受到法律约束；一切行政权力都应当是有限的，越权无效；行政行为的实施过程应当遵循法定的、合理的方式、方法和步骤。

（3）司法审查

司法审查要求行政从属于法，即行政不得违法，政府的侵权行为要受到法律的追究。它的两个基本点是法律至上和法律保留。

2. 责任政府理念

责任政府理念是指一种政治原则，以及建立在这种政治原则基础上的政府责任制度。责任政府理念要求权力政府向责任政府方向转变，这不仅意味着政府行使的每一项权力都承载着一份相应的责任，即违法行使权力必须承担相应的法律责任，还意味着拒绝行使应当行使的权力也是失职行为。具体地说，责任政府应当承担的责任如下。

（1）道德责任

道德责任也称伦理责任，是指公共行政组织及其公务人员在行使权力管理公共事物、提供公共服务的过程中必须遵循的道德规范与承担的道德责任。

（2）政治责任

在民主政治环境下，政府的一切行政行为都必须以民意为归属和依据，统治者的权力必须建立在被统治者同意的基础上。民主政治与专制政治的最大区别在于政府必须承担政治责任。所谓政治责任，就是行使公共权力者因不履行政治义务而承担的政治上的否定性后果。这种政治上的否定性后果意味着相应的个人或组织已经丧失了行使政治权力的资格[①]。

（3）行政责任

行政责任是指政府机关和公务人员在政府机关内部上下级之间必须承担的责任和义务。

（4）诉讼责任

诉讼责任是一种法律责任，它意味着政府必须接受司法机关的审查，即"王子犯法，庶民同罪"。

（5）赔偿责任

政府具有权力能力和行为能力，是法律关系上权利义务的主体之一。当政府机关的行为侵害了人民权利时，也应当像其他法人组织一样承担侵权赔偿责任。赔偿责任也是诉讼责任的必然产物。

3. 透明政府理念

透明政府理念的核心思想是政府应当满足公众的合法知情权。它意味着：

① 政府不再继续保持神秘的角色；

② 不允许有暗箱操作。

透明政府理念要求政府行为依据具有明确性和可预测性的法律做出，并暴露在"阳光"下；要求除涉及国家秘密和依法受保护的商业秘密、个人隐私外的政府信息，应当公开；要求政府严格遵循法定程序，依法保障行政相对人和利害关系人的知情权、参与权和救济权，把公开作为监督政府行为、杜绝腐败和保障公民权益的利器。实现透明政府的具体原则如下。

① 公共利益至上。

② 责任：向公民承担更多的责任，有义务提供客观、可靠、清晰的信息。

③ 有限例外，最大限度公开：遵循政府信息公开原则，不公开是例外。

④ 便利：为公众提供方便。

⑤ 成本：尽量减少收费。

⑥ 保护检举者。

4. 效能政府理念

效能=效率+方向正确。效能是行政管理的生命。现代政府行政理念要求政府不仅是公正的，而且是高效率的，否则，政府管理就难以适应经济社会快速发展的要求。

效能政府理念包含了以下三方面内容。

① 政府机构人员必须少而精干。

② 政府行为必须是有效率的——对政府自身而言。

③ 政府应该和民众互动。

电子政务的发展受到了世界各国政治家的重视，一个重要原因是政府是全社会中最大的信息拥有者，也是最大的信息技术用户，有效地利用信息技术，可以极大地增强政府业务的有效性，提高政府业务的效率和劳动生产率。

5. 服务型政府理念

服务型政府是一个能够公正、透明、高效地为全社会提供优质公共产品和服务的政府。我国宪法规定，一切权力属于人民，人民政府代表全体人民行使权力。随着行政体制改革的深入，这一宪法精神应该体现在政府的治理理念中，要求政府从高位上走下来，从官本位向民本位方向转变，由管制者的角色转变为服务者的角色。

---

① 王成栋. 政府责任论[M]. 北京：中国政法大学出版社，1999.

6. 诚信政府理念

诚信是市场经济的基石。在市场经济社会中，个人诚信是基础，企业诚信是重点，政府诚信是主导。政府是社会最具公信力的组织，它对社会诚信系统建设具有重要的引导与示范作用。树立诚信政府形象，首先要使政务公开。只有实行政务公开，才能提高政府信息的透明度。同时行政机关公布的信息应当全面、准确、真实；行政机关制定的政策和发布的决定应相对稳定；行政管理应严格依法，非因法定事由并经法定程序，行政机关不得撤销、变更已经生效的行政决定。如因国家利益、公共利益或者其他法定事由需要变更行政决定，应当依照法定权限和程序进行，并应对行政相对人因此受到的财产损失依法予以补偿。行政机关工作人员与行政相对人存在利害关系时应回避。

2.1.3 中国行政体制改革成就

尽管在根据地时期，中国共产党就已经建立了政府。但是，只有 1949 年中华人民共和国成立后，才开始建立面向全国的各级政府。这套行政体制适应中华人民共和国建设的过程，是一个对行政体制的性质、特点、规律、关系、目标和任务不断深化认识的探索过程，并且在这个探索过程中，不断完善和发展了具有中国特色的社会主义执政理念。

微课　扫一扫：

中国行政体制改革
成就

在几十年的不断探索中，中国的行政体制不断改革、完善。特别是改革开放以来，中国行政体制改革在推进经济体制改革、社会体制改革、文化体制改革和政治体制改革的同时，取得了突破性的成就。这些成就主要表现在如下几方面。

1. 推进法治政府建设

建设法治政府是改革开放以来中国行政体制改革的重大成就，其突出标志是我国政府逐步实现了从全能政府向有限政府，从管制政府向服务型政府、法治政府的转变。公民的权利意识和法治观念不断增强，法治政府建设取得了显著进步。法治政府的核心是依法行政，1989 年通过的《中华人民共和国行政诉讼法》被认为是中国法治建设历程中的里程碑。2004 年 3 月，中国政府发布《全面推进依法行政实施纲要》，明确提出用 10 年左右的时间，基本实现建设法治政府的目标。此后，法治政府建设步伐加快，《中华人民共和国行政许可法》《中华人民共和国行政诉讼法》《中华人民共和国行政复议法实施条例》等一系列法律法规的颁布实施，标志着中国法治政府的法律制度框架已基本建立，依法行政的法律法规体系初步完善，行政立法、执法和监督工作进一步加强，政府建设和行政工作法治化、制度化加快推进，着力用制度管权、管事、管人。

2. 转变政府职能，改革政府组织结构

机构是职能的载体，职能配置需要设置科学的机构。改革政府组织机构，是中国行政体制改革的重要内容。实行改革开放以来，从 1978 年到 2018 年的 40 年年间，我国于 1982 年、1988 年、1993 年、1998 年、2003 年、2008 年、2013 年和 2018 年集中进行了 8 次政府机构改革，平均 5 年一次，内容涉及机构调整、职能转变、编制配备、制度建设等方面。从历次改革的背景、目标和重点来看，政府机构改革大体上经历了三个阶段，并在不断地取得新的突破和进展。

（1）1982—2002 年间进行了 4 次政府机构改革

这个阶段的主要任务是推进从计划经济向社会主义市场经济转型，从精简计划经济条件下的专业经济管理部门着手，按照发展市场经济的要求推动政府机构职能的转型。

1982 年，机构改革的重点是精简机构和编制，为深化经济体制改革创造条件。

1988 年，机构改革的重点是撤减专业经济管理部门和综合部门的内设专业机构，减少专业部门对企业的干预，强化政府的宏观管理职能。这次改革还提出了建立国家公务员制度，并第一次对国务院各部门进行了定职能、定机构、定编制的"三定"方案工作。

1993年，机构改革在确立了社会主义市场经济目标的背景下展开，提出了按照社会主义市场经济体制的要求，转变政府职能，推行政企分开，改革计划、投资、财政、金融等方面的管理体制，重点撤并专业经济部门和职能交叉的机构，而有的部门或机构则转化为经济实体或服务实体。

1998年，机构改革是一次力度较大的改革，它强调以发展社会主义市场经济为目的，转变职能，加快推进政企分开，几乎撤销了所有的专业经济部门，清除了政企不分的组织基础，结束了计划经济下依靠专业经济部门直接管理企业的体制。

（2）2003—2012年间进行了2次政府机构改革

这个阶段的主要任务是为适应全面建设小康社会和科学发展的要求，探索职能有机统一的大部门体制，优化政府架构，建设服务型政府。

2003年，机构改革进一步转变政府职能，提高政府效能，重点对国有资产管理、宏观调控、金融监管、流通管理和市场监管等重点领域的相关职能和机构进行优化整合，采取综合设置，组建了国务院国有资产监督管理委员会、国家发展和改革委员会、商务部、银监会等政府部门。

2008年，机构改革围绕转变政府职能和理顺职责关系，合理配置宏观管理部门职能，整合一些领域的相关职能和机构，组建了工业和信息化部、交通运输部、人力资源和社会保障部、环境保护部4个大部，涉及调整机构15个，减少正部级机构4个，初步形成了与宏观调控、市场监管、社会管理和公共服务职能相配套的政府组织架构。

（3）2013—2018年间进行了2次政府机构改革

这个阶段的基本思路是以加强党的全面领导为统领，以推进国家治理现代化为导向，以推进优化协同高效为着力点，调整优化政府的机构设置和职能配置，呈现优化协同高效的特点。

2013年，机构改革以转变职能为核心，整合相关领域的职能和机构，稳步推进大部门体制改革，重点实行铁路政企分开，不再保留铁道部，组建了国家卫计委、国家食药监管总局、国家新闻出版广电总局等部门；同时着力转变政府职能，深化简政放权，改革后，国务院正部级机构减少4个，涉及调整机构20多个。

2018年，机构改革着眼于转变政府职能，建设现代化经济体系，加强和完善政府在市场经济资源配置中的调节、监管、管理、公共服务、生态环境保护等职能，结合新时代发展要求，推进政府机构职能的调整优化，对一些领域职能相近、联系紧密的党政部门采取统筹设置。通过改革，我国组建了自然资源部、生态环境部、文化和旅游部、退役军人事务部、应急管理部等部门和其他机构。改革后，国务院正部级机构减少8个，副部级机构减少7个。

表2.1所示为1949—2018年间中国国务院行政机构变革年表。

表2.1　　　　　　　　中国的国务院行政机构变革年表（1949—2018年）

年　　份	状况和缘由	效　　果
1949年	政务院初具规模	政务院机构35个
1952—1953年	第一次机构改革，以加强中央集权为中心内容	政务院机构达42个，但在划清业务范围的基础上减少了管理层次
1954年	国务院成立，机构增加	国务院机构64个
1955—1956年	国务院扩充机构	国务院机构81个
1956年下半年—1960年	第二次机构改革，以中央向地方下放权力为主要内容	1958年底，国务院机构68个 1959年，国务院机构60个（39个部委，21个直属和办事机构）
1960—1964年	第三次机构改革，干部精简	1960年7月—1961年9月，中央机关精简干部8.1万人 1962年2月—1964年，中央机关再精简干部1万人，全国共精简81万人
1965年	中央收回20世纪50年代后期下放给地方的权力并恢复被撤销的机构	1965年底，国务院机构达79个

年　份	状况和缘由	效　果
1970 年	权力下放	国务院机构 32 个（其中 13 个由军队管理）
1975 年	对各领域进行整顿	1975 年，国务院机构恢复到 52 个
1976—1981 年	开始恢复 20 世纪 50 年代后期的管理体制	1976 年，国务院机构恢复到 76 个，1980 年达 100 个
1982 年	提高政府工作效率，实行干部年轻化，打破领导职务终身制	国务院各部门从 100 个减为 61 个，编制从 5.1 万人减为 3 万人
1983—1986 年	机构反弹	1983 年为 65 个，1986 年为 72 个
1988 年	将转变政府职能作为机构改革的关键	国务院部委由 45 个减为 41 个，改革后人员编制减少了 9 700 多人
1989—1993 年	又一次反弹	国务院机构达 86 个
1993 年	适应建设社会主义市场经济的需要	国务院机构由 86 个减少到 59 个
1998 年	行政管理从具体的工业经济管理中淡出，消除政企不分的组织基础	撤销了几乎所有工业专业经济部门，国务院组成部门 29 个
2003 年	国有资产管理、宏观调控、金融监管、流通管理和市场监管等重点领域的相关职能和机构进行优化整合，采取综合设置	组建了国务院国有资产监督管理委员会、国家发展和改革委员会、商务部、银监会等政府部门
2008 年	转变政府职能和理顺职责关系，合理配置宏观管理部门职能，整合一些领域的相关职能和机构，探索实行职能有机统一的大部门体制	组建了工业和信息化部、交通运输部、人力资源和社会保障部、环境保护部等 4 个大部，涉及调整机构 15 个，减少正部级机构 4 个
2013 年	建设现代化经济体系，加强和完善政府在市场经济资源配置中的调节、监管、管理、公共服务、生态环境保护等职能	组建了自然资源部、生态环境部、文化和旅游部、退役军人事务部、应急管理部等部门和机构。改革后，国务院正部级机构减少 8 个，副部级机构减少 7 个
2018 年	转变职能，理顺关系，推进大部门体制改革	国务院除办公厅外，组成部门为 25 个

国务院的机构改革历程表明中国以螺旋式前进的方式逐步向小政府、大社会方向发展。

3. 调整行政区划

行政区划的调整与优化，是中国行政体制改革的重要内容。改革开放以来，中国行政体制改革不断适应经济社会发展、城镇化进程和生产关系的变革，先后进行了建立特区、新建省（直辖市）、撤地建市、县改市、市领导县、县改区等一系列行政区划改革，极大地丰富了中国行政区划的实践内涵。受城镇化进程、中心城市空间拓展、人口集聚与增长、交通和通信条件改善以及政策因素的影响，中国行政区划调整主要有五种模式：建制变更、行政区拆分、行政区合并、建制升格以及新设立行政区。从 1979 年到 1997 年，这一时期中央两次设市标准的调整，极大地影响了区划变更的进程和周期。

4. 创新政府管理方式

改革开放以来，中国政府主动适应国内外环境变化和经济社会发展要求，不断创造行政管理方式，坚持以人为本，利用市场机制，采用现代科技成果，简化行政程序，调整管理流程，将政府规划、政策引导、法规制定、经济激励、信息服务等多种管理方式和手段相结合，使行政管理方式向着更加科学化、人性化、简便化、效能化的方向转变。一是创新宏观调控方式，集中精力转方式、调结构，适时、适度进行预调和微调，增强宏观调控的针对性和协调性。二是将政府管理由事前审批更多地转为事中事后监管，堵塞监管缝隙和漏洞，加大对违法违规者的处罚力度，努力做到"宽进严管"，着力营造公平竞争的市场环境；三是推广政府购买服务、创新政府职能方式；四是加强电子政务建设，着力推进"互联网+政务服务"，利用电子政务平台实施管理和提供服务，从而增强了对公众诉求的回应性，提高了行政效率，降低了管理成本，方便了人民群众。

5. 加强公务员队伍建设

公务员队伍是政府管理的主体，其素质和能力直接影响政府的执行力和公信力。改革开放以来，中国逐步建立了现代国家公务员制度。1993 年 4 月，国务院通过并颁布了《国家公务员暂行条例》，并于同年 10 月起施行，这标志着公务员制度的初步形成。此后，全国各地自上而下逐步开始建立和推行国家公务员制度，加强公务员队伍建设。公务员管理法律法规体系逐步健全，包括准入、激励、退出等机制在内的具有中国特色的国家公务员制度基本建立；政风建设和廉政建设不断推进，公务员队伍的整体素质和能力明显提高，形成了一支爱岗敬业、忠于职守、素质优良、作风过硬、勤政廉政的公务员队伍，为进一步建成与完善中国特色社会主义行政体制奠定了坚实基础。

6. 推进反腐倡廉，建设廉洁政府

廉洁是从政道德的底线，也是政府公信力的基石。改革开放 40 多年尤其是近些年来，中国政府坚持不懈地推进廉洁政府建设，在查办大案要案、惩处腐败分子、加强制度建设、强化对领导干部的监督、治理商业贿赂、纠正损害群众利益的不正之风等方面，取得了很大成就。国务院每年召开廉政工作会议，对政府系统的反腐败和廉政建设做出部署。全国各地区、各部门都把反腐败和廉政建设纳入了经济社会发展总体规划，寓于各项改革和重要政策措施之中。我国通过制定建设廉洁政府的一系列法律制度，包括制定《中华人民共和国政府采购法》《中华人民共和国反垄断法》《中华人民共和国招标投标法》，规范行政自由裁量权，发挥市场在资源配置中的决定性作用，着力防止腐败行为的发生；通过体制机制创新，建设廉洁政府；推进行政审批制度改革，推进干部人事制度改革，推进司法体制和工作机制改革，推进财政、投资、金融、资源等体制改革；依法查处腐败案例，大力建设廉洁文化；积极开展反腐败国际交流与合作。反对腐败，建设廉洁政府，是全人类的共同愿望，也是世界各国政府和政党面临的共同课题。中国将在国际和地区性反腐败交流与合作中发挥积极作用，为建设一个公正廉洁、和谐美好的世界而努力奋斗。

7. 建设国家基本公共服务体系

2012 年 7 月 11 日，国务院发布了《国家基本公共服务体系“十二五”规划》（以下简称《规划》）。《规划》指出：“十二五”时期是我国全面建设小康社会的关键时期，是深化改革开放、加快转变经济发展方式的攻坚时期。建立健全基本公共服务体系，促进基本公共服务均等化，是深入贯彻落实科学发展观的重大举措，是构建社会主义和谐社会、维护社会公平正义的迫切需要，是全面建设服务型政府的内在要求，对于推进以保障和改善民生为重点的社会建设，对于切实保障人民群众最关心、最直接、最现实的利益，对于加快经济发展方式转变、扩大内需（特别是消费需求），都具有十分重要的意义。

（1）基本公共服务的概念

所谓基本公共服务，是指建立在一定社会共识的基础上，根据一国经济社会发展阶段和总体水平，维持本国经济社会的稳定、基本的社会正义和凝聚力，保护个人最基本的生存权和发展权，实现人的全面发展所需要的基本社会条件。基本公共服务的 3 个基本点如下。

① 保障人类的基本生存权（或生存的基本需要）。为了实现这个目标，需要政府及社会为每个人提供基本就业保障、基本养老保障、基本生活保障等。

② 满足基本尊严（或体面）和基本能力的需要，需要政府及社会为每个人提供基本的教育和文化服务。

③ 满足基本健康的需要，需要政府及社会为每个人提供基本的健康保障。随着经济的发展和人民生活水平的提高，一个社会基本公共服务的范围会逐步扩展，水平也会逐步提高。

“建立健全基本公共服务体系，促进基本公共服务均等化”是《规划》的核心内容。《规划》在服务对象、保障标准、支出责任、覆盖水平 4 个方面，对基本公共服务国家基本标准进行了设计，以充分体现公民权利、政府责任和工作的目标，涉及各利益相关方。所有标准均依据现行法律法规或政策提出。同时，基本公共服务国家基本标准实际上是全国最低标准，各地可以根据实

际情况，适当拓展范围，提高标准水平。

这个概念表达的是基本公共服务的价值取向和理想结果状态。其含义是：全体公民不论民族、性别、收入及社会地位差异如何，都能公平地获得由政府提供的、大致均等的基本公共服务。不难看出，"均等化"与西方福利国家所主张的社会福利的"3U"思想具有明显的传承性。"3U"指的是：普享性（Universality），即所有公民不论其职业为何，都应该被覆盖，以预防社会风险；统一性（Unity），即建立大一统的福利性质管理机构；均一性（Uniformity），即每一个受益人根据其需要获得资助，而不取决于其收入状况。

（2）基本公共服务体系框架

基本公共服务体系是指由基本公共服务范围和标准、资源配置、管理运行、供给方式以及绩效评价等构成的系统性、整体性的制度安排。

为突出体现国家"十二五"规划的"学有所教、劳有所得、病有所医、老有所养、住有所居"的要求，《规划》的范围确定为公共教育、劳动就业服务、社会保障、基本社会服务、医疗卫生、人口计生、住房保障、公共文化等领域的基本公共服务，勾画了图 2.1 所示的中国基本公共服务体系框架。

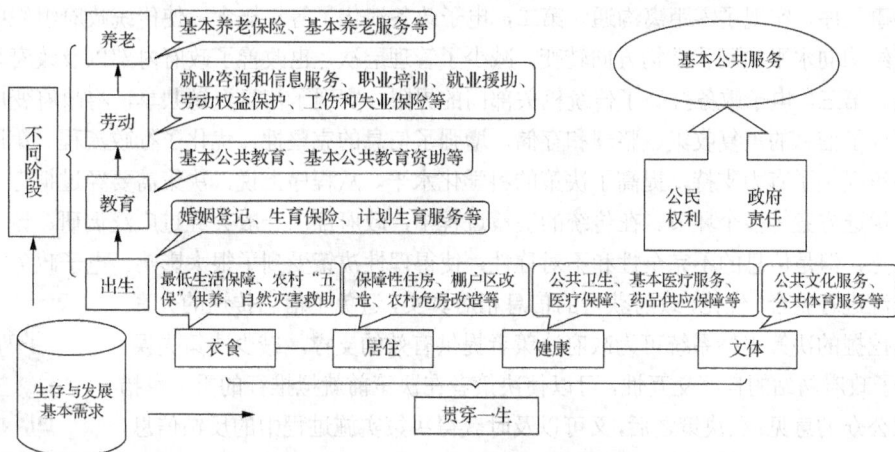

图 2.1　中国基本公共服务体系框架

这些执政思想，把执政理念提高到了一个空前的高度。

2.2　电子政务与现代行政

执政能力是指执政党在治党、治国、治军过程中表现出来的能力和本领。执政能力建设是一项复杂的系统工程，必须多方面、多角度、多渠道地进行探索和实践，正确把握执政能力建设的内容和方向。

随着信息技术的普及和深入发展，电子政务工程先后在世界各国启动。2000 年，联合国教科文组织对 62 个国家（39 个发展中国家、23 个发达国家）进行了调查，发现约 89%的国家都不同程度地将推动电子政务建设列为国家级的重要事项。

根据联合国经济与社会事务部掌握的数据，1996 年，全球只有不到 50 个政府部门建立了自己的网站；而到 2002 年，全球就已经开通了 5 万个政府网站，电子政务已经列入了所有工业化国家的政治日程。之所以这样，一个重要原因是推行电子政务有助于增强执政能力。

可以说，电子政务建设是执政能力建设的一个重要组成部分，我们应该从执政能力建设的高度提高对电子政务建设的认识。

2.2.1 推进电子政务建设有助于实现现代行政理念

电子政务是指政府机构在其管理和服务中运用现代网络技术处理各类事务，使各级政府机构的政务处理电子化，包括内部核心政务电子化、信息发布电子化、信息传递与交换电子化、公众服务电子化。但是，电子政务不是将传统政府的工作内容、工作方式与电子信息技术简单叠加，而是一种技术创新与体制创新的有机结合，会带来政府行政体制的变革和行政理念的转变。

微课　扫一扫：

推进电子政务建设有助于实现现代行政理念

1. 推进电子政务建设有利于提高政府效能

第一，电子政务运用数字化和网络化技术，用工作内容和工作方式的电子化代替手工方式，将诸如项目审批、公司注册、税款征收、医疗保险、考试录用、护照办理、职称评定等事项，通过计算机网络以快捷、安全的方式传递和处理，无疑可以大大提高工作效率。进一步说，电子政务缩短了政府各部门之间以及政府部门与公众之间的空间距离，简化了办事程序，实现了零距离沟通。第二，电子政务淡化了等级概念，使传统政府组织中金字塔式的垂直结构向水平的网状结构方向转变，减少了管理层次，也改善了政府内部以及政府与民众之间的关系。第三，电子政务打破了传统机关部门的界限，实现了信息资源共享，将政府变成了一个整体，减少了信息的重复收集、整理和存储，增强了信息的完整性，优化了行政流程。第四，电子政务为决策提供了有力支持，提高了决策的科学化水平。从程序上说，决策需要经过拟订方案、分析论证、优选方案等多个环节。在传统的决策过程中，政府部门一般会经过广泛调研、论证，听取各方面意见，但是信息的不完全性和不对称性，使得理性决策受到了很大影响。电子政务对有关政务信息资源进行整合、优化，政府获得的信息相对真实，避免了信息传递的失真，基于数据挖掘的决策支持系统可为政府决策者提供有效的支撑，减少决策失误。此外，电子政府网站的良好交互性，可以使决策者在决策前就拟推行的重大举措广泛征求公众的意见；在决策之后，又可以及时获得决策实施过程中的反馈信息，了解和掌握发展变化的最新信息，据此进一步完善或追踪决策。简而言之，电子政务从体制上保证了政府的高效率运转，提高了服务质量，精简了许多政府部门和人员，降低了政府运行成本。

政府信息公开目录系统实施指引（试行）

2. 推进电子政务建设有利于建立透明政府和诚信政府

电子政务要求上网政府必须实行政务公开。首先，其要求政府行为公开，不仅要公开有关政策和办事程序，所有申报、审批等事项都必须按规定程序通过电子流程进行，并接受公众的监督；其次，电子政务要求信息公开，随着《中华人民共和国政府信息公开条例》的制定和执行，凡是无特别说明不能公开的信息，都必须上网对公众公开，防止信息被少数人截留专用或有选择地发布，从而大大提高政府办事的透明度；最后，由于减少了办事人员的直面接触，"门难进，脸难看，事难办"的事情不易发生，政府的廉政建设将得到加强。公开和透明，也有助于提高公务员的诚信度。

3. 推进电子政务建设有利于建立公共服务政府

在信息社会，政府将由权力行政转变为服务行政，公众的意愿和利益要求即政府行政的出发点。在政府与公众间，公众的"顾客"定位似乎更恰当些。推进电子政务建设，有助于实现这个目标。

电子政务为政府主动收集和了解公众的生活信息、活动习惯及对政府的服务需求提供了方便，还可以提供"一站式""一门式"的无间断服务，便于公众不受部门边界和时空限制地随时了解各种信息，选择所需要的服务方式和服务种类，充分享受政府为人们提供的全天候、零距离的各种公共服务。

电子政务要求政府创新其服务方式，使政府公共产品与服务的提供更为快捷、更为方便、更为畅通、更为直接、更为公平、更具有高的附加值，以最大限度、最大幅度地满足更多公众的需要。它期望达成的理想的提供公共产品与服务的模式是：公民不需要到政府机关所在地就可以获取丰富的信息；公民办事时，任何问题都可以通过"单一窗口""跨机关""自助式"办理，随问随答，全程服务，立等可取，并可获得全天候服务。

4．推进电子政务建设利于建立民主政府，实现和谐政务

电子政务采用信息技术，使行政组织趋向扁平化，缩小了政府与公众之间行政地位的差距和空间距离；信息技术带来的方便和良好的互动性，激发了公民参与行政事务的热情，也为公众参与政治提供了很好的条件；信息公开可保证人民群众在知情的前提下实现民主权利，电子政务使政务资源趋向透明与公开，公民知情权有了保障，增加了公众选择的机会，为公民提供的机会也趋向平等。

2.2.2　电子政务可提高政府的驾驭能力

1．政府驾驭能力的表现

执政能力建设的目的，是提高政府的驾驭能力。驾驭能力一般包括以下 4 种能力。

（1）总揽全局的能力

政府的驾驭能力即善于"总揽全局、协调各方"的能力。其通过建设健全、科学化、规范化、制度化的机制，使各方积极主动、独立负责、协调一致地工作；善于处理眼前与长远、局部与全局的关系，把本地区、本部门的发展置于国际、国内发展的大局中思考，结合实际创造性地开展工作。

（2）驾驭市场经济的能力

政府要想提高驾驭市场经济的能力，首先要善于学习和把握市场经济的特点和市场经济运行的基本规律，自觉按照客观规律办事；其次，要善于抓住机遇，发展自己，不断增强在国内外市场中的竞争力；最后，要善于用发展的办法解决改革和建设实践中出现的新问题，不断增强我国的综合国力和民族凝聚力，及时化解各种矛盾，有效解决各种问题。

（3）应对复杂局面的能力

当今世界复杂多变，来自经济的、政治的、社会的、文化的挑战和考验接连不断，自然、人为的各种灾难等事件也在不断增加。政府反应能力和社会应急处理能力体现着政府对社会事务管理的水平。提高政府反应能力和社会应急处理能力是完善公共管理、促进经济和社会协调发展的需要，也是维护广大人民群众根本利益的根本要求。

（4）依法行政的能力

政府要想提高依法行政能力，必须增强法治观念，在宪法和法律的范围内活动，树立正确的权力观。

2．电子政务对提高政府驾驭能力的支持

电子政务作为执政能力建设的基础性工作，主要从以下几方面支持着。

（1）正确的判断需要正确、及时而充分的信息。现在，我们处于一个信息爆炸的时代，在浩瀚的信息海洋中，获得需要的信息并非易事，何况信息良莠混存。显然，没有现代信息设施的支持这是无法做到的。电子政务的建设，可以为政府提供正确、充分而及时的信息，为决策提供有效的辅助支持。

（2）电子政务建设增强了政府的社会公共服务能力。增强社会公共服务能力是建设服务型政府的需要。电子政务建设要体现出执政为民的宗旨，提高政府各项工作的效率，真正把该管的事情管好，把该做的事情做好。也就是说，要利用信息化强化政府的社会公共服务职能和能力。要

重点和优先建设面向社会服务的电子政务系统，如电子报税系统等。这样，电子政务才能一开始就让群众享受到方便和实惠，真正为企业服务，得到广大人民群众的拥护和支持。

（3）通过政务信息公开，提高政府对信息的主导能力。随着信息技术的广泛应用，社会上信息传播速度加快，传播手段日趋多样化，这对政府主导和掌控信息提出了新的要求。电子政务是政府在新形势下争取舆论主导的一种重要手段。在重大事件发生时和就公共事件进行决策时，政府要利用电子政务网，在第一时间以长期驻留的方式将政府的声音传达给公众，让公众了解政府信息，并利用媒体和公众充分沟通，给公众以信任感，同时也可提高政府决策的透明度，形成政府在信息发布方面的权威性，确立和掌握主动权。

（4）通过推进电子政务建设，利用信息技术，重点建设和建立快捷的信息沟通渠道，可以提高政府对突发事件和重大公共事件的反应和处理能力。

（5）电子政务可促进政府由以监管为主的角色，向以服务为主的角色转变，使政府组织结构由金字塔式权力构造方式向扁平化组织结构方向转变，能够提高政府服务与监管水平，提高行政效率，促进政府信息和决策透明等。

（6）提高管理能力，节省管理成本，提高管理水平。在其他条件一定的前提下，管理成本取决于管理能力与管理规模之间的关系。电子政务可以提高管理能力，节省管理成本，提高管理水平，从而提高政府的驾驭能力。

3. 电子政务可强化政府处理公共危机的能力

社会发展的不平衡和政治家的决策失误，常常会引起社会矛盾的激化。在风险社会里，政府的生存与发展在很大程度上取决于其抵抗风险、化解危机的能力。

政府信誉、威信是一种精神资源，能激励公众共同应对危机。在危机来临时，危机的不确定性影响已大大超乎事件本身，对社会运作体系、生命财产安全产生威胁。这时，公开实情并采取有效行动是政府的基本义务，而公众获得真实的信息后会增加对政府的信任，能积极主动地给政府提供有关信息。如果政府信息不公开、不透明，各种谣言、小道消息就会乘虚而入，扰乱人心，只能造成更大的不稳定。因此，建立公众沟通机制就显得尤为重要。政府应定时向社会发布危机信息，积极引导舆论，让民众远离谣言，克服恐惧心理，减少不安定因素，增加公众对政府的信任感，公众的知情权得到满足后，会激发其战胜危机的信心。无疑，电子政务的高度透明性和与公众的沟通，有利于危机事件向好的方向转化。

另外，在突发公共危机事件处理上，政府建立突发公共危机事件应急反应机制十分必要。完善的危机预警系统和管理系统，可以及时收集各种信息，并对信息进行分析、辨别，对危机的后果事先加以估计和准备，为危机处理赢得主动；可以有效地进行有关部门之间的协调，保障各个部门及各级领导者能在第一时间对危机做出判断，迅速反应，使政令畅通，统一指挥，统一行动，各部门协调配合，以最大限度地减少危机的潜在伤害，控制危机局面，尽最大可能保护民众的安全和社会的安定。显然，电子政务比传统政务在这方面具有显著的优势。

2.2.3 电子政务可提高政府竞争力

现在人们谈及的竞争，大多是指企业之间的竞争，但事实上，这只是一种最简单的竞争形式。随着政治多极化和经济全球化在曲折中发展，科技日新月异，世界的力量组合和利益分配正在发生新的深刻变化，综合国力竞争也日趋激烈。在经济全球化的进程中，综合国力的竞争主要体现为经济竞争，而经济竞争的成败取决于政府竞争力的高低。国家之间的竞争主要表现在各国的中央政府之间，各个地区之间的竞争主要表现在各个地方政府之间。

在现代社会中，政府的核心职能应当且只能是公共管理与公共服务。一个民主的、法治的、有能力的和有效率的公共管理体系，是一个国家政治稳定、经济发展、社会进步的重要保障和必要条件。国与国之间的竞争，既是经济和军事的竞争、资源和制度的竞争，又是公共管理能力和效能的竞争。比如，两个原来条件相似的国家，即经济学上讲的资源禀赋相似的国家，为什么经过一个时期的发展会出现很大差异呢？这与政府的作用息息相关。在经济日益全球化的形势下，资源在全球范围内重新配置，市场竞争在全球范围内展开。政府的能力很强，为当地提供了很好的法治环境、基础设施和人才资源等公共产品，那么资本、技术和人才就会源源不断地涌入，形成良性循环的发展态势。

中国政府发展电子政务，提高政府竞争力是一个重要目的。发展电子政务是改造并提高政府竞争力的有效手段。

在网络时代，政府竞争力必然基于网络，因为通过网络能够提高政府服务与监管水平，提高行政效率，促进政府信息和决策透明化。并且，随着电子政务建设的深入，在政府监管能力和工作效率显著提高的同时，政府公共服务也将从品质上和提供模式上有较大创新。纵观世界各国电子政务的发展和建设，可以看出，虽然在电子政务建设方面各国的侧重点有所不同，但在许多方面都表现出了惊人的相似。例如，改革现有的行政程序，建立政府与公民的互动；为公众提供更加快捷、方便的服务，从而达到优化投资环境，促进经济发展的目的；运用信息技术，实现政府机关内部资源共享等。电子政务在这些方面的发展能够提高政府服务与监管水平，提高行政效率，促进政府信息和决策透明化。

2.2.4 实施电子政务可推动行政体制改革

社会的发展、技术的进步、行政理论研究的不断深入，不断对政府的职能提出新的要求，政府也要持续不断地根据社会的发展进行行政体制改革。所以，只要政府存在，只要社会在发展，技术在进步，这一过程就不会消亡。通过改革解决某一时期内存在的问题时，在改革的过程中又会出现一些新的问题，同时社会又有了新的发展，又引发了后续的改革。

微课　扫一扫：

实施电子政务可推动行政体制改革

从 20 世纪 90 年代开始，世界各国的行政体制改革是结合或者按照电子政务建设的要求展开的。下面从两个方面进行讨论。

1. 电子政务的实施使政府组织趋向扁平化

电子政务的实施，有利于使政府组织趋向扁平化，发挥电子政务的优越性，同时对现行行政体制进行必要的改革。例如，政务大厅需要一个领导进行统一协调，政府信息化平台的建设以及信息资源的开发、建设和共享也需要一个组织进行统一协调。

2. 电子政务促进政务行政流程优化

电子政务的实施，并不是单纯地将原来手工完成的任务交给计算机系统自动完成。为了适应这种新的模式和技术，需要对政务行政流程进行优化和必要的再造（Reengineering）。同时，电子政务的实施是与政府行政理念的转变结合进行的，政府行政理念从全能型、管制型向管理型、服务型、法制型方向的转变，必将深化政府机构改革，加快政府职能转变。这也要求政务流程围绕过程与结果，进行重新审视、思考、优化和再设计。

2.2.5 推行电子政务可提高公务员的整体素质和能力

公务员素质和能力的高低，也在一定程度上决定着中国公共管理改革的成败，决定着中国在未来国际竞争中的成败。

"整体素质"是结构与功能、质与量相统一的概念。构成人的整体素质的特质，包括生理、智力、心理（人格）、行为和价值观念等方面。人的素质既有相对稳定的、惯性的一面，又有可变的、可培育的一面。它们都是特定的文化、历史和社会变迁的产物。在不同的文化背景、历史进程和社会变迁中的人们，具有不同的用以构成其整体素质的特质及其组合。

就个人而言，整体素质往往与其社会角色相关联。很多职业角色必须经过专业培养和训练才能胜任，这也就形成了不同的素质层次和标准。现在，世界进入到了信息时代，就应当按照信息时代的标准来要求公务员。

1. 联合国科教文组织提出的"现代文盲"的标准

20世纪80年代，联合国科教文组织提出了"现代文盲"的标准，认为下面的3种人属于"现代文盲"。

① 不识字，即传统意义上的文盲。

② 不能识别现代信息符号，包括文字和图表符号。

③ 不会使用计算机进行信息交流与管理。

2. 国家对公务员的素质和基本能力的要求

政府形象和执政能力主要通过公务员的言行体现。公务员的能力和素质，特别是担任一定领导职务的公务员的素质，会直接影响政府的形象。因此，选好、用好人成为建立一个有效政府和为人民服务的政府的关键。但是，公务员的培养也是非常重要的。每一个公务员都要不断学习，与时俱进，不负自己的工作岗位。

（1）素质要求

① 政治素质。

a. 必须具有远大的共产主义理想，坚定、正确的政治方向。

b. 坚持全心全意为人民服务，密切联系群众，坚决维护人民群众的利益。

c. 坚持求真务实的工作作风，解放思想，实事求是，一切从实际出发，勇于开拓前进。

d. 遵纪守法，树立清正廉洁的公仆形象。

e. 刻苦学习，勤奋敬业，不断加强知识积累和经验积累。

② 专业知识和智力素质。公务员掌握的知识包括两部分：专业知识和相关知识。专业知识包括本专业的基本概念、基础理论、基本框架、基本常识等；相关知识是指相近或交叉专业的有关知识。了解这些知识有助于专业知识的深化和提高。

智力是公务员的基本素质之一，智力水平的高低直接影响着公务员对于问题的观察、理解和思考。智力包括观察力、记忆力、思考力和想象力。一般来说，普通人的智商大体相当，只是不同的人对于智力的各个方面稍有侧重：有人长于抽象逻辑思维，有人长于形象思维；有人长于观察，有人敏于反应。

③ 心理和身体素质。公务员的心理素质是指公务员在内部和外部环境作用下所形成的意志、心理感受等方面的素质。心理素质主要包括情绪的稳定性、团结协作的相容性、工作的独创性、面对服务对象的谦和态度、心理的自我调适等内容。

身体素质主要指公务员的体力和适应力。公务员必须具备连续作战的精力，能够适应外部环境的各种变化。

（2）基本能力要求

① 表达能力。公务员首先必须具备表达能力，能够将自己的思想、意图通过口头、书面或通过计算机准确地传递给对方。这既是信息沟通的手段，又是情感联络的媒介。如果文笔不通，

则公文写作难以胜任；如果语言表达不清，则日常工作难以开展。

② 人际协调能力。人们由于知识、素质、爱好、志趣、经历等不同，行为习惯、对问题的看法、处世原则等差别很大。现实工作中，公务员必须能够协调各种人际关系，减少内耗，形成合力，切忌待人冷漠、高傲自大、斤斤计较。

③ 时间安排能力。政府公务工作烦琐而杂乱，要求公务员必须合理安排时间。合理安排时间的能力，首先表现为要珍惜时间，不浪费一分一秒；其次，要在最佳时间段完成最重要的工作任务；最后，要合理分配自己可用的时间，把时间的分配和工作计划结合起来。

（3）学习能力

当今，我们处于一个变革的时代，社会生活日新月异，政府管理随之不断变化，公务员要紧跟发展形势，不断学习新知识、培养新观念、开拓新视野，不仅学习书本知识和他人经验，还要具备独立思考、推断事物的能力。

（4）办公现代化和外语能力

此外，公务员还必须具备所从事岗位的专业能力以及必要的组织指挥、决断能力等。

3．信息素养

古人云："马不伏枥，不可以趋道；士不素养，不可重国。"（《汉书·李寻传》）人的素养教育是一个永恒的话题。但是，每一个时代、每一个社会都对其有不同的定义和要求。在信息时代初露端倪时，先觉者们就已经开始讨论这个新时代人才的基本评价指标。1974 年，美国信息产业协会主席保罗·泽考斯基就提出了信息素养的概念，并将其作为人才评价的重要指标。关于信息素养，目前尚无统一的定义。张基温教授认为：信息素养主要包括信息意识、信息知识、信息能力和信息品质 4 个方面[1]。

（1）信息意识

① 面对信息在经济发展中的作用将大大超过资本，要有信息第一的意识；

② 面对信息资源的激烈竞争，要有信息抢先意识；

③ 面对世界信息化进程的加速，要有信息忧患意识；

④ 面对信息时代技术进步和知识更新的加速，要有再学习和终身学习的意识。

（2）信息知识

① 熟悉与信息技术相关的常用术语和符号；

② 了解与信息技术相关的文化及其背景；

③ 熟知与信息获取和使用有关的法律、规范。

（3）信息能力

① 信息挑选、获取与传输能力；

② 信息处理、保存与应用能力；

③ 信息免疫和批判能力；

④ 信息技术的跟踪能力；

⑤ 信息系统安全的防范能力；

⑥ 基于现代信息技术环境的学习和工作能力。

（4）信息品质

① 积极生活和高情商；

② 敏感和开拓创新精神；

---

① 张基温．信息素养——21 世纪计算机基础教育的坐标系[J]．教育信息化，2002（12）：40．

③ 团队和协作精神；

④ 服务和社会责任心。

2.3 电子政务发展过程

从本质上看，电子政务实质上是对现有的、工业时代的政府形态的一种改造，即利用以信息和通信技术为基础的现代技术，来构造更适合现代的政府结构及其运行方式，并且伴随着技术的进步不断发展。

目前，绝大多数国家已经在推动电子政务的发展上倾注了极大财力、物力和人力，并将其列为国家级的重要工程。

2.3.1 国外关于电子政务发展阶段的划分

电子政务的发展就其深度和广度而言，是一个从低级向高级、由局部向整体、从分散到集中的逐步推进的过程。国内外的许多研究者透过不同国家、不同地区电子政务发展上的种种差异，去探讨和归纳其共有的发展轨迹，形成了对电子政务发展阶段的不同看法。从中可以发现，差异是相对次要的，共性是主要的，可以总结出电子政务发展的一般规律。这一小节介绍国外在电子政务建设方面的思路。

微课 扫一扫：

国外关于电子政务
发展阶段的划分

1. Gartner 公司对电子政务发展阶段的划分

Gartner（高德纳，又译为顾能公司）是全球最具权威的 IT 研究与顾问咨询公司，成立于 1979 年，总部设在美国康涅狄克州斯坦福。其研究范围覆盖全部 IT 产业，在 IT 产业的研究、发展、评估、应用、市场等领域，为客户提供客观、公正的论证报告及市场调研报告，协助客户进行市场分析、技术选择、项目论证、投资决策，为决策者在投资风险和管理、营销策略、发展方向等重大问题上提供重要咨询建议，帮助决策者做出正确抉择。早在 2000 年，Gartner 就提出将电子政务的发展分为 4 个阶段。

① Web 展现阶段（Web Presence）：特征是在互联网上提供政府机关的一般信息，也就是国内通常说的政府上网阶段。

② 交互阶段（Interaction）：政府网站提供电子表格下载等服务，使公民能访问重要信息，但是仍然需要到政务机关去办理业务。

③ 交易阶段（Transaction）：公民可以通过网站上的在线服务应用系统实现网上办事。

④ 转型阶段（Transformation）：以公民为中心，对公共服务机构和流程进行重组。

2. IBM 对电子政务发展阶段的划分

2005 年，IBM 在《随需而变的政府》中提出，电子政府的发展分四个阶段。

（1）在线的政府（On-Line Government）

在线的政府以信息和服务上网为特征。在网上提供表格和服务清单是相对简单的工作，可由单个部门自己完成，不需太多的跨部门协作。大多数政府已实施了在线政府的许多应用。

（2）互动的政府（Interactive Government ）

互动的政府在在线政府的基础上调整了服务，进一步方便了公民和企业访问，也提高了公民、企业与政府的互动能力。由于每个机构都提供在线服务，故涌现出了大量令人混淆的网站，使访问者很难找到具体信息的正确位置。这时，合理的解决方案就是建立门户网站。

（3）整合的政府（Integrated Government）

整合的政府是指政府内部整合，将工作重点从上网提供政府机构服务和信息转向整合流程，以提供用户所需的服务。用户包括公民、企业、其他政府以及与特定政府实体互动的其他利益群体。在这个阶段，项目以用户为中心，始终围绕着如何满足特定用户的理想体验目标或支持要求，以及如何整合流程以实现该目标。其关注点是：创建高效的内部流程，以便大幅度降低运行成本，并根据需求提供更多服务。

（4）随需而变的政府（On-Demand Government）

政府业务流程不仅实现了全政府机构的整合，还与主要合作伙伴、供应商及公民端到端整合。这种政府能够灵活、高效地响应任何公民的需求、机会或外部威胁。

3. 欧盟对电子政务发展阶段的划分

2003 年，欧盟提出电子政务发展分四个阶段。

① 信息发布阶段（Information）：能够提供获取在线公共服务所必需的信息。

② 单向交互阶段（One-way Interaction）：能够提供表格下载服务。

③ 双向交互阶段（Two-way Interaction）：允许在线提交表格，具备个人身份认证功能。

④ 事务处理阶段（Transaction）：公共服务能够完全在线处理和提供，相关的主要流程也能在线实现。

2008 年增加了第五阶段——个性化阶段（Personalization）：可以个性化定制符合公民自身需求的公共服务，完全实现以公民为中心的在线服务。

根据欧盟 2007 年发布的电子政务评估报告，欧盟整体的电子政务发展水平处于第四阶段。

4. 联合国对电子政务发展阶段的划分

2002 年，联合国在《UN Global E-government Survey 2008》中提出，电子政务发展分五个阶段。这五个阶段是：萌芽阶段（Emerging），建立在线官方政府；提高阶段（Enhanced），政府网站增多，信息动态化；交互阶段（Interactive），用户能通过网站下载表格，与官员进行电子邮件沟通及相互交流；事务处理阶段（Transactional），用户能在线实现服务支付和其他交易；无缝化阶段（Seamless），跨越行政界限，享受充分的综合电子服务。无缝化阶段在 2008 年被修订为互联阶段（Connected）。

2.3.2 国外电子政务建设经验

从 20 世纪 80 年代至今，世界各国在电子政务建设中已经积累了许多经验。下面介绍其中具有共性的成功做法。

1. 以政府为主导，以政府业务流为主线，"有序推进，小步快走"

电子政务是政府行政管理方式的革命，不仅意味着具有生产力性质的政府管理工具的创新，而且意味着政府行政理念和体制的变革。电子政务涉及社会的方方面面，是一项巨大的系统工程。

微课 扫一扫：

国外电子政务建设
经验

从国外经验看，无论是中央政府各部门，还是地方政府，在电子政务的发展中均要以政府的业务流为主线，要根据轻重缓急逐步实现政府业务流的优化，以避免固化或强化现有的政府结构，不利于通过信息化来实现政府的重构。以政府业务流为主线发展电子政务实际上就是利用信息技术将政府业务流进行重新梳理，排出优先级别，把那些最急需的政府业务流的"辫子"先梳理出来，先实现数字化和网络化；按照优先顺序把"辫子"梳完了，电子政务的总体结构就出来了，那些没有被梳进"辫子"的业务流就是要转变的政府职能。

电子政务工程项目属于资金和技术密集型工程项目，对项目管理的要求比较高。信息技术本身发展速度快，新的设备和技术手段不断更新，因此，在电子政务建设中，一步到位、一揽子的解决方案是不切实际和有害的。国外电子政务建设的经验表明，电子政务的发展要遵循"Think Big，Start Small，Scale Fast"——"大处着眼，小处着手，快速扩展"的原则。这要求电子政务必须整体规划、全面统筹。各国电子政务的推进，都是先进行试点，再进行推广。试点就是"小处"。在试点之后要制订一个总体架构，就是"大处"。没有"小处"，也就没有"大处"。

2. 以民众为中心，以优先发展基本公共服务项目为重点，进行政府创新和机构重组

以民众为中心，是现代政府行政体制改革的一个基本方向。信息技术带来的最大效应就是缩短了服务提供者与接受者之间的距离，有助于现代政府理念的实现。以民众为中心，强调政府是民众的政府，要求政府利用信息技术增强民众对政务的参与程度，及时获悉民众所需，以民众需求为导向。例如，韩国政府设定了"体现世界最佳开放型政府"的愿景，为了实现这一愿景，正在推进"服务传递的革新""提高行政的效率和透明度""实现真正的国民主权"这三大目标。2007年6月26日，韩国司法部的移民智能服务（KISS）获得联合国公共服务奖。此前，韩国的电子化公共采购服务（PPS）、政府创新指数（GII）分别在2003年和2006年获此奖项。作为韩国政府最具代表性的创新成果，On-nara业务处理系统在2007年引起国际的极大关注，联合国、德国、挪威、英国、新加坡等都对韩国政府的创新表现出兴趣。新加坡的政府创新也同样得到了国际认可。新加坡在7个领域制订了全国性的创新计划，其中包括经济和信息通信技术的创新，目的是提高政府与私人部门合作的透明度和效率。

信息技术的发展使得民众对未来政府的期望值不断提高，不仅仅要求服务质量得到提高，而且要求获得服务的方式和程序不断改善。民众期望在任何时间、任何地点，通过多种渠道获取自己期望的服务形式和服务内容。为满足民众需求，世界各国政府将不断自我创新和调整，整合传统公共服务，并且，随着电子政务建设的不断深入，继续大力推进服务整合，仍将是今后一段时间内电子政务公共服务建设领域的重点。具体来讲，体现在以下3方面。

（1）服务项目的整合（或者说后台业务的整合）

纵观电子政务公共服务建设的历程，我们可以发现，在电子政务建设初期，各国关注的焦点是服务前台的集成，即建设"一站式"服务网站等，通过集成的前端系统为公众提供各种服务。随着电子政务建设的推进，公共服务网站逐步完善、成熟，公众对电子政务公共服务的需求与日俱增，政府开始意识到，必须对政府后台系统进行集成，才能为公众提供更好、更快捷的服务。

（2）服务渠道的整合

其有两层含义，首先是对单一渠道进行整合，如2007年英国提出要削减90%的政府网站，将众多政府网站提供的服务合并到少数几个综合服务网站上。这样做既可以减少重复建设，降低成本，又能够为公众提供更多便利。其次，多种渠道之间如何实现交互连接，将成为未来几年公共服务整合方面的热点和难点。根据用户的需求将各部门的功能和服务集成起来，然后通过多种渠道无缝地提供给用户，是电了政务建设的最终目标。

（3）公共部门服务和私人部门服务的整合

这是公共服务建设的最新突破，虽然难度相当大，但一些国家已经着手开展这方面的工作。2007年，电子政务建设已高度发达的新加坡政府率先在这方面取得进展，为了让公众享受个性化的"一站式"综合服务，新加坡MyeCitizen网站向公众提供公共部门服务和私人部门服务，进一步提高了新加坡电子政务服务的使用率。此外，英国的思考点也从"面向公众提供什么样的服务"转变为"如何提供服务"，提出要加强电子政务后台制度建设，集结非官方力量，多渠道提供服务。

3. 增强公众参与意识，发展电子民主，消除"数字鸿沟"

所谓电子民主，就是指通过信息技术实现民主过程中价值理念、政治观点或其他个人意见等的交流。它涉及范围很广，包括在线选举、民意调查、选举人与被选举人的电子交流、在线政务公开、在线立法、公众参与等，核心是"参与"。信息技术和互联网提供的虚拟空间，为公众参与政府决

策提供了良好的环境，也对传统政府理念和制度产生了巨大的冲击。电子民主的发展能使民众有效监督政府决策，促进政府勤政廉政，提高民众对政府的信任度，反映电子政务的公众需求。

在发展电子政务过程中，各国政府比较关注的一个问题是"数字鸿沟"问题。"数字鸿沟"就是信息技术的使用造成的"信息富人"和"信息穷人"之间的差距。各国政府都比较重视照顾信息弱势群体，缩小信息差距，使得每一个人都具有获得政府电子服务的权利，尤其是那些非常关键的服务，避免信息技术给人们带来障碍。事实上，那些最需要政府提供服务（如社会救济）的人往往正是那些无法上网的人。

近年来，越来越多的国家和组织开始在电子政务建设中增加民意调查，让民众在线参政议政，如开设在线论坛、开通专门的民意征询网站、针对具体规划发出征询稿等，民众可以参与讨论的话题涉及国家大政方针的制定、地方政府的效率、具体政策的出台、领导力等方方面面。2007 年以后，澳大利亚、美国、欧盟各国以及中国等纷纷推出政府博客，以提高政府行为的透明度，促进公众参与。

4．以法律为保障，以规范化和标准化为准则，加强安全管理

电子政务是一个国家的重大工程。在法治国家中，政府开展任何工作都要有法律依据，通过法律程序启动。同时，为了使电子政务建设顺利进行，也必须有一定的法律保障。所以，针对电子政务建设，必须制定相应的法律和法规。

在有关法律和法规中，规范和标准的制定也非常重要。规范和标准具有导向作用，可以确保电子政务技术上的协调一致和整体效能的实现，是电子政务系统实现互连互通、信息共享、业务协同的前提，是电子政务建设的基础。

随着信息化建设的深入，各国政府对信息系统特别是事关国家安全的政府信息系统的安全问题日益重视。

1998 年 5 月 22 日，美国政府颁发了《保护美国关键基础设施》。围绕"信息保障"，美国成立了多个组织，其中包括全国信息保障委员会、全国信息保障同盟、关键基础设施保障办公室、首席信息官委员会、联邦计算机事件响应能动组等。1998 年，美国国家安全局（NSA）制定了《信息保障技术框架》，提出了"深度防御策略"，确定了网络与基础设施防御、区域边界防御、计算环境防御和支撑性基础设施的深度防御目标。2000 年 1 月，美国发布了《保卫美国的计算机空间——保护信息系统的国家计划》。该计划分析了美国关键基础设施所面临的威胁，确定了计划的目标和范围，制订了联邦政府关键基础设施保护计划（包括民用机构的基础设施保护方案和国防部基础设施保护计划）以及私营部门、州和地方政府的关键基础设施保障框架。

俄罗斯于 1995 年颁布了《联邦信息、信息化和信息保护法》，为提供高效益、高质量的信息保障创造条件，明确界定了信息资源开放和保密的范围，提出了保护信息的法律责任。1997 年，俄罗斯出台的《俄罗斯国家安全构想》明确提出："保障国家安全应把保障经济安全放在第一位"，而"信息安全又是经济安全的重中之重"。2000 年，普京总统批准了《国家信息安全学说》，明确了联邦信息安全建设的目的、任务、原则和主要内容，第一次明确指出了俄罗斯在信息领域的利益是什么，受到的威胁是什么，以及为确保信息安全首先要采取的措施等。

日本已经制定了国家信息通信技术发展战略，强调"信息安全保障是日本综合安全保障体系的核心"，出台了《21 世纪信息通信构想》和《信息通信产业技术战略》。

在信息安全方面，既要保护国家和政府的信息安全，又要保障公众和企业的隐私和相关信息的安全，这是电子政务建设的一个重要环节。

2.3.3　中国电子政务发展进程

我国的电子政务经历了办公自动化、"金"字系列工程建设、"政府上网工程"、电子政务建设、电子政务的高水平发展 5 个阶段。这 5 个阶段是交叉进行的，即后一个阶段是在前一个阶段

进行过程中开始的。

1. 办公自动化阶段（20世纪80年代开始）

我国的电子政务是从政府办公自动化起步的。1987年，国务院在北戴河召开了"全国政府办公厅系统办公自动化工作会议暨全国政府办公厅系统软件交流会"，吹响了政府办公自动化的号角。1988年，在山东泰安召开的"办公自动化系统软件交流会"对政务信息化进行了经验总结与探讨，与此同时，我国成立了全国政府办公厅系统办公自动化工作协调小组。1992年5月，国务院办公厅发布了《关于进一步加强全国行政首脑机关办公决策服务系统建设的通知》（国办发〔1992〕25号）。在该文件的指导下，政府机关办公自动化建设取得了长足的进展。这一阶段也可以称为我国电子政务的准备阶段。

2. "金"字系列工程建设阶段（1993年开始）

1996年9月12—13日，国家技术监督局标准化司主持召开了"国家信息化标准化'九五'规划和2010年远景目标纲要研讨会"，全面介绍了我国信息技术标准化工作情况及《国家信息化"九五"规划和2010年远景目标（纲要）》。文件要求电子工业部与有关部委大力协调，抓好几项重大的信息工程。1993年底，为适应全球建设"信息高速公路"潮流，国家正式启动了国民经济信息化的起步工程——"三金工程"，即金桥、金关和金卡工程。"三金工程"是中央政府主导的以政府信息化为特征的系统工程，是我国政府信息化的雏形。

在"金"字系列工程的推动下，部分政府部门和地方政府积极开展网络建设，电子化的广度和深度得到一定发展，并积累了一定经验。

这一阶段被称为我国电子政务的酝酿阶段。

3. "政府上网工程"阶段（1998年4月开始）

1998年4月，青岛市在互联网上建立了我国第一个严格意义上的政府网站"青岛政务信息公众网"，这标志着中国电子政务建设迈开了可喜的一步。

1999年1月22日，由中国邮电电信总局和国家经贸委经济信息中心等40多家部委（办、局）信息主管部门联合发起，各省、自治区、直辖市电信管理局作为支持落实单位，联合信息产业界的各方面力量（ISP/ICP、软硬件厂商、新闻媒体），在北京举办了"政府上网工程启动大会"。这标志着"政府上网工程"正式启动。通过启动"政府上网工程"及相关的一系列工程，政府站点与政府的办公自动化连通，与政府各部门的职能紧密结合，使政府站点演变为便民服务窗口，部分实现了人们足不出户即可完成与政府部门的办事程序。到1999年5月，"gov.cn"下注册的政府域名猛增至1 470个。2001年1月，以"gov.cn"注册的域名达到4 722个，占域名总数的4%；政府网站达3 200多个，占地市级政府总数的70%，办事指南、政策法规、表格下载基本上网。

2001年4月，国务院办公厅发布了《全国政府系统政务信息化建设2001—2005年规划纲要》（国办发〔2001〕25号），对我国政府信息化的指导思想、方针、政策等做出了明确规定。

这一阶段被称为我国电子政务的起跑阶段。

4. 电子政务建设阶段（2001年8月开始）

2001年8月，国家信息化工作领导小组成立。

2001年12月，国家信息化工作领导小组召开第一次会议，做出"中国建设信息化要政府先行"的重要决策，提出了推进中国信息化建设须遵循五大方针，明确以电子政务带动信息化发展的政策方向，确定2002年国家信息化建设的重点是电子政务建设，而且是中央牵头，由上而下建设，成立电子政务标准总体组，负责制定《国家电子政务标准体系框架》《电子政务标准化指南》《国家电子政务标准研究项目管理办法》。

2002 年 1 月，国务院信息化工作办公室和国家标准化管理委员会在北京成立了电子政务标准化总体组，全面启动电子政务标准化工作。这为有效支持我国电子政务工程的建设，加快电子政务标准的研究和制定提供了组织保障。

2002 年 5 月，《国家电子政务标准化指南（第一版）》正式出版发行，包括国家电子政务标准化工作的体系框架及总体组的工作方法、工作制度等内容。

2002 年 7 月 3 日，在国家信息化领导小组第二次会议上，国务院组织了上百位专家对国家电子政务进行研究，讨论了《国民经济和社会信息化专项规划》《关于我国电子政务建设的指导意见》，提出要加快信息化法律、法规建设，制定国家信息技术标准体系，加强信息化知识普及和人才培养。

2002 年 7 月 31 日，电子政务标准化总体组全体工作会议讨论并原则上通过了《电子政务标准化研究项目工作组工作制度（草案)》。

2002 年 8 月 5 日，中共中央办公厅、国务院办公厅联合下发了《国家信息化领导小组关于我国电子政务建设指导意见》（中办发〔2002〕17 号），明确表示，要加快十二个重要业务系统建设：继续完善已取得初步成效的办公业务资源系统、金关、金税和金融监督（含金卡）四个工程，促进业务协同、资源整合；启动和加快建设宏观经济管理、金财、金盾、金审、社会保障、金农、金质和金水八个业务系统工程建设。相应构建标准化体系和安全保障体系，进一步推进电子政务的发展。业务系统建设要统一规划，分工负责，分阶段推进。业界把这十二个重要业务系统建设统称为"十二金"工程。

2002 年 9 月 25 日，中国互联网络信息中心（CNNIC）公布了《中国互联网络信息中心域名注册实施细则》《中国互联网络信息中心域名争议解决办法》《中国互联网络信息中心域名争议解决办法程序规则》《中国互联网络信息中心域名注册服务机构认证办法》4 个文件。

2002 年 11 月，在中国共产党第十六次全国代表大会上，我国进一步明确了"信息化带动工业化"，"大力加强电子政务建设"方针策略，提出了具体的目标和要求。

2002 年 12 月，首届中国电子政务技术与应用大会在北京隆重召开。这次大会推动了我国电子政务的实施，为电子政务技术供需双方提供了交流平台，促进了技术进步和信息化应用。

2003 年 1 月 27 日，电子政务标准化总体组初步审查通过了《电子政务标准化指南》。2003 年 3 月 27—28 日，国务院信息化工作办公室、国家标准化管理委员会和信息产业部在北京共同组织召开了"全国电子政务标准化研讨会"。

2003 年 7 月 22 日，国家信息化领导小组第三次会议在北京召开。会议听取了国信办关于电子政务建设的工作汇报，讨论了《关于加强信息安全保障工作的意见》（中办发〔2003〕27 号）。

2004 年 1 月 15 日，中国互联网络信息中心（CNNIC）在北京发布了《第十三次中国互联网发展状况统计报告》。报告显示，截至 2003 年 12 月 31 日，中国网民总数已达到 7 950 万人，较 2003 年 7 月增加了 1 150 万人，"cn"下注册域名数量增长迅速，达到 34 万个，半年增长近 10 万个；"www"站点总数接近 60 万个，半年内增长 12 万个；国际出口带宽达到 27 216Mbit/s，中国互联网业发展稳步前行。

2004 年 5 月，政府上网工程服务中心推出"政府网站导航"服务——政府上网工程主站点的"政府网站导航"栏目收录了全国范围内各省、自治区、直辖市的 40 个政府网站的网址。通过政府网站导航，用户可以方便、快捷地搜索到各地、各级、各类政府网站。

2004 年 6 月，为了更好地保护各地政府的网站资源，政府上网工程服务中心推出了政府单位"中文实名"注册服务。

2004 年 6 月 24 日，政府上网工程服务中心发布"政府网站评估指标"，从网站内容、网站功能、网站建设、网站运营 4 个方面全面评价政府网站。

截至 2004 年 6 月 30 日，中国上网用户总数达 3 700 万，上网计算机达 3 630 万台，网络国际出口带宽达 53.9Gbit/s，"cn"下注册域名和网站数分别达 38 万个和 62.7 万个，政府网站总数达 2 万个。2003 年 7 月—2004 年 6 月，国内电子政务市场份额最大的 100 家企业营业总收入为 247.7 亿元，其中软件收入为 94.8 亿元。

2004 年 8 月 28 日，第十届全国人大常委会第十一次会议通过了《中华人民共和国电子签名法（草案）》。

2004 年 12 月 12 日，中共中央办公厅、国务院办公厅联合发布《关于加强信息资源开发利用工作的若干意见》（中办发〔2004〕34 号）。

2005 年 2 月 25 日，全国人民代表大会办公厅主办的中国人大网举办开通仪式。

2005 年 4 月 1 日，《中华人民共和国电子签名法》《电子认证服务管理办法》正式实施。

2005 年 4 月 25 日，中共中央办公厅、国务院办公厅联合下发《关于进一步推行政务公开的意见》（中办发〔2005〕12 号）。

2005 年 9 月 15 日，《电子政务安全等级保护实施指南》发布。

2005 年 11 月 3 日，国家信息化领导小组第五次会议在北京召开。会议审议并原则上通过了《国家信息化发展战略（2006—2020 年）》。

2006 年是我国"十一五"规划的开局之年。在这一年中，我国电子政务大事多，形势喜人。我国电子政务的一系列大政方针相继出台，如《2006—2020 年国家信息化发展战略》（中办发〔2006〕11 号）、《国家电子政务总体框架》（国信〔2006〕2 号，2006 年 3 月 24 日）、《国家信息化领导小组关于推进国家电子政务网络建设的意见》（中办发〔2006〕18 号）、《国家电子政务建设"十一五"规划》，2006 年可以称得上是电子政务的"政策年"。2006 年，第一次全国电子政务工作座谈会、第三届中国电子政务论坛、第三届亚太公共服务高峰论坛、2006 年中国信息化推进大会等相继召开。我国电子政务发展道路上的这些重要事件，在不同程度上影响或决定着我国电子政务的发展方向。2006 年最重要的一件事情，是 2005 年 10 月 1 日试开通的中华人民共和国中央人民政府门户网站"中国政府网"，于 2006 年 10 月 1 日正式开通。中国政府在打造阳光政府、透明政府、亲民政府方面做了大量卓有成效的工作。中国政府网是国务院和国务院各部门，以及各省、自治区、直辖市人民政府在国际互联网上发布政务信息和提供在线服务的综合平台。

这个阶段可以称为我国电子政务的推进阶段。

5. 电子政务的高水平发展阶段（2010 年前后开始）

中国是一个发展中国家，正在经历着工业化过程。工业化的一个趋势就是人口向城市集中。据有关方面估计，目前我国已经有超过一半的人口居住在城市，这一数目仍在迅速增长。到 2030 年，预计中国将有 10 亿人生活在城市，占人口总数的七成左右。人口大量集中到城市，给城市的管理带来了极大挑战。

但是，中国的城市化不能跟在西方国家后面，沿着它们走过的老路爬行，而需要采取跨越式的思路建设。2014 年 3 月 16 日，国务院发布《国家新型城镇化规划（2014—2020 年）》，明确指出新型城镇化应该推动"信息化和工业化的深度融合"，将智慧城市与绿色、人文城市并列，作为推进新型城市建设的范式。

智慧城市的概念最早来自美国 IBM 公司于 2008 年 11 月在纽约召开的外国关系理事会上提出的"智慧的地球"。其实质是利用先进的信息技术，实现城市智慧式管理和运行，进而为城市中的人创造美好的生活，促进城市和谐、可持续成长。在这期间，美国迪比克市、韩国仁川市、爱尔兰戈尔韦湾、丹麦哥本哈根、荷兰阿姆斯特丹、西班牙巴塞罗那等城市相继启动了智慧城市的探索路径。2009 年，美国 IBM 公司在中国连续召开了 22 场智慧城市讨论会，在我国引爆了"智慧城市"的理念。之后，自 2013 年以来，我国已经先后发布了三批智慧城市试点。目前，我国已经有超过 500 个城市在进行智慧城市试点，其均出台了相应规划，计划投资规模超过 6 万亿元。从实际效果上看，智慧城市在城市交通、医疗、政务管理等领域取得了广泛成果。预计到 2020 年，我国智慧城市建设会迈入国际先进水平。

智慧城市的建设内容庞杂，任务艰巨，涉及经济、社会、资源、环境等各个方面，需分阶段、分重点地推进。其中，智能建筑、智能家居、智能医疗、智能交通、节能减排、消防安全是中国现阶段推动智慧城市发展和相关技术创新及应用的重点领域。这些领域实际上与政府部门密切相关，所以智慧城市可以看成电子政务的发展或扩展。

另一方面，智慧城市是新一代信息技术支撑、知识社会创新 2.0 环境下的城市形态，它必然要由高速通信网络、信息网络、物联网、云计算、大数据、区块链、智能终端、人工智能等新一代信息技术支撑。

这个阶段是电子政务的高水平发展阶段。

2.4 电子政务绩效评估

电子政务绩效评估是指以根据国家、省、市相关文件精神制定的指标体系为基础，按照一定的程序，运用定性和定量分析方法，对一定期间电子政务建设过程的表现及成效进行客观、公正、准确的综合评判。

2.4.1 电子政务绩效评估的意义及其基本要素

绩效是绩与效的组合。绩就是业绩，体现组织的目标；效就是效率、效果、态度、品行、行为、方法、方式。所以，绩效就是组织期望的结果，是组织为实现其目标而展现在不同层面上的有效输出，包括个人绩效和组织绩效两个方面。组织绩效的实现应建立在个人绩效实现的基础上，但是个人绩效的实现并不一定能保证组织是有绩效的。组织绩效按一定的逻辑关系被层层分解到每一个工作岗位以及每一个人的时候，只要每一个人达成了组织的要求，组织绩效就实现了。

微课 扫一扫：

电子政务绩效评估的意义及其基本要素

随着电子政府的全球化发展，电子政务的评价系统和电子政府理想模型成为重要的学术课题。近几年来，国内外对其相继展开了深入的研究和实践。基于理想模型的电子政府的评价理论，对于电子政府的发展具有重要的指导意义。

1. 电子政务绩效评估的意义

电子政务建设是一个复杂的系统，不仅涉及复杂的技术问题，还牵扯整个社会，涉及的职能部门日益广泛，面向的服务对象日趋多元化，产生的社会影响十分深远。建立科学的电子政府评价理论和评价系统，对于电子政府的发展具有重要的意义。

（1）科学的评价理论是评估电子政府发展水平和绩效的依据

评价理论本质上是一套电子政府概念体系。在电子政府建设中，具体的实现方法和实现手段并不相同，但其中的理念目标却是一致的。建立基于理想模型的评价理论和评价系统，对于明确未来电子政府的发展方向和目标，对于制定电子政府的未来发展战略和策略，对于电子政府的标准化、国际化具有重要的意义。

科学的评估理论对于及时发现和纠正电子政府发展中的不足，总结电子政府发展中的得失，引导电子政府良性发展具有重要价值；同时，国家性的、地区性的电子政府比较，对于引导电子政府的相对竞争具有重要意义。

（2）明确的电子政务绩效目标可以增强成本意识

在现实中，很容易计算出电子政务的投入，但是对其产出和取得的效益往往无法估量。电子政务的绩效评估可以量化产出和成效，给出投入产出比；同时，成本控制本身也是绩效的组成部分。

（3）电子政务评估是促进政府改造的动力源泉

电子政务是庞大的社会系统工程。它的建设不仅需要技术基础，还需要政府加大力度进行管理流程的再造、组织的优化重组、职能的重新确定和行政体制的变革。管理人员的惰性和部门利益，是进行这些变革的最大阻力。这些阻力的消除，除了通过行政指令、宣传动员外，进行绩效评估，进行横向和纵向比较，也会形成动力。

新制度经济学认为，政府官员也是经济人。合理地设置电子政务绩效目标并配合使用相应的考核管理制度，可以使政府官员产生内在的激励，使明确的绩效目标约束成为优化政务流程的原动力，以有效地推动相关的制度建设，由结果上溯，优化政务流程。

2. 电子政务绩效评估的基本要素

公共管理学认为："不可衡量，则无法管理。"这种理论决定了电子政务绩效管理的必然性。电子政务绩效评估是指由专门的机构和人员依据大量的客观事实和数据，按照专门的规范、程序，遵循统一的标准和特定的指标体系，通过定量、定性对比分析，运用科学的方法，对电子政务建设的投入和产效（产出和效益）所做出的客观、公正和准确的评判。电子政务绩效评估的基本要素有 5 个：指标体系、指标评价标准、指标权重、综合评分方法和数据采集方法。

（1）指标体系

电子政务绩效评估涉及电子政务投入和产出问题，是一个综合的、复杂的系统工程。为了能更好地体现电子政务绩效，政府人员可采用国际上通用的项目评估方法——逻辑框架法来构建评估指标体系，即将指标体系分为目标、产出与结果、投入与活动 3 个层次；同时，在指标体系的确定上考虑全面性和科学性、定量分析和定性分析相结合、可行性和可操作性、灵活性和目标导向性原则，结合专家的经验和智慧，通过专家座谈来确定各项指标体系。

（2）指标评价标准

指标体系中有定量指标和定性指标。对于定量指标，应用规定的参数数值直接进行量化；对于定性指标，设定不同的等级标准进行量化处理。

（3）指标权重

权重也称权数或加权系数，体现了各项指标的相对重要程度。在指标体系和评价标准确定的前提下，综合评估结果就依赖于指标权重了。因此，指标权重合理与否，关系到评估结果的可信程度。

（4）综合评分方法

政府人员可通过一定的数学模型（或算法）将多个评估指标值"合成"为一个整体性的综合评估值。即对目标、产出与结果两个层次采用加权求和法评分，对投入与活动采用功效系数法评分。

（5）数据采集方法

数据采集表法是收集指标数据的主要方法。数据采集表是根据各项具体指标制定的，旨在获取被评估对象具体数据的集合。数据采集表的制定要考虑与各项具体指标的评价标准和评分细则相联系。

2.4.2 联合国经济与社会事务部电子政务评估模型

2001 年，联合国经济与社会事务部（DPEPA/UNDESA）与美国公共管理协会（ASAP）联合发起了对全球 190 个国家的电子政务调查、评估。从此，开始形成一个影响很大的电子政务评估体系。

1. 用发展阶段表示评估等级

为了清晰地描述各国电子政务所处的发展阶段，该机构把电子政务的发展过程分为如下 5 个阶段。

第一阶段：萌芽期（Emerging），即初始阶段，以政府信息上网发布为特征，主要通过网站发布与政府有关的各种静态信息，如政府机构、法规、指南等。

第二阶段：增强期（Enhanced），即政府与用户单向互动阶段，政府除了在网上发布与政府服务项目有关的动态信息之外，还向用户提供某种形式的服务。

第三阶段：互动期（Interactive），即政府与用户双向互动阶段。该阶段的主要特征是，政府可以根据需要，随时就某件事情在网上征求公众的意见，同时公众也可以向政府提出建议或询问，使公众参与政府的公共管理和决策。用户能通过网站下载表格，与政府官员用电子邮件沟通。

第四阶段：事务处理期（Transectional）。用户能在线实现支付或其他交易，以电子方式完成各项政府业务的处理。

第五阶段：完美期，也称无缝集成阶段（Seamless）或整合阶段（Networked）。用户可以跨越行政界限，享受充分的综合电子服务。

在 2003 年被调查评测的 169 个国家中，约 19%的国家处于第一阶段，约 71%的国家仍处于第二、第三阶段。

2．电子政务评估指标体系

2008 年，联合国经济和社会事务部采用了图 2.2 所示的电子政务评估指标体系，从电子政务准备度和公众电子化参与度两方面，用电子政务调查报告的形式，对联合国各会员进行综合评估、对比和排名。这些指标也在不断改进与调整。

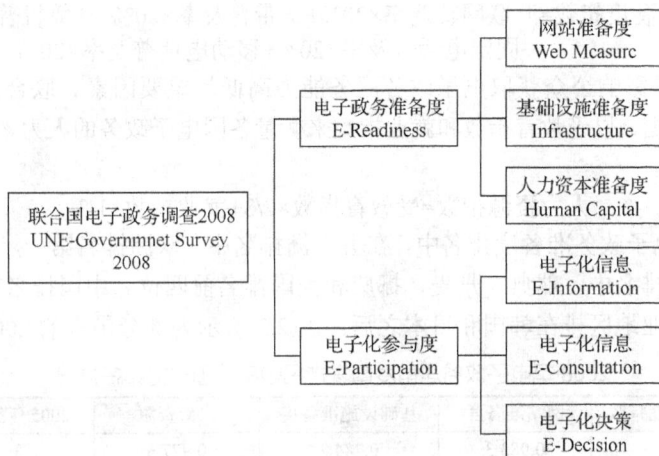

图 2.2　联合国电子政务调查报告初期采用的评估模型

（1）电子政务准备度指标

准备度是由能力和意愿两部分组成的。能力是指个人或组织在某一特定的工作或活动中所表现出的知识、经验、技能与才干。意愿是指个人或组织完成某一特定的工作或活动时所表现出的信心、承诺和动机。

准备度水平是指人们在每项工作中所表现出的能力和意愿的不同组合。经过大量的实证研究，保罗·赫塞（Paul Hersey）博士发现，按能力和意愿的高低程度，同一人常常表现出四种不同的准备度水平。

准备度水平一（R1）：无能力、无意愿并无信心。

准备度水平二（R2）：无能力，但有意愿或有信心。

准备度水平三（R3）：有能力，但无意愿或无信心。

准备度水平四（R4）：有能力，且有意愿并有信心。

电子政务准备度指数（E-Government Readiness Index）用于衡量社会公众获取电子政务公共服务的能力与意愿，以及政府提供高水平服务和有效沟通工具满足公众需求的能力。它是一个复合指标，包括网站准备度指数（简称政府网站指数）、基础设施准备度指数（主要考虑通信基础设施）和人力资源指数（Human Capital Index）三个指数，计算公式如下：

电子政务准备度指数=政府网站指数×1/3+基础设施准备度指数×1/3+人力资源指数×1/3

① 政府网站是政府展现服务内容和形式的重要窗口，在一定程度上反映了电子政务的服务水平。联合国总结出了教育、医疗、就业、社会保障等领域的 300 余项政府网站服务要素，依次列入起步、提高、交互、在线事务处理、无缝整合五个层次，以政府门户网站在各层次的综合表现能力来衡量电子政务服务水平。其中，起步层次和提高层次主要评估网站的信息公开能力，交互层次主要评估网站满足用户下载表格、提交申请的能力，在线事务处理层次主要评估网站受理、办理用户申请的能力，无缝整合层次则评估网站整合跨部门服务资源、电子商务和社区服务资源的能力。政府网站指数的计算公式如下：

政府网站指数=起步层次表现率×2%+提高层次表现率×27%+交互层次表现率×37%
+在线事务处理层次表现率×26%+无缝整合层次表现率×8%

② 完善的通信基础设施是电子政务提供普遍服务，缩小“数字鸿沟”的前提和技术保障。联合国根据国家电信联盟（ITU）发布的数据，通过互联网、宽带、计算机、固定电话和移动电话的普及情况来衡量通信基础设施的建设水平。基础设施准备度指数的计算公式如下：

基础设施准备度指数=互联网普及率×20%+宽带普及率×20%+计算机普及率×20%
+固定电话普及率×20%+移动电话普及率×20%

③ 人力资源是影响公众获取电子政务服务能力高低的重要因素。联合国根据开发计划署（UNDP）发布的数据，以受教育指数和就业指数来衡量各国电子政务的人力素质水平。其计算公式如下：

人力资源指数=受教育指数×2/3+就业指数×1/3

在 2008 年的电子政务准备度排名中，在五大洲排名中，欧洲排名第一，亚洲居于美洲之后排名第三。在国家排名中，瑞典、丹麦、挪威和美国排名前四位。中国排名第 65 位，较 2005 年略有下降，在东亚地区排在韩国和日本之后。表 2.2 所示为部分国家的 2008 年的排名情况。

表 2.2　　　　2008 年电子政务准备度国家排名中部分国家的排名情况

国家	电子政务准备度指数	网站准备度	基础设施准备度	人力资源	2005 年排名	2008 年排名
瑞典	0.915 7	0.983 3	0.784 2	0.977 6	3	1
丹麦	0.913 4	1	0.744 1	0.993 3	2	2
挪威	0.892 1	0.946 5	0.737 5	0.990 8	10	3
美国	0.864 4	0.953 2	0.666 3	0.971 1	1	4
中国	0.501 7	0.508 4	0.16	0.836 6	57	65

资料来源：2008 年联合国发布的《全球电子政务准备度报告》。

表 2.3 所示为 2002—2012 年期间联合国《全球电子政务准备度报告》中国的排名。

表 2.3　　　　2002—2012 年期间联合国《全球电子政务准备度报告》中国的排名

项目＼年份	2002	2003	2004	2005	2008	2010	2012
得分（各国平均分）	1.04（1.62）	0.416（0.402）	0.435 6（0.412 7）	0.507 8（0.426 7）	0.501 7	0.47	0.535 9
排名（国家总数）	93（133）	74（173）	67（193）	57（191）	65	72	78

资料来源：联合国历年发布的《全球电子政务准备度报告》。

（2）电子化参与度指标

电子化参与度指标用于衡量政府提供高质量信息和有效沟通工具，以支持社会公众咨询建议和参与公共事务管理决策的意愿与能力。联合国通过电子政务的信息发布、电子咨询和决策支撑能力评估电子化参与程度，计算公式如下：

电子化参与度指数=信息发布指数×31%+电子咨询指数×36%+决策支撑指数×33%

① 信息发布是电子政务服务公众的基本内容。联合国评估指标体系强调，政府应建立高速、顺畅的电子政务信息发布渠道，确保公众及时获取政务信息。

② 电子咨询为政府、公众提供了交流、互动的平台。评估指标体系对各国利用信息化手段畅通交流渠道提出了要求，倡导政府允许公众以电子化的方式提出咨询申请或直接在线咨询，政府应及时回应公众的咨询、建议。

③ 电子化决策。政府应当允许公众通过电子化手段发表意见，并将公众的意见纳入政府决策过程，政府应反馈公众的哪些意见被采纳。

在 2008 年联合国经济和社会事务部发布的电子化参与度国家排名中，美国排在首位；韩国位居第二位；丹麦和法国并列第三位；中国和澳大利亚、立陶宛并列排在第 20 位，我国的排名较 2005 年有大幅上升。表 2.4 所示为其中部分国家的排名情况。

表 2.4　2008 年联合国经济和社会事务部发布的电子化参与度国家排名中部分国家的情况

排　名	国　家	电子化参与度指数	信息发布	电子咨询	电子化决策	2008 排名
1	美国	1	0.933 3	1	0.75	3
2	韩国	0.977 3	0.933 3	0.777 8	0.937 5	4
3	丹麦	0.931 8	0.8	0.833 3	0.875	7
3	法国	0.931 8	0.866 7	0.777 8	0.875	24
20	中国	0.477 3	0.466 7	0.277 8	0.562 5	50

资料来源：联合国 2008 年发布的《全球电子政务参与度报告》。

3. 电子政务发展指数

2010 年，联合国经济与社会事务部在其评估报告中，将电子政务准备度模型调整为电子政务发展指数（E-Government Development Index，EGDI）。EGDI 从数据通信基础设施指数（TII）、人力资源指数（HCI）及在线服务的范围和质量指数（OSI）三个维度上衡量国家电子政务发展水平，以反映各国政府利用信息交流技术提供公共服务的意愿与能力。它有助于政府官员、政策制定者和研究者、公民代表以及私营部门等进一步了解一个国家利用电子政务提供以公众为中心的包容性、责任性服务的全球相对位置的比较基准。其中，通信基础设施指标占 33%，人力资源指标占 33%，在线服务指标占 34%。表 2.5 所示为以上三个维度的十个具体评价要素。

表 2.5　　　　　　　　　　　电子政务发展指数的十个评价要素

分　类	要　素	数据来源
数据通信基础设施指数（TII）	每 100 位居民中预计互联网用户数	国际电信联盟（ITU）
	每 100 位居民中主要固定电话线路数	
	第 100 位居民中移动用户数量	
	第 100 位居民中无线宽带订阅量	
	第 100 位居民中固定宽带订阅量	
人力资源指数（HCT）	成人识字率	联合国教科文组织（UNESCO）
	小学、中学及大学的毛入学率	

续表

分　类	要　素	数据来源
人力资源指数（HCT）	预计受教育年限	联合国教科文组织（UNESCO）
	平均受教育年限	
在线服务的范围和质量指数（OSI）	面向各调查国的国内网站（包括国内门户、电子服务门户及电了参与门户，以及教育、劳动、社会服务、健康、金融和环境等有关部门的网站）	联合国193个成员在线服务的全面调查

这些评价要素分布在电子政务的 4 个发展阶段中。其中，大部分评价要素，取值 0 或 1，表示存在与否；小部分为某些功能的数量。任何一个国家的在线服务指数都是对该国所有指标总和进行标准化的结果，计算公式为：

$$某国在线服务指数=\frac{该国评价要素总和-所有国家中最小得分}{所有国家中最大得分-所有国家中最小得分}$$

表 2.6 所示为联合国 2012—2018 年期间电子政务发展指数中排名前 10 位的国家和中国的情况。

表 2.6　　2012—2018 年期间联合国电子政务发展指数中排名前 10 位的国家和中国的情况

国　家	在线服务指数 OSI	人力资源指数 HCI	电信基础设施指数 TII	电子政务发展指数 EQDI	2012 年排名	2014 年排名	2016 年排名	2018 年排名
丹　麦	1.000 0	0.947 2	0.797 8	0.915 0	4	16	9	1
澳大利亚	0.972 2	1.000 0	0.743 6	0.905 3	12	2	2	2
韩　国	0.979 2	0.874 3	0.849 6	0.901 0	1	1	3	3
英　国	0.979 2	0.920 0	0.800 4	0.899 9	3	8	1	4
瑞　典	0.944 4	0.936 6	0.783 5	0.888 2	9	14	6	5
芬　兰	0.965 3	0.950 9	0.728 4	0.881 5	9	10	5	6
新 加 坡	0.986 1	0.855 7	0.801 9	0.881 2	10	3	4	7
新 西 兰	0.951 4	0.945 0	0.745 5	0.880 6	13	9	8	8
法　国	0.979 2	0.859 8	0.797 9	0.879 0	6	4	10	9
日　本	0.951 4	0.842 8	0.840 6	0.878 3	18	6	11	10
中　国	0.569 1	0.415 5	0.415 5	0.549 1	72	78	63	65

资料来源：联合国 2018 年发布的《全球电子政务发展指数报告》。

2.4.3　埃森哲（Accenture）咨询公司的电子政务评估模型

埃森哲（Accenture）咨询公司在 2000—2005 年间，每年选择二十多个有代表性的国家（地区）进行电子政务门户网站的绩效评估。

1. 总体成熟度等级

埃森哲（Accenture）咨询公司根据政府网站提供服务的总体成熟度等级，将这些政府在得分和特点相类似的基础上划分成 4 个层次。

第一层次，充满创新精神的领先者（Innavitive Leaders），包括加拿大、新加坡、美国。这个层次的政府能够通过网络提供大量成熟的服务，它们得到的总体成熟度分数大于 50%。

第二层次，有远见的挑战者（Visionary Challengers），包括丹麦、德国、爱尔兰、法国等国，以及中国香港等地区。这个层次的政府已经建立起在线电子政务服务的牢固基础，并且通常已经展示出在 CRM 利用方面取得的某些进展，它们的总体成熟度为 40%～50%。

第三层次，表现出色的新兴力量（Emerging Performers），包括比利时、西班牙、日本、新西兰。这类政府通常已经能够提供范围相当广泛的电子政务服务，尽管服务的成熟度还比较低，却可以通过最大限度地发挥在线服务的潜力，增强 CRM 应用能力，大幅度提高其电子政务服务的水平，它们的总体成熟度为 30%～40%。

第四层次，正在打基础者（Plabtformbuilders），包括葡萄牙、巴西、南非、意大利、马来西亚、墨西哥等。这些国家的电子政务起步较晚，在线服务水平较低，服务重点是发布信息，在其电子政务规划上还有相当多的基础设施问题需要解决，它们的总体成熟度不足 30%。

2．总体成熟度评估体系

埃森哲（Accenture）咨询公司用"总体成熟度"对有代表性国家（地区）的电子政务门户网站进行评估。如表 2.7 所示，这个评估体系分为两级。一级的总体成熟度是二级的服务成熟度和服务精细度两个指标的得分加权平均后的分数。三级指标是对二级指标的细化。在 2002 年的电子政务研究报告中，这两个指标的权重分别为 70%和 30%。

表 2.7　　　　埃森哲（Accenture）咨询公司的电子政务"总体成熟度"评估体系

一 级 指 标	二 级 指 标		说　　明		
总体成熟度	服务成熟度（70%）	服务广度	政府负责提供的服务已经在网上实现的比例		
		服务深度	政府服务的完备水平（分三个等级）	发布	只发布，不交流
				互动	不一定双向交流
				在线事务处理	双向交流
	CRM（30%）（测量政府提供服务的精细度）	可识别性	用户第二次登录是否有历史记录		
		交 互 性	网站通过链接直接连接其他相关政府的门户网站		
		组织机构	网站架构围绕用户而非政府机构		
		客户服务	网站提供的服务以公民的具体需求和情况为基础		
		网　　络	通过整合其他非政府服务为公民提供附加价值的能力		

服务成熟度把政府服务分成发布、互动和交易三个方面，并从服务广度和服务深度两方面进行评价。前者是指政府负责提供的服务中已经在网上实现的比例；后者是指政府服务的完备水平，就是指某项服务所能达到的最高成熟度。

服务精细度即客户关系管理指标，是衡量提供服务成熟度的一种手段，有助于民众通过与政府之间的在线互动来获得最大的效益。埃森哲（Accenture）咨询公司采用 5 个衡量标准来确定CRM 的作用，即政府网站的洞察力、互动性、站点特性、针对性及网络。

3．评估实践与改进

截至 2002 年 7 月，埃森哲（Accenture）咨询公司连续三年对全球 23 个国家和地区的电子政务发展状况进行了量化测评，考察了 9 个主要政府服务部门提供的 169 项国家级政府服务，发表了关于电子政务的全球性研究报告《电子政务领导——将规划变为现实》。这 9 个相关服务部门是人事服务、司法与公安、税务、国防、教育、交通与机动车辆、民主与法制、采购以及邮政。

之后，埃森哲（Accenture）咨询公司又受国务院信息化领导小组办公室的委托，对中国的电子政务开展了补充调研，发表了《中国电子政务的现状——构建未来发展的平台》的报告。该报告指出，中国政府能够以在线方式提供的服务共有 52 项，其中的 46 项已经成为某种程度上的在线服务，使得电子政务服务成熟度的广度（国家级政府提供的在线服务的数量）达到了 88%，超过了全球 85.5%的平均水平。但是，我国电子政务服务成熟度的深度得分较低，仅为 28%。这表明，我国政府正在努力使尽可能多的服务变成在线服务，但是通过网络提供的大多数服务目前仅限于信息发布阶段，双向互动能力仍然非常薄弱。报告把我国当时的电子政务水平确定为"处于平台建设阶段"。

2003年，埃森哲（Accenture）咨询公司对22个国家级电子政府进行了量化测评，测评的内容从2002年的169项服务增加到201项服务，跨越11个部门。

2005年，在埃森哲（Accenture）咨询公司开展的最后一次电子政务评估中，它用"客户服务成熟度"（Customer Service Maturity）代替服务精细度，并将其比重提高到50%。新的指标体系包括以下内容。

① 以公众为中心的交互：预测每个人的需求，提供个性化的服务。

② 跨部门服务：衡量政府服务的精细化和政府部门的透明度。

③ 多渠道的服务供给：衡量多部门服务的整合性和统一性。

④ 主动交流和培训：衡量公民对政府在线服务的知情度和政府为公民提供的培训度。

Accenture模型的核心理念是"客户导向"。经过几年的评估实践，埃森哲（Accenture）咨询公司认识到要实现这一理念，单靠技术层面的努力是远远不够的，关键在于组织结构和业务过程的变革。所以，2005年以后，埃森哲（Accenture）咨询公司将客户关系研究的重点转移到了内容更为广泛的政府行政改革中。

2.4.4 其他电子政务评估模型

1. Gartner 咨询公司的社会导向型电子政务绩效评估模型

Gartner咨询公司与埃森哲（Accenture）咨询公司不同的是，它的电子政府战略评估体系并不是对世界各国电子政务发展水平做横向比较，而是对某国特定电子政务项目的有效性进行评估。它采用了表2.8所示的面向成本收益的社会导向型电子政务绩效评估模型。

表2.8　　　　　　　Gartner 咨询公司的社会导向型电子政务绩效评估模型

			在线服务的深度
有效性	公民服务水平	成熟性	提供服务的渠道、数量
			在线服务的主动性
			有用性
		是否成功	在线服务的可获取性
			总使用成本
			价值—成本比率
		有用性	在线服务的使用
			在线服务的影响
	运行效率	每个服务的处理时间，每个员工的处理成本	
	社会回报	公共关系，经济开发等	

上述模型包括公民服务水平、运行效率和社会回报三大类，每个大类又包含一系列具体参数，如公民服务水平一项中就包括成熟性、是否成功和有用性等若干具体指标，由此形成了一套侧重于量化的有关电子政务的评价系统。

2. 布朗大学公共政策研究中心的电子政务评估模型

（1）评估对象

美国布朗大学公共政策研究中心在 2001—2007 年间，每年都要发布《全球电子政务》报告，对美国各州、世界各国政府提供的网上信息和服务进行测评和排名。其评估对象分为两部分：

① 美国各州政府网站；

② 全球近 200 个国家（地区）的政府网站。

（2）测评指标

布朗大学认为，政府网站是一个国家政府和社会的缩影，可以反映出这个国家的社会、经济、政治和宗教状况。它把电子政务的测评指标分为以下两部分。

① 18 项基本功能指标：每项功能指标 4 分，共 72 分。表 2.9 所示为 18 项基本功能指标的项目。

表 2.9　　　　　　　　布朗大学电子政务评估模型中的 18 项基本功能指标项目

（1）有信息发布	（2）有数据库	（3）有音频	（4）有视频	（5）有外文版本	（6）没有广告
（7）无额外支付	（8）无用户付费	（9）有残疾人辅助	（10）有隐私政策	（11）有安全政策	（12）交易可用数字签名
（13）可用信用卡支付	（14）有 E-mail 联系方式	（15）有公众评论	（16）可信息定制	（17）网站个性化	（18）有个人数字辅助

资料来源：Darrell M.West，etc,. Global E-Government Center for Public Policy Brown University, 2006.

② 28 个电子服务指标，每个 1 分，共 28 分。

通过对各国（地区）政府网站进行排名和比较，评估报告会给出一系列政策建议，并提供示范样例，供各国（地区）政府参考。例如，2006 年的建议有：从总体上改进网站，加快网页上传速度，避免弹出广告，链接应当完整，外文版应完整，避免网页混乱，加强隐私政策，网页语言应简明扼要，问题解答应不断更新，提供的信息应当明确，要适合国民需要，注意病毒、黑客和垃圾邮件，网页应及时更新等；2007 年的建议有：给访问者提供帮助，按使用频率排序，更新及时通知，按照角色分类，提供在线服务菜单，要有标准化的模板和统一的导航，要有交互式帮助，要让用户感兴趣，要提供更多非本国语言的页面，修正错误链接，不要出卖域名，拥有安全、稳定的服务器，避免商业广告。

表 2.10 所示为布朗大学发布的《全球电子政务》2002—2005 年报告中中国的排名情况。

表 2.10　　　　布朗大学发布的《全球电子政务》2002—2005 年报告中中国的排名情况

项目＼年份	2002	2003	2004	2005
得分	56.3	35.9	37.3	44.3
排名	7	11	6	5

布朗大学在 2005 年发布的《全球电子政务》报告中，对中国的电子政务进行了积极的评价，认为中国提供的电子政务服务是比较全面的，每个政府网站都能为民众提供可用的出版物和数据库；绝大多数政府网站能提供在线电子服务，只有少数网站收费；几乎所有网站都具有交互性，能为民众提供用于反馈信息的在线表格；许多网站都能提供用户信息和隐私的安全保障。通过打分，在布朗大学发布的报告中，中国的电子政务在全球排名第 5。

3. IBM 公司的基础设施导向型评估模型

美国 IBM 公司提出了表 2.11 所示的以技术指标为出发点的基础设施导向型评估模型，从三个方面评估电子政务绩效。

表 2.11　　　　　　　　　美国 IBM 公司提出的基础设施导向型评估模型

一级指标分类	二级指标分类	指 标 说 明
技术标准	灵活性	使用统一的标准并公开
		具备重新运用现有软件的能力
		相对独立的基础设计
		整合部分外部服务
	可升级性	以共享或免费软件平台为核心设计电子政务应用软件
		建立负载平衡机制
	可靠性	安全
		连贯
		实用

4. 世界经济论坛与哈佛大学国际发展中心的网络准备度评估模型

自 2002 年起，世界经济论坛（World Economic Forum，WEF）与哈佛大学国际发展中心开始共同对世界上一些国家（地区）的信息与通信技术应用现状和发展潜力进行综合评估、分析。

WEF 认为，各国的竞争力（Globle Competitiveness Index，GCI）与其网络准备度（Networked Readiness）息息相关。网络准备度有 3 个衡量指标。

① 环境指标：市场、政治与法规、基础设施建设；

② 准备度指标：企业、个人、政府的准备度；

③ 使用情况指标：企业、个人、政府的使用情况。

世界经济论坛按照网络准备度指数（Networked Readiness Index，NRI）对有关国家的电子政务进行打分、排名，并每个年度发表《全球信息技术发展报告》。

表 2.12 所示为 WEF 各年度发布的《全球信息技术发展报告》中中国的排名情况。

表 2.12　　　　　WEF 各年度发布的《全球信息技术发展报告》中中国的排名情况

项目＼年度	2001—2002	2004—2005	2008—2009	2014—2015
得分	3.10	3.56	4.15	（不详）
排名（参评国家数）	64（102）	41（102）	46（134）	62（143）

可以看出，中国的网络准备度随着电子政务的稳步推进而不断提高。也可以说，中国的电子政务建设还有很大潜力。

5. 4E3R 模型

4E3R 模型是一种评估导向型评估模型，包含以下 7 个指标。

① 4E：Economical（经济）、Efficiency（效率）、Effectiveness（效益）、Equity（公平）。

② 3R：Responsibility（责任）、Response（回应）、Representation（代表性）。

2.4.5　中国电子政务绩效评估实践现状

在国内，电子政务绩效评估侧重于政府网站，或者说是围绕政府网站制定评估指标的。当然，把政府网站评估等同于电子政务绩效评估是不合理的，因为政府网站只是电子政务建设的一个方面而已。目前，国内政府网站很少做到前后台一体，网站可以做得很漂亮，但与后台业务系统没有连接，无法真实反映电子政务水平。因此，不能笼统地谈电子政务绩效评估，因为评估对象的范围不同。例如，电子政务项目绩效评估、部门电子政务绩效评估、地区电子政务绩效评估是完全不同的，分别属于微观、中观、宏观层次，不能混为一谈。而且，同样是电子政务项目绩效评估，项目不同，评估指标体系也应不同。例如，有的电子政务项目是建设政府网站，有的电子政务项目是建设视频监控系统，有的电子政务项目是建设社保数据库，有的电子政务项目是建设政府内网。不同项目类型的建设内容、系统功能等差异很大，用同一套评估指标体系去测评其绩效，显然是不合适的。因此，要分别设计评估指标体系，根据项目的类型、部门的职能、地区的差异，对具体指标和指标权重进行适当调整。基于这些考虑，目前我国一些第三方机构和不同层级的政府部门都已经开展了电子政务绩效评估，在绩效评估方面进行了有益的尝试，积累了不少实践经验。这些研究单位从评估主体上分，可以分为以下两大类：第三方机构和政府自身。下面分别介绍其中几个。

1. 第三方机构

（1）中国电子信息产业发展研究院

中国电子信息产业发展研究院（China Center for Information Industry Development）是由中国电子工业发展规划研究院、信息产业部计算机与微电子发展研究中心（中国软件评测中心）、信息产业部电子信息中心、中国电子报社等四个事业单位合并组成的，主要从事产业政策、经济形势等软科学研究及媒体出版、顾问咨询、评测认证等业务，形成了传媒与网络服务、咨询与外包服务、评测与认证服务、软件开发与技术服务"四业"并举的业务格局。其市场运作部分由赛迪股份有限公司进行。

中国电子信息产业发展研究院受国务院信息化工作办公室委托，从 2003 年开始，对中央部委、省、市、县级政府网站连续开展全国性绩效评估，该研究院是国内知名度较高的电子政务评估机构之一。其评估范围包括国务院部委及相关单位网站（简称部委网站）、省级政府网站（包括省、自治区、直辖市政府网站和新疆生产建设兵团网站）、地市级政府网站（包括计划单列市、省会城市和地级市政府网站）及县级政府网站（以 20%的抽样概率评测 402 个县级政府网站）；指标体系按照政府网站主办方的行政层级设定，由部委、省级、地市级和县级政府网站的评估指标构成。赛迪评估体系和评价结果在国内影响很大。

（2）计世资讯

计世资讯自 2002 年开始，连续四年开展了分别针对国家各部委、地方政府门户网站的评估，评估指标主要包括网站内容服务和建设质量、网站功能服务、网上办公、公众反馈、网上监督、特色功能等，2005 年测评范围包括 69 个国务院组成部门、31 个省级政府、32 个省会城市及计划单列市、201 个地级市政府和 129 个县级政府。

（3）国脉互联

国脉互联信息顾问有限公司（以下简称国脉互联）是一家专业从事电子政务咨询的公司，积累了丰富的实践经验。几年来，国脉互联已实施了众多政府网站绩效评估项目，评测咨询服务的政府客户达百家之多，遍布全国 11 个省的近 5 000 个网站。国脉互联通过长期开展政府网站（群）的规划和评测工作，在政府网站绩效评估方面积累了丰富的经验，并探索出了一套特色政府网站绩效评测体系。该评测体系将各级政府及部门网站目前的发展态势分为初级阶段、中级阶段、高级阶段，并且通过基础性指标、发展性指标、完美性指标等三类监测指标体系进行分别评测，每个大类又包含一系列具体参数。同时，其从 2005 年开始每年举办一次"中国特色政府网站"评选活动，以此推动政府网站建设，彰显地方特色。

（4）北京大学网络经济研究中心

北京大学网络经济研究中心成立于 2000 年 2 月，是国内第一家专业致力于互联网及电子商务研究的学术机构。其宗旨是创办国际知名的网络经济研究中心，使北京大学成为网络经济学、管理学和政策研究的策源地；同时，为中国企业培养新经济领域的高级人才。2010年，经学校批准更名为——北京大学市场与网络经济研究中心。

北京大学网络经济研究中心从2001年开始关注电子政务研究，2002年作为国家信息化领导小组专家咨询委员会成员承接了《中国地级市电子政务研究报告》，先后以课题形式，在地市级电子政务测评方面进行了深度研究和实践。

2. 政府自身

目前，政府部门自行组织的电子政务绩效评估已经不少，几乎各级政府都有自己的评估体系。这些评估体系依评估主体大致可以分为两类：一类由财政部门牵头制定，另一类由政府信息化领导机构或办公厅牵头制定。

（1）北京市政府

北京市自2000年开始进行政府网站评议活动，每年都确定评议的主题。如2003—2004年度北京市政府网站评议的主题为"评议政府网站，检查政务公开"，目标是推进"阳光政务"，提高"网上政府"的职能作用。2006年度北京市政府网站评议工作的重点是进一步推进政务公开，深化在线服务和公众参与，同时提高网站管理的水平和质量。北京市政府网站绩效评估的突出特点是注重多方参与，评估中引入群众评议，成立了由市政府特约监察员、民主党派人士、信息领域专家等组成的专家评议组，还向社会公开招聘八名群众评议员，组成群众评议组，参与打分评议。另外，首都之窗主站点和参评各单位的网站同时开展"网民评议政府网站"活动，由网民进行在线评议。同时，北京市政府从2004年起开展电子政务绩效评估工作，并把电子政务绩效评估与政府部门绩效评估有机结合，增强了电子政务绩效评估工作的权威性和激励约束效应。

（2）吉林省政府

吉林省政府自2003年起责成省政府办公厅构建网站评议考核指标体系，每年年底组织开展一次全面的网站评估工作。2003年，吉林省政府办公厅采取"单位自检、网上征求意见、检查组集中检查评议"的方法，开始对市（州）政府和省政府工作部门的58个政府网站进行绩效评估。2004年，吉林省政府办公厅出台了一系列政府网站绩效评估工作办法，制定了规范的政府网站绩效评估指标体系。此后，评估指标的内容和标准逐年修改完善，将评估范围逐渐扩大到包括省政府部门、市（州）、县（市）的政府系统。2006年，全省政府网站绩效评估工作由省政府办公厅与中国网通吉林省通信公司共同组织实施，对评估指标做了较大调整。政府网站有门户网站和部门网站两种不同类型，对省政府部门网站和市（州）、县（市）政府门户网站采取不同的评估指标体系，分成两类进行评估。吉林省政府通过网站绩效评估带动了各部门、各地方政府网站建设的积极性和主动性，几年来吉林省政府网站建设进步很快，在国信办委托中国电子信息产业发展研究院做的全国网站绩效评估结果中，吉林省在全国处于前列。

（3）广州市信息化办公室

2007年11月15日，广州市信息化办公室印发了《广州市电子政务绩效评估管理办法》。该办法规定，电子政务绩效评估的主要内容包括应用绩效、资源整合绩效、管理与安全绩效等方面，采取各部门和各区、县级市内部自评和协调工作组组织的外部评估相结合的方式，综合日常工作、年中检查、年底各项任务目标实现情况和各项评估结果，全面评价其整体水平。电子政务绩效评估工作程序包括年初部署、年中部门自查和自评、年底工作组检查及综合评议四个主要环节。电子政务绩效评估结果将作为各部门下一年度信息化建设资金预算审核和新增项目立项审核的参考依据。

习 题

一、选择题

1. 行政体制改革的内容逻辑可以简单地分为两部分——（　　）。

   A. 强化管理与提高素质

   B. 防治腐败与提高效率

   C. 信息服务与提高办事效率

   D. 政府内部自身的改革和政府在整个社会中的定位

2. 美国公务员制度是（　　）。

   A. 1887 年伍德罗·威尔逊在《行政学研究》中提出的

   B. 1883 年的彭德尔顿法案创立的

   C. 1933 年富兰克林·德拉诺·罗斯福总统在新政中确立的

   D. 1969 年上台的理查德·尼克松总统提出的"新联邦主义"的组成部分

3. 在 20 世纪 70 年代末期成为全球浪潮的新行政管理运动以（　　）为核心。

   A. 放松规制　　　　B. 压缩开支　　　　C. 公共部门私有化　　D. 办公自动化

4. 权利本位是一种法治政府价值观，它认为人民的权利（　　）。

   A. 来自法律　　　　　　　　　　　　B. 来自国家

   C. 是一种不可剥夺的自然权利　　　　D. 来自政治

5. 权利本位的核心观念是，对于公民而言，（　　）。

   A. 只能做法律允许的事情　　　　　　B. 法律没有明文规定的行为不受保护

   C. 必须依法行事　　　　　　　　　　D. 法不禁止则自由

6. 法治政府要求政府行为按照（　　）的原则进行。

   A. 少数服从多数　　B. 服从领导　　　　C. 法未禁止即可行　　D. 法未允许即禁止

7. 司法审查要求（　　）。

   A. 政府不存在侵权行为　　　　　　　B. 政府侵权行为可不追究

   C. 法律必须服从领导旨意　　　　　　D. 政府的侵权行为要受法律追究

8. 责任政府理念是一种政治原则，（　　）。

   A. 政府有权决定自己行使哪些权力

   B. 政府行使的每一项权力背后都承载着一份相应的责任

   C. 政府行使的权力与责任无关

   D. 在某些情况下，政府可以自己决定行使哪些权力

9. 透明政府理念要求政府按照（　　）原则进行信息公开。

   A. 有限例外，最大限度保密

   B. 凡没有要求公开的信息，就不公开

   C. 任何信息，必须领导同意才能公开

   D. 有限例外，最大限度公开

10. 服务型政府是一个能够公正、透明、高效地为（　　）提供优质公共产品和服务的政府。

    A. 企业　　　　　　B. 公众和全社会　　C. 领导　　　　　　D. 工人阶级

11. 政府工作千头万绪，但最根本的有两项：（　　）。长期以来，我们过多地偏重第一项职能，而忽视了第二项职能。

    A. 一是推行政令，二是为社会公众服务　　B. 一是推行政令，二是筹集资金

    C. 一是筹集资金，二是为社会公众服务　　D. 一是推行政令，二是发展经济

12. （　　）是电子政务建设的出发点和落脚点。

    A. 服务　　　　　　B. 计划　　　　　　C. 效益　　　　　　D. 权力

13. 下列各项中，（　　）属于面向政府单位的服务。

    A. 兵役服务　　　　B. 资源环境　　　　C. 出入境服务　　　D. 资质认证

14. （　　）是推进电子政务建设的主线，是深化电子政务应用取得实效的关键。

    A. 服务民众　　　　　　　　　　　B. 提高效益

    C. 深入开展反腐败　　　　　　　　D. 政务信息资源开发利用

15. 基础信息采集部门要按照（　　）原则，避免重复采集，结合业务活动的开展，保证基础信息的准确、完整、及时更新和共享。国家基础信息库实行分别建设、统一管理、共享共用。

    A. "广采细选"　　　B. "一数一源"　　　C. "专采专选"　　　D. "责权分明"

16. 信息采集和更新时，根据依法行政的要求，明确界定各部门的信息采集和更新权责，保证信息的（　　），理顺和规范信息采集流程，明确信息采集工作的分工，形成有序采集的机制，减轻社会公众和企业的负担。

    A. 准确性和可用性　　　　　　　　B. 精确性和有用性

    C. 准确性和时效性　　　　　　　　D. 有用性和时效性

17. 电子政务标准化体系以（　　）为主体，由总体标准、应用标准、应用支撑标准、信息安全标准、网络基础设施标准、管理标准等组成。

    A. 国际标准　　　　B. 国家标准　　　　C. 美国标准　　　　D. 地域标准

18. 国家电子政务总体框架的构成包括（　　）。

    A. 党委、人大、政府、政协、法院、检察院

    B. 服务与应用系统、信息资源、基础设施、法律法规与标准化体系、管理体制

    C. 各级政府部门内部办公、管理、协调、监督以及决策

    D. 门户网站、交换平台、数据库和电子政务大厅

二、填空题

1. 20 世纪 70 年代开始的政府再造运动大致表现出 5 个主要趋势：_____、_____、_____、_____、_____。

2. 公共管理企业化的基本措施是在_____和_____两个层面上进行的。

3. 公共服务市场化的方法有_____、_____等。

4. 公共行政的民主化的两个主要方面是_____和_____。

5. 法治政府理念的核心是_____、_____和_____。

6. 法律审查的两个基本点是_____和_____。

7. 责任政府理念要求政府承担的责任有_____、_____、_____和_____。

8. _____和_____共同构成了理想的有效政府管理目标体系。

9. 在市场经济社会，_____诚信是基础，_____诚信是重点，_____诚信是主导。

10. 中国《国家电子政务总体框架》的组成部分包括：_____、_____、_____、_____。

11. 按照《国家电子政务总体框架》，中国推进国家电子政务建设，_____是宗旨，_____是关键，_____是主线，_____是支撑，_____是保障。

12. 电子政务服务主要包括_____、_____和_____各种服务。

13. 电子政务的建设要以_____为中心，以_____为载体，逐步建立电子政务服务体系。

14. 按照《国家电子政务总体框架》，中国在"十一五"期间，主要围绕公众、企事业单位和政府的需要，选择_____、_____、_____、_____、_____的政府业务，作为电子政务优先支持的业务。

15. 按照《国家电子政务总体框架》，中国在"十一五"期间，从_____、_____出发，应优先支持办公、财政管理、税收管理、金融监管、进出口管理、涉农管理与服务、食品药品安全监管、信用监管、资源管理、环境保护、公共安全管理、社会保障、司法保障等业务。

16. 按照《国家电子政务总体框架》，中国在"十一五"期间，围绕优先支持的业务，以_____为主线，以_____为支撑，兼顾中央和地方的信息需求，统筹规划应用系统建设。

17. 信息资源建设包括_____、_____和_____。

18. 电子政务基础设施包括_____、_____和_____。

三、简答题

1. 效能政府理念包含哪些内容？
2. 信息技术应用与效能政府理念有什么关系？
3. 政府应履行哪些服务功能？
4. 政府应从哪些方面树立诚信形象？
5. 试分别从科学、政治、经济、法律的角度解释和谐社会的概念。
6. 电子政务如何提高政府效能？
7. 电子政务建设对于建立透明政府和诚信政府有何推动作用？
8. 分别从技术、形式和体制 3 个角度说明电子政务建设与建立服务政府之间的关系。
9. 说明电子政务建设与行政体制改革之间的关系。
10. 说明电子政务建设与增强执政能力之间的关系。

四、实践题

1. 收集资料，分析美国政府行政体制发展过程。
2. 收集资料，讨论电子政务建设与政府行政体制改革间的关系。
3. 收集资料，分析当前世界各国电子政务的发展现状和趋势。
4. 搜集你所在地政府机构改革的演变过程，并说明每一次变革的原因。
5. 中国行政体制改革经过了哪几个阶段？搜集资料，说明这几个阶段与国际行政理论的进步、当时中国社会的状况以及中国共产党的决策的关系。
6. 查找资料，说明当前世界上 3 个发达国家和 3 个发展中国家电子政务建设的最新进展和经验。
7. 归纳总结国内外电子政务绩效评估方法，并进行比较。
8. 查找资料，说明中国电子政务建设的最新成果和不足。

第3章 | 电子政府网站建设及评估

网站建设是电子政务建设中非常重要的工程。本章将介绍网站的有关知识、电子政府网站建设的基本方法以及政府网站绩效评估的基本知识。为了便于理解，在讲述以上内容时，将介绍国内外的一些实例。

3.1 | Web 原理

Internet 实际上包含了两种含义：一种是它用一些规则（即协议，主要是 TCP/IP）连接了世界上的许多校园网、企业网、政府网、家庭网和计算机；另一种是它组织了一个全世界的信息资源，可以供人们了解新闻、查找资料、观看影视、欣赏音乐、相互沟通、聊天讨论。然而，后者并不叫 "Internet"，它只是 Internet 的一个引人注目的应用，人们用一个非常形象的名称称呼它——"遍布全球的蜘蛛网"（World Wide Web，WWW），后来被称为环球信息网（环球网）、万维网、Web 网等。本节介绍 Web 网的基本原理。

3.1.1 C/S 与 B/S 工作模式

1. C/S 工作模式

Web 系统采用客户端/服务器（Client/Server，C/S）工作模式。在这种工作模式中，客户端面对用户，可以进行简单的处理，但主要任务是接受用户需求，并把这种需求提交给服务器处理，然后接收服务器的处理结果，展示给用户；服务器的作用是提供服务。这是一种多对多的模式，即一台服务器可以为多个客户端提供特定的处理和资源服务，一个客户端可以向不同的服务器提出处理和资源服务请求。即客户端在"前台"（Front-end）工作，服务器在"后台"（Back-end）工作。图 3.1 所示为 C/S 工作模式的工作原理。

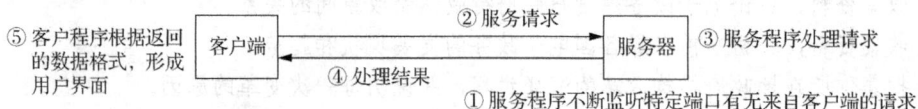

图 3.1 C/S 工作模式的工作原理

① 服务器一开始工作，就不断监听有关端口（80 端口）是否有来自客户端的请求。

② 客户端（程序）主动向服务器提出服务请求。

③ 服务器（程序）对客户端的请求进行处理。

④ 服务器将处理结果返回给客户端。

⑤ 客户端（程序）根据返回的数据格式，形成用户界面（如显示等）。

采用 C/S 工作模式的好处如下。

① 可以针对应用和服务的不同要求，以及针对不同的处理要求来配置相应的资源，取得最佳的性价比，从而提高了服务质量、集成水平和事务处理能力，大大降低了系统的开发成本和风险；

② 客户端与服务器两种实体之间合理分工、协同工作，增强了系统的稳定性和灵活性，也便于维护和应用。

2．B/S 工作模式

B/S（Browser/Server，浏览器/服务器）工作模式又称 B/S 结构，是 C/S 工作模式的扩展。在这种结构下，浏览器没有处理功能，只用来向用户提供工作界面。这样大大简化了客户端，减轻了系统维护与升级的成本和工作量，降低了用户的拥有总体成本（TCO）。为实现这种模式，要采用图 3.2 所示的浏览器—Web 服务器—应用数据库服务器的 3 层结构。这样，用户端只需要安装一个通用的浏览器软件，不需要安装应用软件，做到了与软硬件平台无关。即通过 Web 浏览器，各种处理任务都可以调用服务器端的系统资源来完成。

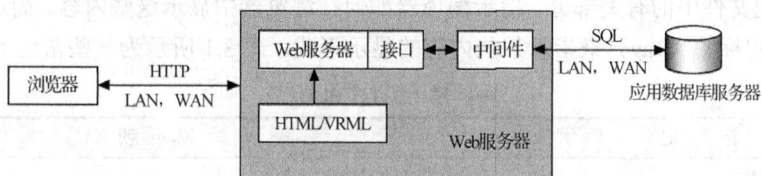

图 3.2　Web 信息服务框架

浏览器是安装在客户端的一种软件，作用是解释网页中的内容如何展现。当把一台连接到 Internet 上的计算机打开，启动（双击）浏览器程序时，在计算机的屏幕上将显示一个空的浏览器框架，如图 3.3 所示。

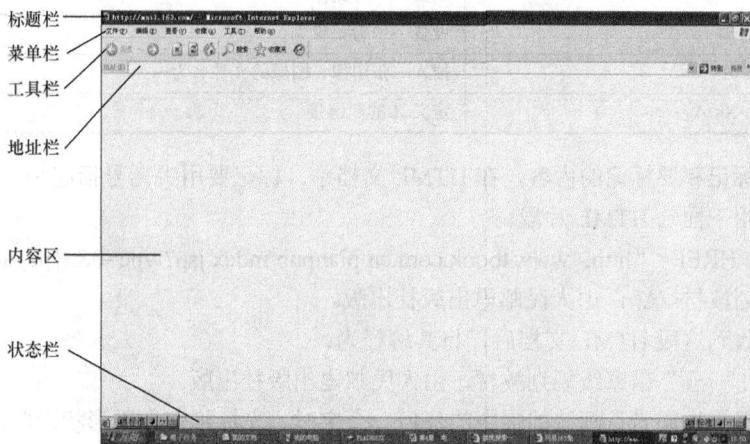

图 3.3　一个空的浏览器框架

浏览器由以下几部分组成。

① 标题栏：用于显示网页的名称。
② 菜单栏和工具栏：向用户提供操作功能，如文件操作、编辑操作、查看操作等。
③ 地址栏：供用户输入网页地址用。
④ 内容区：用来显示网页内容。
⑤ 状态栏：用来显示 WWW 与用户交互的情况。

3.1.2　超链接与超文本标记语言

1．超链接

WWW 最大的特点是具有超链接（Hyperlink）功能，即可以对一个网页中的任何一个点进行设置，使其链接到 Internet 上的任何一个信息资源上。并且链接不限于文本，可以是文本链接，也可以是图像链接、视频链接、音乐链接；链接的对象也不限于本文件内，可以是所有 Internet 上的资源。超链接形成了一种跳转方式，从一个网页可以直接跳转到任何一个其他网页。正是由于超链接技术的使用，才织成了一个分布在世界不同地方的、图文声像并茂的、像蜘蛛网一样的信息网络。

2. 超文本标记语言（HTML）

网页是一种具有超链接功能的信息资源的组织，可以链接文本、多媒体、邮件等。这种信息资源组织被称为超文本（Hyper Text）。

超文本的形成是用一种特殊的语言——超文本标记语言（Hyper Text Mark-up Language，HTML）来标记文件中的有关部分，指示编译器如何在浏览器中显示这些内容。简单地说，HTML就是用一些规定标签（Tag）来指示某些内容的显示形式。表 3.1 所示为一些常用的 HTML 标记。

表 3.1   一些常用的 HTML 标签

标 记	说 明
\<HTML\>…\</HTML\>	表明这是 HTML 文档
\<HEAD\>…\</HEAD\>	页面首部定界标签
\<TITLE\>…\</TITLE\>	网页标题定界标签
\<BODY\>…\</BODY\>	网页主体定界标签
\<Hn\>…\</Hn\>	一个 n 级题头定界标签
\<B\>…\</B\>	设置……为宽体
\<MENU\>…\</MENU\>	设置……为菜单
\<IMG SRC="…"\>	插入一张图像，图像的文件名为……
\<A HREF="…"\>X\</A\>	定义 X 的超链接

为了区分标记和要标记的内容，在 HTML 文档中，标记要用尖括号括起来。

例如，使用下面的 HTML 片段。

本书是\<A HREF="http://www.tbook.com.cn/planpub/index.jsp?type=0&type_add=0"\>"十一五"国家级规划教材\</A\>，由人民邮电出版社出版。

浏览器接收到这段 HTML 文档后，将其解释为：

本书是"十一五"国家级规划教材，由人民邮电出版社出版。

当用户将鼠标指向带下画线的字中的任何一个字时，光标将变为手形状，单击后将会链接到"全国普通高等教育教材网"，打开"'十一五'国家级规划教材"网页。下面是一个简单的 HTML 文档。

```
<HTML>
  <HEAD>
    <TITLE>标题——HTML 文档举例</TITLE>
  </HEAD>
  <BODY>
    <P>
      <FONT SIZE="6" FACE= "隶书"
        这是一个简单网页
      </FONT>
    </P>
  </BODY>
</HTML>
```

这个文档指出了将来在浏览器的标题栏中显示的标题是"标题——HTML 文档举例";在内容区只显示一行文字——"这是一个简单网页",所显示的字体为隶书,文字大小为 6 号字。

3. HTTP

在任何通信系统中,要可靠地进行数据传输,发送方和接收方必须遵循同一种传输规则,即传输协议。不同的应用所对应的协议是不同的。WWW 的服务器与浏览器之间传输 HTML 文本所使用的协议是超文本传输协议(Hyper Text Transfer Protocol,HTTP)。

HTTP 于 1990 年提出,经过多年的使用与发展,得到不断完善和扩展。目前,HTTP 支持的服务不限于 WWW,还有其他服务,如 FTP、Archie、SMTP、NNTP 等。

3.1.3 网站与网页

1. 网页、网站与 Web 服务器

Web 是一种分布在全球的信息资源,这种信息资源的基本单位是网页。为了便于管理,常常把一个组织或个人要发布的网页按照如图 3.4 所示的层次结构进行组织,形成一个树形网页结构——文件目录。网站中的起始网页称为主页(Homepage)。这种文件目录称为该组织或个人的网站(或 Web 站点)。用户在开发 Web 网站时,一般先建立本地网站——用户计算机硬盘上的 Web 目录。这样网页的编辑和测试比较方便。调试结束后,再把 Web 站点上的 Web 目录全部复制到 Web 服务器上,并在本地计算机硬盘上创建发布站点的映像,以便进行站点管理。所以,Web 站点也就是 Web 服务器上的一个目录文件。一个单位可以独立建立自己的 Web 服务器,也可以由服务商建立 Web 服务器,供多个组织或个人共用。

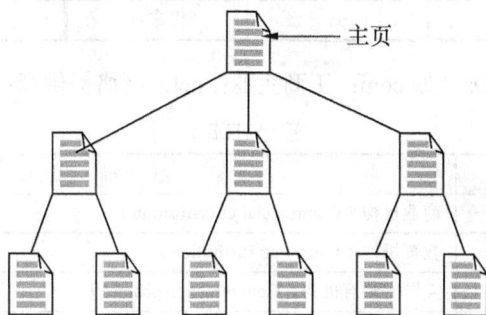

图 3.4 按照一定层次结构组织的网页

2. 网站地址与网页地址

全世界有数以万计的网站和网页,为了区分它们,要进行统一标识,并将它们称为统一资源定位器(Uniform Resource Location,URL),通常也称为 Web 地址或网址。一个网站的 URL 结构如下。

应用方式://主机域名

(1)主机域名

主机域名是为主机起的名字,它由用圆点分隔的几个名字组成,与英文地址的书写顺序相同:小的域写在前面,大的域写在后面;写在最后面的称为顶级域名。

顶级域名又分为两类:一类是国际顶级域名(National Top-Lenel Domain-Names,iTLDs),另一类是国家或地区顶级域名(National Top-Lenel Domain-Names,nTLDs)。目前,200 多个国家或地区都按照 ISO 3166 国家或地区代码分配了顶级域名。表 3.2 所示为部分 nTLDs。

表 3.2 部分 nTLDs

域　名	含　义	域　名	含　义	域　名	含　义
ar	阿根廷	gr	希腊	pe	秘鲁
at	奥地利	hu	匈牙利	ph	菲律宾
au	澳大利亚	ie	爱尔兰	pl	波兰
be	比利时	il	以色列	pt	葡萄牙
bg	保加利亚	in	印度	ro	罗马尼亚
br	巴西	is	冰岛	ru	俄罗斯
ca	加拿大	it	意大利	sa	沙特阿拉伯
ch	瑞士	jp	日本	se	瑞典
cl	智利	kr	韩国	sg	新加坡
cn	中国	kw	科威特	th	泰国
co	哥伦比亚	lt	立陶宛	tn	突尼斯
de	德国	lu	卢森堡	tr	土耳其
dk	丹麦	mm	缅甸	ua	乌克兰
ec	厄瓜多尔	mx	墨西哥	uk	英国
eg	埃及	my	马来西亚	us	美国
es	西班牙	nl	荷兰	uy	乌拉圭
fl	芬兰	no	挪威	ve	委内瑞拉
fr	法国	nz	新西兰	yu	南斯拉夫
		pa	巴拿马	za	南非

表 3.3 所示为部分 iTLDs（如 com：工商企业；net：网络提供商；org：非营利组织等）。

表 3.3 部分 iTLDs

域	描　述
com	商业机构（Commercial Organization）
edu	教育机构（Education Institution）
gov	美国的政府机构（Government Agencies）
int	国际组织（International Organization）
mil	美国军事机构（Military Agencies）
net	网络服务机构（Network Support Center）
org	非营利机构（Non-profit Organization）

在许多情况下，iTLDs 被用作二级域名，而将 nTLDs 作为一级域名。

从 2006 年 3 月 1 日起，中国在顶级域名"cn"之外，增设"中国""公司"和"网络"3 个中文顶级域名。图 3.5 所示为"中华人民共和国中央人民政府"网站名及各部分的含义。

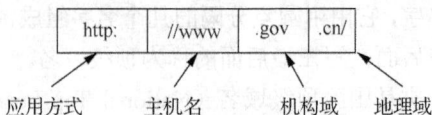

图 3.5 "中华人民共和国中央人民政府"网站名及各部分的含义

在许多情况下，一台主机具有多种用途，每个网页以文件的形式存放。这时，URL 就要指定到文件，即要在主机名后用斜杠分隔路径，最后是文件名。图 3.6 所示为"中国江苏"网站名及各部分的含义，图中的文件路径即文件夹的名字。

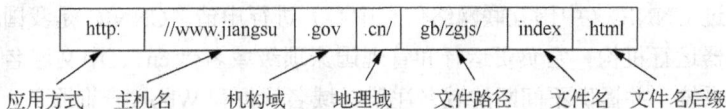

| http: | //www.jiangsu | .gov | .cn/ | gb/zgjs/ | index | .html |
| 应用方式 | 主机名 | 机构域 | 地理域 | 文件路径 | 文件名 | 文件名后缀 |

图 3.6 "中国江苏"网站名及各部分的含义

（2）应用方式

应用方式告诉计算机网络主机（服务器）中的信息资源属于哪种类型、格式，或采用哪种规则传输。当前的主要应用方式如下。

① http（超文本传输协议，即真正的 WWW 信息）。

② ftp（远程文件传输协议）。

③ WAIS（广域信息查询系统）。

④ news（用户新闻讨论组）。

⑤ mailto（电子邮件）。

3.1.4　服务器

按照 C/S 工作模式工作的 WWW 必须有服务器。服务器是网站的心脏，不仅需要使用先进的计算机，还要配置合适的网络操作系统、Web 服务器程序、数据库管理系统、邮件系统等软件。不同主机的配置是不相同的。主机可以有独立主机、服务器托管和虚拟主机三种形式。

1. 独立主机

独立主机就是某个单位自己投资购买、配置并管理的服务器主机。这需要很大的投资，因为主机及其配置的软件的价格都是非常昂贵的，此外，还需要配套接入设备、接入线路及维护人员。

独立主机服务器有两个非常重要的技术指标。

① 允许同时登录的用户数量。小型网站允许登录的用户数量为几百个，大型网站就要考虑成千上万个用户同时登录。

② ISP（Internet 服务提供商）出口带宽，即连接到其他网站的带宽。Web 的超链接可能链接任何其他服务器，如果出口带宽不足，会使链接等待时间过长。

2. 服务器托管

服务器托管是小型网站采取的一种建站方法。它将自己的服务器主机委托给大型网站机房管理，不但不需要租用接入线路，还可省下开户费、初装费。

3. 虚拟主机

虚拟主机是最经济的建站方法，应用这种方法时，用户租用 Internet 上某主机的硬盘空间，而不是独立地拥有一个主机。这样，一台计算机可以作为多个网站的主机。对于每个网站来说，好像都具有一个主机，但实际上只是拥有硬盘上的一个空间。

目前，众多的 ISP 都提供免费或低价的虚拟主机服务。选择这些主机，不仅要考虑投资问题，还要考虑主机的带宽、稳定性、可靠性、线路的通畅性以及有无全天候服务响应等。

3.1.5　域名申请

域名申请就是给自己的主机起一个名字，并按照域名规则添加二级域名、顶级域名。中国互联网域名体系规定，我国互联网域名体系中，在顶级域名"cn"之外，暂设"中国""公司"和"网络"三个中文顶级域名，顶级域名之前是两类二级域名——类别域名和行政区域名。类别域名有 ac、com、edu、gov、net 和 org，行政区域名是各省市名的缩写。

域名可以通过 CNNIC（中国互联网络信息中心）进行申请。CNNIC 是我国域名注册管理机构和域名根服务器运行机构。它负责运行和管理国家顶级域名".cn"、中文域名系统、通用网址系统及无线网址系统，并提供不间断的域名注册、域名解析和 Whois 查询服务。

此外，也可以通过 ICANN 授权的域名申请代理机构申请域名，其中较早开展这项业务的是"中国频道"。图 3.7 所示为"中国频道"域名申请窗口。

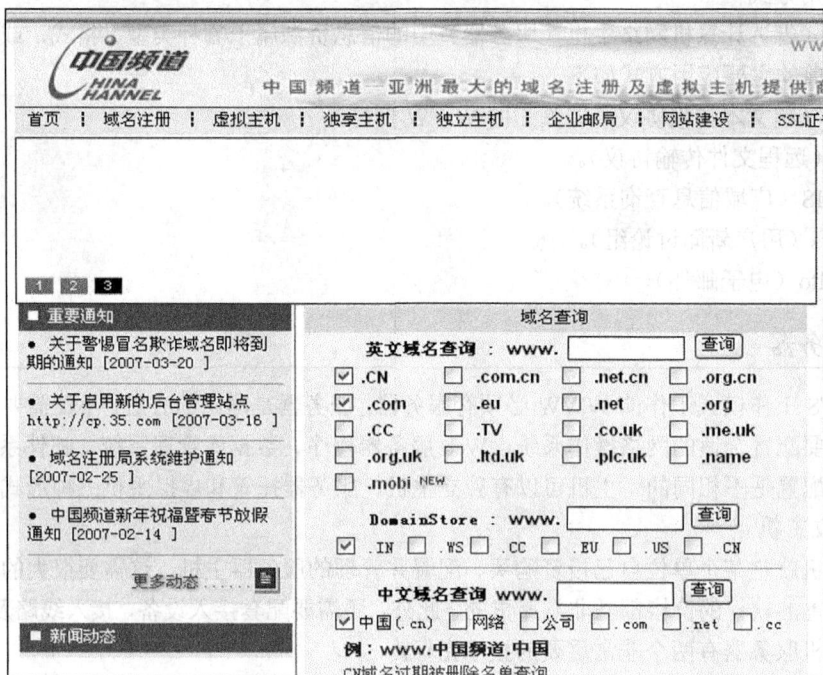

图 3.7 "中国频道"域名申请窗口

3.2 | 政府网站的三大核心功能

电子政务是贯彻以人民为中心发展思想的重大举措，是推进国家治理体系和治理能力现代化的必然选择，是全面深化改革的迫切要求，也是实现政府决策科学化、社会治理精准化、公共服务高效化的重要抓手。一切政府网站的相关工作必须紧密围绕"建设人民满意的服务型政府"这一奋斗目标进行，把政务信息公开、在线服务和公众参与作为政府网站的三大核心功能。

3.2.1 政务信息公开

政务信息公开要求政府在做好行政管理和服务的同时保障公民的知情权，接受公众监督。

1. 政府信息公开的要求

（1）常态公开

政府网站公开信息应"以公开为原则，不公开为例外"。除涉及国家秘密、商业秘密和个人隐私，以及其他法律规定不公开的信息之外，政府信息应全面公开。

（2）内容规范

政府网站公开信息应遵循相关制度规定，按照信息公开目录规定的范围和责任，规范地提供政府信息。

（3）信息准确

政府网站公开信息时应确保信息真实、完整，体现政府的权威性、严谨性，特别是摘要、节选或综述性政府信息，应重点保证无歧义和准确。政府网站维护人员应定期检查并及时更新失效信息。

（4）发布及时

政府网站公开信息时应当做到经常性的工作定期公开，阶段性的工作逐段公开，临时性的工作随时公开。

（5）信息获取无障碍

政府网站公开信息应当遵循公正、公平、便民的原则。政府信息公开不能附带法律规定以外的条件，不能设置不利于用户获取信息的种种约束。

（6）保密信息不公开

政府网站公开的政府信息要对个人信息进行保密，同时不能违反国家有关保密的规定。政府网站应明确信息发布保密审查机制，明确审查的程序和责任。

政府网站公开信息应建立健全的信息审查机制，做到涉密信息不上网，上网信息不涉密。

2. 政府信息公开的范围与手段

① 主动公开。政府网站应按照《中华人民共和国政府信息公开条例》的要求，依据信息公开目录规定的范围和责任主动公开政府信息。

② 依申请公开。政府网站应提供公民、法人或者其他组织依申请获得政府信息的渠道，以保障公民、法人或者其他组织合法地开展生产、生活、科研等活动的权利。

3. 政府网站信息公开目录

为了方便公民查询相应的政府信息，政府网站信息应当按照信息公开目录的框架体系进行分类和组织，各有关部门应定期维护信息公开目录的结构，及时更新政府信息。

政府网站信息可以按下列分类方法进行分类、编目。

（1）政府网站信息分类的总体框架

① 地区（机构）介绍、法律法规、规范性文件、发展规划、业务信息等类别。

② 政府门户网站信息公开目录还可根据实际情况增加重点工作、实事项目、重要会议、政府工作报告、乡镇公开信息等类别。

③ 各级政府职能部门网站的信息公开目录还可根据部门政务工作的实际情况增加相应类别。

（2）业务信息的分类方法

① 政府信息公开的主管部门应全面梳理各级政府和职能部门依据国家及地方性法律法规、政策文件等的规定开展政务工作的情况，确定业务事项。

② 针对各业务事项确定涉及的政府信息，可包括办事指南、行政文书、办事结果、资金信息、招投标信息、统计数据、工作计划、工作进展等类别。

4. 信息公开栏目设置

政府门户网站和政府职能部门网站的信息公开栏目设置可以参照表 3.4 中所列内容进行。

表 3.4 　　　　　　　　　政府门户网站和政府职能部门网站的信息公开栏目设置

栏 目 名 称	政府门户网站信息公开栏内容	政府职能部门网站信息公开栏内容
概况信息	全面、清晰介绍本地区自然、地理、区划、人文、历史、经济、产业等方面的基本信息	概括性地描述本部门政务工作整体状况
领导信息	主要领导姓名、职务、性别、民族、出生年月、籍贯、学历、工作经历、工作分工、重要指示和主要活动等	
机构职能	整合本级政府各部门与相关单位的机构设置情况与主要职能信息	① 机构基本信息：本机构名称、办公地址、邮政编码、咨询投诉电话、单位网址等 ② 工作职责："三定"方案中规定的本部门职责 ③ 机构设置：本机构各内设处室名称、工作职责、对外电话等 ④ 下属单位信息：依编制规定的下属单位情况
计划规划	① 工作计划：政府主要工作订制的各项计划 ② 发展规划：政府长期规划、专项规划、白皮书等信息	
法规文件	① 法规公文：国家法律、本地区规章和政府文件，下属各部门文件等。发布的文件应注明文件名称、文号、类型、颁布单位、颁布日期、实施日期、正文、主题词等。已失效法规应标明失效性质 ② 政府公报、政府工作报告	公开与本部门政务工作相关的国家法律、地方法规规章，以及本部门颁布的文件等信息。各文件应注明文件名称、文号、类型、颁布日期、实施日期、正文、主题词等。已失效的法规、文件，应标明失效性质
工作动态	① 政务动态：政府会议纪要、主要领导活动等内容，并整合本地区重要政务工作的进展和总结性信息 ② 要闻报道：本地社会和经济要闻，热点及焦点事件	公开本部门会议纪要，以及重要政务工作的进展与总结等信息
通知公告	整合各部门的行政通知和公告等信息	提供本部门各项行政公告信息
统计数据	整合本地区统计公报、主要经济和社会发展相关的统计数据、解读分析等信息	按各项工作的特点及时发布统计数据，经常性工作至少按月公开统计数据，其他可按年度公开汇总
人事信息	① 干部选拔：干部选拔岗位、选拔流程和选拔结果等信息 ② 人事任免：应整合本地区主要领导任免的公示与公告等信息 ③ 公务员考录：整合本地区公务员招考简章、岗位与流程、考试面试通知、考试辅导材料和录取结果等	
财政信息	① 采购与招标：政府采购与招标公告、中标公示等 ② 专项经费信息：整合各部门专项经费使用情况以及经费支持项目进展等信息 ③ 财政预决算：财政预决算报告与相关审计信息	① 采购与招标：本部门政府采购与招标公告、中标公示等信息 ② 专项经费信息：本部门各专项经费的使用情况以及经费支持项目进展等信息
重点项目	① 政府投资项目：政府投资项目的项目名称、投资金额、工程周期、实施单位、项目进展等信息 ② 招商项目：各级政府招商引资工作的目标、计划和进展情况等信息	
应急管理	① 突发事件：本地区公共安全、公共卫生、自然地理灾害等突发事件及处理情况 ② 应急预案：本地区制定的应急预案，以提高政府处置突发事件的应急能力 ③ 科普宣教：突发事件处理常识等信息	① 突发事件：依据本部门职能范围，公开相关突发事件的信息 ② 应急预案：公开本部门制定的应急预案
信息公开指南与目录	① 信息公开指南：公开本部门的信息公开指南，为用户获取政府信息提供指引 ② 信息公开目录：提供本部门的信息公开目录，明确本部门应公开的政府信息资源	
依申请公开	为用户提供获取特定政府信息的申请渠道，按用户指定的信息索引号、信息名称和依申请公开政府信息的处理程序提供有关政府信息。对于依申请公开服务，应说明相应办理程序，并可要求申请人提供个人基本信息	
政务专题	围绕本地区企业和社会公众关注的热点主题，组织建设和整合各职能部门网站的政务专题信息	职能部门网站应围绕自身中心工作策划政务专题栏目，并做好栏目内容的更新维护工作

3.2.2　在线服务

建设政府网站是打造服务型政府的关键环节。随着政府职能转变的不断深入，公共服务在电子政务中的地位逐步提高。从全球电子政务的发展趋势来看，为企业、公众、投资者、旅游者服务，围绕经济发展，改善营商环境，拉动本地经济，是电子政务的最大价值。以政府网站为平台为公众和企业提供"一站式办理"和网上审批等公共服务，不仅可以使公众只需"一号、一网、一次"便能一步到位地获得涉及多个政府组织或机构的服务，有效提高公共服务水平，使群众产生更多获得感，还能够减少政府开支，提高政府办事效率和服务质量。

1．在线服务的要求

① 全面性。政府网站在线服务应体现政府职能的全面性，通过全面整合在线服务资源，提供行政办事和社会公益服务，以丰富的服务内容落实构建服务型政府的要求。

② 实用性。政府网站在线服务应强调实用性，要以用户为中心，不断满足企业和社会公众日常生产生活获取公共服务的需求。

③ 易用性。政府网站在线服务应简单易用，服务的展现形式应兼顾不同用户的使用习惯，并且为用户使用在线服务的全过程提供适当的指导说明。

2．在线服务的构成

在线服务包括政府行政服务和社会公益性服务两部分。

政府行政服务是政府网站在线办事服务的主要内容，是指各级政府及各部门依据职能和法律法规的规定所承担的管理和服务事务，包括行政许可事项和其他日常办公业务。

社会公益性服务是指由公共部门（包括政府部门和一些非政府组织等社会力量）提供的具有公众性、公用性和公益性的，满足全社会或某一类社会群体共同需要的服务。社会公益性服务是政府网站在线服务内容的重要补充。

3．在线服务的实现方式

在线服务一般有办事指南、表格下载、在线咨询、在线查询和在线办理五种实现方式。

（1）办事指南

政府网站应向用户提供与办事规程相关的各项要素信息。各事项的办事指南信息应明确事项名称、服务内容概述、政策法规依据、事项申办条件、需要提交的材料、办事处理流程、办理时限、收费标准、受理机构、办公时间、办公地点和联系方式等信息。

（2）表格下载

政府网站应向社会公众提供办事申请表格、申请书示范文本等文档的下载服务。

① 政府网站提供的办事申请表格或申请书，应与实际表格或申请书的格式一致。

② 表格形式较复杂或不易填写的，政府网站应发布填表说明，并提供表格示范样本供用户参考。

③ 办事申请表格和申请书等模板应支持主要办公软件下的文字处理操作，不应以图片形式提供。

（3）在线咨询

政府网站应提供办事服务的咨询渠道，以方便用户询问办事过程中遇到的疑难问题。政府网站应以有关政策法规为依据，做好用户咨询事件的解答、说明工作。

（4）在线查询

在线查询包括以下两种查询。

① 事项办理状态与结果查询。政府网站应提供事项办理状态查询服务，并保证所提供的状

态信息真实、可靠。政府网站可采用信息列表、数据库查询等多种形式及时公开政府行政事项的办理结果，公开事项办理结果时不能侵犯公民个人隐私，涉及国家、商业秘密。凡受理事项未获批准的，事项办理状态查询结果中要公开未获批准的原因。

② 便民信息查询。政府网站应充分利用信息资源提供查询服务，以方便企业和社会公众的日常生产、生活。

（5）在线办理

政府网站应根据本地区、本部门电子政务建设情况，针对适于网上申请的办事事项提供在线办理服务功能。为此建议：

① 政府网站在线办理服务宜采取前台一口受理、后台协同办理的建设模式；

② 政府网站应按照业务工作要求，将填写办事表格和提交申请材料的过程电子化、系统化，实现办事事项的在线申报服务；

③ 政府网站的在线申报服务应充分与业务办理系统有机衔接，确保网上申报业务得到及时、有效处理。

3.2.3 公众参与

政府网站是协同共治的重要手段。随着电子政务建设的深入，政府网站已逐步成为政府与公众之间重要的交流渠道，政府能够就公共政策的制定征求民意，让更多的人参政议政、建言献策，使得公众大范围参与政府决策成为可能。通过政府网站保障公民的参与权，是实现社会协同共治的重要手段。

1. 公众参与的范围

公众参与的范围如下。

① 公众对于社会公共事务的民主参与。政府网站应积极引导和促进社会公众广泛参与政府公共政策的制定过程，不断提高科学决策、民主决策水平。

② 公众关于社会生活的互动。政府网站应为企业和社会公众提供咨询、投诉的渠道，解答公众疑问，化解社会矛盾，维护社会和谐。

2. 为满足公众参与需求，政府网站应具备的条件

为了满足公众参与需求，政府网站应具备以下条件。

① 栏目形式多样。政府网站应全面满足企业、社会公众与政府交流的需求，采用最适合的技术手段设置互动渠道。

② 主题内容明确。政府网站应为用户提供与政府工作相关的互动主题，主题应围绕当前热点，贴近用户需求。

③ 答复及时有效。政府网站应及时答复用户信函或网上留言，提高互动水平，答复内容能够切实解决百姓的实际问题。

④ 安全保障落实。政府网站应对用户留言进行审核，确保留言内容不泄露国家机密，无政治反动言论，无色情污秽言论等。

3. 公众参与的实现方式

政府网站实现公众参与可以采用如下几种方式。

（1）网上信箱

网上信箱栏目的基本功能是接收、处理、反馈用户信函。网上信箱栏目的建设要求主要包含以下几个方面。

① 网上信箱栏目的设置应简单实用，易于操作。

② 网上信箱栏目应在相关页面明确信件处理时限，并保证在时限内答复处理结果。

③ 网上信箱栏目应提供信件查询功能，包括信件处理状态查询、信件处理结果查询等。

④ 网上信箱栏目应依照用户意愿，公开用户信函和处理结果。

⑤ 政府网站应制定信件答复处理质量规范，明确信件答复的质量要求。

（2）网上调查

网上调查栏目的基本功能是针对当前热点问题了解社情民意。网上调查栏目的建设要求主要包含以下几个方面。

① 网上调查栏目的调查主题应紧密围绕政府工作，贴近企业生产经营活动和百姓生活。

② 网上调查栏目的形式可采用问卷调查、在线投票等。

③ 网上调查栏目应对调查结果进行统计分析，及时公开调查结果，并为领导决策提供支撑。

（3）留言论坛

留言论坛的基本功能是实现政府与公众之间较开放的在线交流。留言论坛的建设要求主要包含以下几个方面。

① 留言论坛栏目应公示留言须知、用户留言处理程序、其他相关规定等内容，明确发言主题范围和审核时间。

② 留言论坛栏目应对用户留言进行跟踪答复，及时反馈，引导舆论。

③ 留言论坛栏目应制定用户留言的审核机制，落实责任人，定期管理用户留言内容。

④ 留言论坛栏目应结合政府工作和市民关注的热点进行设置。

⑤ 留言论坛栏目应设置热点问题汇编子栏目，定期总结用户关注的热点问题，汇总整理常见问题。

（4）访谈直播

访谈直播栏目的基本功能是实现访谈嘉宾与网民之间的实时在线互动交流。访谈直播栏目的建设要求主要包含以下几个方面。

① 访谈直播栏目应结合当前热点选择访谈直播主题。

② 访谈直播栏目应设置访谈直播预告，包括访谈时间、内容、主题等。

③ 访谈直播栏目应对访谈的过程安排进行审核。

④ 访谈直播栏目应对访谈结果进行及时汇总整理，并对遗留问题进行跟踪解决，及时反馈。

3.3

政府网站设计

3.3.1 政府网站总体架构

如图 3.8 所示，政府网站由网站渠道层、网站内容与展示层、应用技术与安全层、网站运维体系等部分组成。

1. 网站渠道层

网站渠道层针对用户需求提供基于网络、移动终端、信息亭等多种服务的获取途径，用户通过网站域名定位各级政府及部门网站。

2. 网站内容与展示层

政府网站应以用户需求为核心，结合自身特点，围绕信息公开、在线服务、公众参与进行网站内容策划。

微课 扫一扫：

政府网站设计

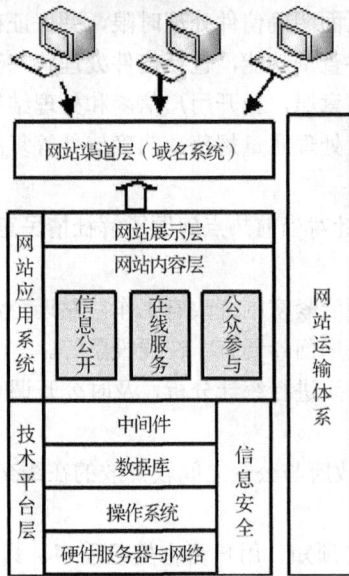

图 3.8　政府网站总体架构

① 信息公开。网上政府信息公开应按照《中华人民共和国信息公开条例》的要求，做好政府信息的全面公开；网上政府信息公开的内容应完整、准确，不得发布失真或有歧义的信息；网上政府信息公开的内容应及时、有效，属于主动公开范围的政府信息，应在信息公开的同时，在政府网站上同步发布。

② 在线服务。政府网站是各级政府及部门服务的窗口，应结合各级政府及部门的政务工作，利用网站为公众提供服务，提高行政效率，降低行政成本。

政府门户网站应全面整合政府行政服务资源和社会公益性服务资源，提供在线服务内容；政府门户网站服务分类应清晰、明确，服务导航应方便、快捷。

政府部门网站应深化在线服务功能，在提供办事指南和表格下载等基本服务的基础上，加强在线咨询、办事查询、在线办理等深度服务建设，形成以事项为核心的一体化服务链。

③ 公众参与。各级政府及部门网站应围绕政府及部门重点工作和公众关注热点，做好公众参与内容的建设，为公众参政议政提供渠道，同时政府及部门网站应对公众参与的内容进行严格审核，确保安全。

3. 应用技术与安全层

① 中间件。中间件（Middleware）是基础软件的一大类，支撑用户应用系统与操作系统、数据库、网络之间的互操作。政府网站采用的中间件，应支持 J2EE 等业界标准的协议与接口，能够运行于多种硬件与操作系统平台。

② 数据库。数据库为网站信息资源提供存储与管理功能，应结合网站用户规模与操作系统平台，选择合适的数据库软件。

③ 操作系统。政府网站应选用安全性、稳定性较强的操作系统，在同等条件下，优先选择国产操作系统。

④ 硬件服务器与网络。在政府网站建设中，应从实际需求出发，根据预计用户数量，选择合适的网络结构、出口带宽与硬件服务器产品，在满足系统稳定性的前提下优先选用国产硬件服务器。

⑤ 信息安全。信息安全在各层面上为电子政务提供机密性、完整性、可用性、可鉴别性、

防篡改、抗抵赖等安全服务，主要涉及数据加密、签名与认证、密钥管理、数字证书管理、安全协议、安全评测、病毒防治等方面。

4. 网站运维体系

① 网站组织保障。各级政府及部门应完善政府网站的组织保障，明确政府网站建设和管理的责任单位，明确政府网站建设和管理的岗位职责与要求，并完善相应的培训机制。

② 信息发布管理。针对网站信息发布，应制定信息发布规范，明确信息内容、信息格式等要求，制定信息发布流程，规范信息采集、编辑、审核、发布等各环节工作要求；制定信息监管规范，明确监管范围、监管周期、监管标准等。

③ 在线服务管理。政府网站应加强网站服务管理，制定在线服务管理办法，完善服务的持续改进机制，不断提高服务质量。

④ 公众参与管理。针对公众参与，应建立公众留言回复机制，明确处理时间及质量要求；同时广泛征集意见，在线交流的策划、建议与实施的流程。

⑤ 绩效评估制度。应完善绩效评估制度，对各级政府及部门网站建设应用情况进行评估，引导各级政府及部门网站建设应用水平持续提高。

⑥ 其他相关制度。政府网站可根据实际工作需要，制定政府网站软硬件采购、使用、报废及其他方面的相关制度，需要综合考虑上述要求。

3.3.2 网站的栏目设计

栏目是一个网站所包含的内容信息的索引，应紧扣主题、突出主体。对于政府网站来说，要遵循"信息公开、在线服务、公众参与"的原则来设计。下面介绍两个案例。

1. 中华人民共和国中央人民政府网站

（1）概况

中华人民共和国中央人民政府网站（以下简称中国政府网）由国务院办公厅主办，中国政府网运行中心运行维护。

中国政府网是政府面向社会的窗口，是公众与政府互动的渠道，对于促进政务公开、推进依法行政、接受公众监督、改进行政管理、全面履行政府职能具有重要意义。

中国政府网是国务院和国务院各部门，以及各省、自治区、直辖市人民政府在国际互联网上发布政府信息和提供在线服务的综合平台。中国政府网现已开通国务院、总理、新闻、政策、互动、服务、数据、国情等栏目，在第一时间权威发布国务院重大决策部署和重要政策文件，国务院领导同志参与的重要会议、考察、出访活动等政务信息，同时面向社会提供与政府业务相关的服务，建设基于互联网的政府与公众互动交流的新渠道。

中国政府网于 2005 年 10 月 1 日试开通，2006 年 1 月 1 日正式开通。

（2）网站职能

建设中国政府网，是推进政府管理方式创新，建设服务型政府的重要举措，对于促进政务公开、改进公共服务，提高行政效能，便于公众知情、参与和监督，具有重要意义。

中国政府网设置了政务信息区、办事服务区、互动交流区和应用功能区四个区域。政务信息区主要按照政务公开的要求，公布政府重大决策部署、行政法规、规范性公文及工作动态。办事服务区主要整合各地区、各部门网上办事服务项目，为公民、企业和外国人提供网上办事服务。互动交流区主要建立方便、高效的渠道，增进政府与公众的沟通交流，方便公众建言献策，便于政府直接了解社情民意。应用功能区主要具有检索、导航等网站辅助功能。

中国政府网作为中国电子政务建设的重要组成部分，是政府面向社会的窗口，是公众与政府互动的渠道，对于促进政务公开、推进依法行政、接受公众监督、改进行政管理、全面履行政府职能具有重要意义。

2018年2月6日，升级后的中国政府网、国务院客户端，将许多部门和地方政府的资源有效连通，38项部门服务、152项地方服务一键直达，可查询信息，可网上预约，还可留言投诉。

（3）栏目设置

中文简体版和繁体版开设了国务院、总理、新闻、政策、互动、服务、数据、国情8个一级栏目。网站英文版开设了HOME、STATE COUNCIL、PREMIER、NEWS、POLICIES、SERVICES、ARCHIVE 7个栏目。表3.5所示为中国政府网的网站地图。

表3.5　　　　　　　　　　　　中国政府网的网站地图

国 务 院	领导活动	常务会议	全体会议	组织机构	政府工作报告		
总 理	最新	讲话	文章	媒体报道	视频	音频	图片库
新 闻	要闻	专题	政务联播	新闻发布	人事	滚动	
政 策	文件库	解读	中央有关文件	双创	公报	法律法规	
互 动	我向总理说句话	督查	高端访谈	文津圆桌	政策法规意见征集		
服 务	便民服务	部门地方大厅	政府权责清单	服务搜索	服务专题		
数 据	指数趋势	快速查询	数据要闻	商品价格	生猪信息	统计公报	数据说
国 情	宪法	国旗	国歌	国徽	版图	行政区划	直通地方

2. 青岛政务网

青岛政务网围绕"以民为本"设置网站栏目，共设有17个大栏目、456个子栏目。

（1）面向服务对象设置的栏目

① 居民：按照人从生到死的生命周期，设置了生育服务等133个子栏目。

② 企事业：按照企业从生到死的生命周期，设置了设立准营等105个子栏目。

③ 投资者：设置了青岛概况等43个栏目。

④ 旅游者：设置了常用信息等36个栏目。

⑤ 服务通道：设置了服务妇女、残疾人、老年人、三农的4个大栏目、65个子栏目。

（2）面向应用需求设置的栏目

其在信息发布、在线服务、双向沟通等方面，设置了12个大栏目。

① 市长之窗：设有市长专页、市长信箱2个子栏目，主要有市长简历、工作分工、联系渠道等内容。

② 政务之窗：设有组织机构、联系方式、公文法规、政府通告、政府会议、民愿处理、决策公开等11个子栏目，主要发布市政府公文、会议通报、人事任免、为人民办的大事、人民来信办理结果、财政投资情况和各部门服务事项、行政审批、工作职能以及内设处室职能、办公电话、投资电话等基本信息。

③ 便民服务：设有常用电话、表格下载、天气预报、航班时刻、列车时刻、汽车时刻、数字地图等9个子栏目，主要发布涉及政务公开、为民服务的便捷信息。

④ 青岛市情：设有青岛概况、统计信息、青岛年鉴和青岛史志4个子栏目，主要发布全市经济社会发展情况。

⑤ 政府采购：设有政策法规、采购、招标、邀标和中标公告等子栏目，主要发布政府采购

的政策和各类公告。

⑥ 行政许可：设有许可事项、表格下载、在线服务 3 个子栏目，主要发布政府审批、审核、核准和咨询等服务事项。

⑦ 沟通政府：设有市长信箱、建言献策、行政效能、纪检监察 4 个子栏目，主要发布政民沟通、行政监督监察的邮箱地址。

⑧ 热点专题：设有新年新思路、先进性教育活动、两创一迎、治理违法建筑、学海尔学振超精神等 32 个专题栏目，发布各类时政和为民服务的专题。

⑨ 政务要闻：设有图片新闻、视频新闻、部门动态 3 个子栏目。

⑩ 政府通告：发布市政府或市政府职能部门发布的通告。

⑪ 部门动态：发布市直各部门的工作情况。

⑫ 视频点播：发布青岛电视台提供的各类视频。

显然，不同的地方政府、政府的不同部门，根据工作重心、地理环境、经济状况等，可以对自己的网站栏目进行不同的设置。

3.3.3 网站的目录结构设计

设计网站的目录结构就是建立网站组成文件的物理结构。目录结构的好坏，对浏览者来说并没有太大的影响，但是对于站点的上传、维护、内容扩充和移植有着重要的意义。

通常网站的目录结构要按照层次关系建立，建立时应注意以下问题。

① 不要将所有文件都存放在根目录下。网站的目录结构若不按层次组织，把所有文件都放在根目录下，会造成如下问题。

a．文件管理混乱，影响工作效率。根目录下的文件太多，会搞不清哪些文件需要编辑和更新，哪些文件无用，需要删除，哪些文件之间相关联。

b．上传速度慢。通常服务器会为根目录建立一个文件索引。如果将所有文件都放在根目录下，那么即使只上传更新一个文件，服务器也要将所有文件检索一遍，建立新的索引文件。显然，文件量越大，等待的时间将越长。所以，要尽可能减少根目录的文件存放数。

② 目录层次不要太多。目录的层次太多，会给维护带来不便。一般应控制在 3 层左右。

③ 按栏目内容分类，建立子目录。例如，对于青岛政务网，可以在根目录下建立"面向对象服务信息"和"需求应用"两个子目录，然后在每个子目录下再设置相应的子目录，形成图 3.9 所示的目录结构。

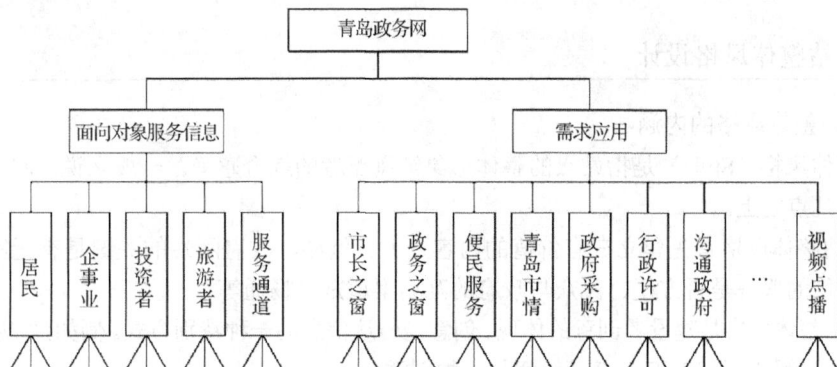

图 3.9　按照栏目分类设置的青岛政务网目录结构

为便于维护管理，建议：

a. 需要经常更新的文件可以建立独立的子目录；

b. 相关性强、不需要经常更新的栏目，如关于本站、关于站长、站点经历等可以合并放在一个统一目录下；

c. 所有程序一般存放在特定目录下，如 CGI 程序放在 cgi-bin 目录下；

d. 所有需要下载的内容最好放在一个目录下；

e. 在每个主目录下都建立独立的 images 目录，用来放首页和一些次要栏目的图片。

3.3.4 网站的链接结构设计

网站的链接结构指页面之间相互链接的逻辑结构。网站的基本链接结构有树形和星形两种。

1. 树形链接结构

如图 3.10（a）所示，其首页链接指向一级页面，一级页面链接指向二级页面……访问者一级级进入，一级级退出。其链接结构清晰，访问者明确知道自己在什么位置，但是从一个栏目下的子页面到另一个栏目下的子页面必须绕经首页，每次浏览必须回到首页，浏览效率低。

2. 星形链接结构

如图 3.10（b）所示，各个页面之间都建立有链接，可以互相浏览。这种结构浏览效率高，但是链接太多，结构不清晰，容易使浏览者搞不清自己所在位置。

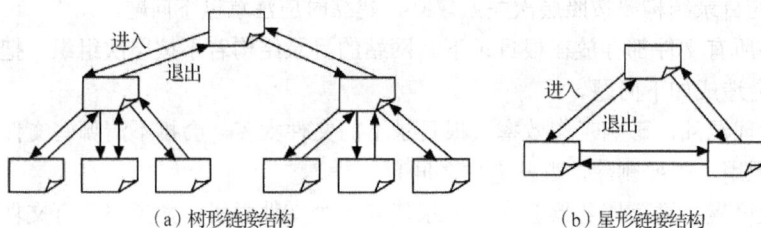

（a）树形链接结构　　　　　　　　　　　（b）星形链接结构

图 3.10　网站的两种基本链接结构

这两种结构都只是理想结构，在实际的网站设计中，总是将这两种结构结合使用。通常，人们都希望浏览效率高，链接结构又清晰。因此，对于三级页面的网站来说，最好的办法是：在首页和一级页面之间用星形链接结构，在一级和二级页面之间用树形链接结构。

如果站点内容多，分类明细，超过了三级页面，建议在页面里显示导航条，以帮助浏览者明确自己所处的位置。

3.3.5 网站整体风格设计

1. 网站整体风格的内涵

网站整体风格（Style）是指站点的整体形象给浏览者的综合感受。一般来说，网站整体风格建立在如下几点之上。

① 网站整体风格首先建立在有价值的内容之上。例如，政府网站的关键是有无民众关心的信息、所提供的服务是否方便、民众与政府的互动渠道是否畅通等。

② 网站整体风格是建设者创意的体现。创意是传达信息的一种特别方式。例如，"Webdesigner"（网页设计师）写成"wEbdEsignEr"，就是一种创意。

③ 网站整体风格由站点的 CI（标志、色彩、字体、标语）、版面布局、浏览方式、交互性、

文字、语气、内容价值、存在意义、站点荣誉等诸多因素决定。

④ 风格是独特的，是站点不同于其他网站的地方。色彩、技术或者交互方式能让浏览者明确分辨出所建设的网站是独特的。

⑤ 风格是有人性的，通过网站的无障碍化，建立无间隙政府，表现政府的亲民形象。

⑥ 风格不是一次定位形成的，要在实践中不断强化、调整和修饰。

2. 网站艺术风格的设计

（1）网站的标志设计

标志是一个网站特色和内涵的集中体现，具有简洁明了的代表性。标志既可以是中文、英文字母，又可以是符号、图案。图 3.11 所示为几个政府网站的标志。

图 3.11　几个政府网站的标志

（2）网页色彩的选择

不同的颜色会使人们产生不同的心理感受。设计网页时，要结合主题的需要选择合适的色彩。

① 红色：一种激奋的色彩，能使人产生喜庆、热情、活力的感觉。

② 绿色：介于冷暖两种色彩的中间，显得和睦、宁静、健康、安全，与金黄、淡白搭配可以营造优雅、舒适的气氛。

③ 橙色：一种激奋的色彩，具有轻快、欢欣、热烈、温馨、时尚的效果。

④ 蓝色：具有凉爽、清新、专业的效果，与白色混合能营造柔顺、淡雅、浪漫的气氛。

⑤ 白色：让人产生洁白、明快、纯真、清洁的感觉。

⑥ 黑色：使人产生深沉、神秘、寂静、悲哀、压抑的感觉。

⑦ 灰色：让人联想到中庸、平凡、温和、谦让、中立和高雅的感觉。

每种色彩在饱和度、透明度上略微变化会产生不同的感觉。以绿色为例，黄绿色有青春、旺盛的视觉意境，蓝绿色则显得幽静、阴深。在网页配色中，尽量将颜色控制在 3 种以内，背景色和前景文字颜色的对比要强烈，以便让文字看起来更清晰。

（3）网站基准色调设计

网站给人的第一印象来自视觉感受，其中关系最大的是基准色调。基准色调广泛运用于网站的标志、标题、主菜单和背景色块，能够使网站给人以整体、统一的印象。基准色调以外的其他色彩只是作为对比和衬托。一般来说，网站的基准色调只能有 1 种，最多不超过 3 种。

（4）网站基准字体设计

基准字体是指用于标志、标题、主菜单的特有字体。一般网页默认的字体是宋体，也可以根据需要选择一些特别字体。

① 少儿网站可以用咪咪体，给人以活泼童真的印象。

② 艺术网站可以用篆书、隶书，以衬托出深厚的文化底蕴。

③ 高新技术站点可以用艺术体，以显示出简洁、强烈的现代感。

④ 政府站点的标准字体应在宋体、黑体或楷体中选择，显得庄重、大方。

（5）板块造型设计

不同的形状给人以不同的感受。

① 矩形给人正式、规则的感受，很多政府网页都是以矩形为整体造型。

② 圆形给人柔和、团结、温暖、安全的感受，许多时尚站点喜欢以圆形为页面整体造型。

③ 三角形给人力量、权威、牢固、进攻性的感受，许多大型商业站点为显示它的权威性，常以三角形为页面整体造型。

④ 菱形给人平衡、协调、公平的感受，一些交友站点常将菱形作为页面整体造型。

不同形状给人以不同的感受，目前的网页多数是结合多个图形来进行设计的，其中某种图形的比例可能占得多一些。

3.3.6　网页版式设计

所谓版式设计，就是在版面上对有限的视觉元素进行有机的排列组合。其目的是让观看者在享受美感的同时，接受设计者想要传达的信息。

1. 网页版式设计的基本原则

① 形式与内容统一。版式设计追求的完美形式必须符合主题的思想内容。

② 主题鲜明突出。版式设计要具有清晰的条理，为此要按照主从关系的顺序，使放大的主体形象成为视觉中心，以此表达主题思想。

③ 强化整体布局。各种编排要素在编排结构及色彩上做整体设计。整体性的考虑可以从以下几方面进行：

a．加强结构组织的整体性，如形成水平结构、垂直结构、斜向结构、曲线结构，形成版面方向视觉的秩序性；

b．加强文案的集合性，将文案中的多种信息合成块状，形成版面的条理性；

c．加强展开页的整体性，使不同的展开页（如跨页版等）均在同一视线下展示。

2. 网页版式设计的技术要求

① 平衡性。平衡可以给人安定、平稳、协调的感觉，它不仅表现在文字和图像分布上，还表现在色彩上。

② 对比性。对比性通过形态和色彩等的差异，如黑白对比、圆形与方形对比等，形成鲜明的视觉效果，创造出富有变化的效果。

③ 适度疏密。网页要做到疏密有度，适当留白，运用空格，通过改变行间距、字间距等制造一些变化的效果。

④ 巧妙对称。对称是一种美，但过度对称会给人一种呆板、死气沉沉的感觉。因此，要适当地打破对称，制造一点变化，使版面协调。

3.4 中国政府网站绩效评估体系

3.4.1 政府网站评估概述

随着信息化建设的深入发展，政府网站已经成为政府面向公众的基本窗口，成为政府运用信息化手段向社会提供信息公开，实现为民服务，构筑公众参与渠道，建设服务型政府的基本形式。为了进一步摸索电子政务建设的经验，把握电子政务发展的方向，各国政府都非常重视对政府网站绩效的评估。

由于政府网站建设是电子政务的外在形态，因此政府网站的绩效评估指标体系与电子政务绩效评估指标体系具有统一性。在第 2 章中介绍的一些电子政务绩效评估方法，就是以政府网站绩效评估为主体的。例如，联合国公共经济与公共管理局从"政府网站建设现状""信息基础设施建设"及"人力资源素质"3 个方面来计算和衡量一个国家电子政务发展水平的"电子政务指数"。按照这个评估系统，被评估的国家必须满足以下一些条件：存在官方政府网站，提供信息发布、互动性业务及在线处理业务，教育、医疗健康、劳动就业、社会福利与服务、金融 5 个关键部门建有网站并提供在线服务，使用单一的入门网站等。它划分的电子政务发展的起步、提高、交互、在线事务处理以及无缝链接 5 个阶段，实际上描述的就是各国的"政府网站建设现状"。再如，美国布朗大学电子政务绩效评估中使用的绩效指标，也是根据网站的 5 个特征进行选取和组织的。与此同时，各国政府也在建立适合自己国情的评估体系，如美国基于实体架构（FAE）模型的评估体系、印度的电子政务评估框架（AEF）等。

电子政务系统的内涵非常广泛，几乎囊括了信息技术的各个领域，并且电子政务几乎涉及社会生活的各个方面。所以，对电子政务进行评估难度很大，几乎所有的评估模型都进行了不同程度的剪裁、回避或简化。一般来说，对电子政务、政府网站进行绩效评估有以下一些趋势。

① 绩效评估指标体系量化。

② 现代管理理论的应用，如目标管理理论和 KPI 理论的应用。

③ 技术指标与社会效益指标走向统一，如 IBM 电子政务研究院提出的灵活、可升级、可靠三维度技术指标体系与埃森哲（Accenture）咨询公司提出的服务成熟度和客户关系管理两维度社会效益指标体系结合。

④ 由于电子政务以及政府网站建设是一种新鲜事物，还在不断发展，所以其评估指标体系以及权重每年都会有一些调整。

中国的电子政务起步较晚，中国电子政府网站的评估研究和实践基本上在 2002 年前后才开始展开。除了学界的研究之外，业界也做了大量工作。其中，比较引人关注的有如下一些。

电子政务思想库网站于 2002 年 12 月发布《全国十大城市政府门户网站的初步调查与比较》，开始涉入政府网站测评领域。

北京时代计世资讯有限公司自 2002 年起每年都会发布《中国政府网站评估研究报告》，对国务院组成部门以及省、市、县级政府网站进行综合评估。

赛迪顾问股份有限公司的中国软件测评中心，从 2002 年开始，受国务院信息化工作办公室的委托，对我国政府网站建设和运行维护情况进行一年一度的调查研究，并发布年度评估报告。每年的报告都与时俱进地给出了当年的中国政府网站绩效评估指标体系和政府网站评估模型。

3.4.2　中国软件测评中心发布的2017、2018政府网站绩效评估情况

1．2017（第十六届）政府网站绩效评估结果

（1）部委网站

国务院组成部门网站：前三名是商务部、交通运输部、工业和信息化部，四至十名是农业部、水利部/发展改革委、国土资源部、卫生计生委/科技部、财政部、公安部、教育部。

国务院其他部门网站：前三名是质检总局/税务总局、林业局、工商总局，四至十名是海关总署、食品药品监管总局、安全监管总局、体育总局、邮政局/证监会、气象局、民航局/测绘地信局。

外交部、测绘地信局、文物局等部委网站进步幅度较大。

（2）省级网站

前三名是北京市、上海市、四川省，四至十名是福建省/广东省、浙江省、江苏省/湖北省、海南省/安徽省、江西省、广西壮族自治区、贵州省。

吉林省、山东省、山西省、河南省等省级政府网站进步幅度较大。

（3）副省级城市网站

前三名是青岛市、成都市、深圳市，四至十名是武汉市、广州市、南京市、济南市、厦门市、西安市、哈尔滨市。

（4）省会城市网站

前三名是成都市、长沙市、武汉市，四至十名是广州市、南京市、贵阳市、福州市、南宁市/太原市、济南市、合肥市。

郑州市网站进步幅度较大

（5）地市网站

前三名是佛山市、苏州市、无锡市/柳州市，四至十名是凉山州、潍坊市、宿迁市/镇江市、南平市、六安市、宁德市、郴州市。

北海市、蚌埠市、铜陵市、大同市、安庆市、广安市、黄石市、台州市、吉安市、恩施州、德州市、景德镇市、巴彦淖尔市等网站进步幅度较大。

（6）区县网站

前三名是深圳罗湖区、佛山禅城区、厦门思明区，四至十名是深圳福田区、北京西城区/青岛崂山区、武汉武昌区、北京大兴区、扬州仪征市、佛山顺德区、上海静安区。

深圳坪山区、海南文昌市、广州增城区、成都邛崃市、青岛莱西市等网站进步幅度较大。

2．2017（第十六届）政府网站评估结果分析

（1）主要亮点

① 集约化工作全面启动，网站建设迈入新阶段。自2014年国家提出政府网站集约化建设要求，到《政府网站发展指引》明确网站集约化工作路径，各部门、各地区积极探索网站集约化建设模式，并取得了初步成效。超过2/3的省份已经颁布了集约化建设的政策文件或实施方案。国税总局、海关总署、广东、江苏、贵州、青岛、深圳、成都、马鞍山、安庆、襄阳等结合本部门、本地区实际情况，先后启动了政府网站集约化建设，使全国政府网站运行总数已从2015年8月的8.4万余家精简到2.8万家，超过2/3的网站已经或正在与上级主管、本级门户网站进行整合。

北京、贵阳、六安、罗湖等积极推进统一信息资源库建设，通过搭建统一分类、统一元数据、统一数据格式、统一调用、统一监管的信息资源库，为网站服务集约化夯实了基础。

② 互联网政务持续深化，网上办事开启新篇章。调查发现，多数地方政府持续推进互联网

政务服务建设，积极推动跨部门、跨地区数据共享和业务协同，依托政府网站加强互联网政务服务平台建设，开展政务服务事项网上全程办理。

江苏、广东、广西、海南、四川、宁夏、南京等积极推进"不见面审批"改革，努力实现由"面对面"到"键对键"的转变。如江苏遵照"网上批、快递送、不见面"的改革要求，打通业务办理系统，推进业务协同，精减办理材料，减少跑动次数，有效提高了政务服务整体水平。

广西探索推行"网上申报、智能审批、即批即得、电子结果"的互联网办事服务模式，机上自动审批，即时获得结果，以智能审批模式替代传统的人工审批模式，提高了政府审批效率。

③ 运维机制逐步完善，网站管理取得新进展。

一是抽查通报机制逐步完善。目前，绝大多数部委、省市已建立政府网站定期抽查通报工作机制，网站运行和管理呈现健康向好的发展态势，国办组织的网站普查结果显示，政府网站的总体合格率持续提高。

二是网站信息协同联动机制逐渐完善。调查结果显示，绝大多数部委、地方政府门户网站在首页显著位置开设了国务院要闻、国务院信息、时政要闻等专栏，及时转载国务院重要动态，实现了上下级网站联动。

④ 创新不断加快。一些部门、地方政府发挥自身优势，借助云计算、大数据分析、人工智能等互联网技术，大力探索创新，不断提高网站人性化、智能化服务水平。

吉林、河北、浙江、深圳等网站建设在线智能机器人客服平台，利用自然语言处理技术，依托网站信息、服务资源，建立咨询知识库，为公众提供 7×24 小时的政务咨询服务。

工商总局，林业局，安徽、武汉、成都等政府利用大数据分析技术，提高网站服务能力。如成都利用智能分析系统，实时抓取网站各项管理数据并进行分析，及时发现网民的关注热点，进行重点服务策划和推荐，精准定位用户需求。

此外，广州、深圳、柳州等积极开展个人主页建设，为社会居民建立集个人信息管理、社交网络互动、公共事务办理等功能于一体的新型个性化公共服务平台。

（2）主要问题与不足

① 网站信息内容实用程度有待提高。

一是政务公开的实用性有待增强。一些网站的政务公开栏目虽然能够做到及时更新维护，但仍然与指引要求和公众需求间存在较大差距。例如，某省政府门户网站"政府规章"栏目尚未按照指引要求提供分类和搜索功能，也未在已修改、废止或失效的文件上做出标注。某市网站的信息公开目录只是静态页面，未与文件资料库、信息内容实现关联融合，也不能通过目录检索到具体信息，使用便捷度较低。

二是服务指南的实用性有待增强。不少网站的办事指南仍然存在表格下载不易用、办理材料不实用、服务信息不准确等问题。在表格下载方面，部分省份的地市级网站问题较为普遍。近七成的抽查事项中，存在应提供但未提供下载功能、下载链接不可用、表格内容与表格标题不一致等现象。

多数网站的办事指南存在材料不规范、不清晰等问题。例如，某省公安厅网站的"因私出入境中介服务机构资格认定"事项中，要求提供的办事材料为 10 项，而该省政务服务网同一事项的要求却是 9 项，"出入境中介服务协议书"是否需要提供存在出入。

收费信息不准确仍是信息内容质量的一个主要问题。例如，根据发改价格〔2017〕1186 号规定，自 2017 年 7 月 1 日起，普通护照收费标准由 200 元降为 160 元。但某省政府网站的"中国公民办理普通护照"指南中，收费标准依然显示为 200 元，至今仍未更新。

② 网站平台功能建设水平有待提高。

一是政务公开第一平台作用有待增强。目前，部分网站距离"强化政府门户网站信息公开第一平台作用""在第一时间通过政府网站发布信息"等要求还有较大差距。超过 40%的地方政府网站发布的重要工作动态、政策解读、热点舆情回应信息，均标注信息来源为本地、本行业新闻网站、报纸、电视等，尚未实现政府网站首先发声。

二是互联网政务服务平台功能有待完善。服务入口不统一、服务分类不准确、服务关联程度低、站内搜索功能不实用等问题比较突出。例如，某市网站存在三个服务入口，分别是"个人办事"和"企业办事"栏目、"部门办事服务"栏目、"政务服务中心"栏目，不同入口提供的服务在事项数量上、服务标准上均存在较大差异。

也有一些地方、部门网站存在服务分类不合理、不准确的问题。如某市"个人办事主题-旅游服务"中，有"危害地震监测设施和地震观测环境建设项目审查""水运工程建设项目设计审批"事项。某市网上办事大厅"婚姻登记"主题中，有且只有一项"名称预先核准"的服务。

③ 网站规范性建设提升空间较大。

一方面，部分政府网站仍然未能及时加注政府网站标识码、公安备案标识。例如，某省所辖的 12 个地级市政府门户网站中，仍然有 11 个网站未标注政府网站标识码。

另一方面，评估结果显示，多数网站尚未对非政府网站链接加注提示信息，没有对本网站的链接进行全面清理。

④ 网站应用推广能力还需增强。

在智能化应用方面，站内搜索的智能化水平普遍不高，仅有少数网站能够实现"搜索即服务"。多数网站在百度、360 等主流搜索平台上仅能实现站点、动态新闻、通知公告等信息的准确检索，办事、查询、互动等实用性资源检索效果不佳。

对部委、省级移动政务 APP 的调查发现，官方 APP 无法辨识或不可用、山寨版本层出不穷、服务功能缺位等问题比较严重。如某部委的官方 APP 尚未在主流应用市场上上线，市场上即存在多个山寨 APP，让网民难以辨认。此外，某部委的官方应用同一时期内在豌豆荚市场、安卓市场、应用汇市场 3 个平台上存在 3 个不同版本。

3. 2018 政府网站评估结果

2018 年，中国软件评测中心对 937 家政府网站进行了综合评估，包括 64 家部委网站、32 家省级政府网站、334 家地级以上城市政府网站，以及 507 家副省级城市、省会城市下辖的、自愿报名参评的区县级政府网站。

本次中国政府网站绩效评估的指标体系共包括部委和地方"两套"评估指标。每套指标均包含"信息发布""解读回应""办事服务""互动交流""管理保障""功能推广""优秀创新案例"7 个一级指标，部委、地方指标体系的三级指标分别为 44 个和 47 个。评估结果如下。

（1）省级网站

前三名是北京市、上海市、四川省，四至十名是湖北省和福建省、广西壮族自治区和江西省、江苏省和广东省、贵州省、安徽省、山东省、浙江省和海南省。

其中，黑龙江省、河南省政府网站进步幅度较大。

（2）副省级城市网站

前三名是青岛市、成都市、深圳市，四至十名是武汉市、广州市、厦门市、济南市、南京市、哈尔滨市、杭州市。

（3）省会城市网站

前三名是成都市、长沙市、武汉市，四至十名是广州市、贵阳市和南宁市、福州市和太原市、济南市、南京市、郑州市、南昌市。

其中，南宁市、郑州市、海口市政府网站进步幅度较大。

（4）地市网站

前三名是佛山市、苏州市、柳州市和无锡市，四至十名是潍坊市和凉山州、镇江市、六安市、宁德市、温州市、南平市、宿迁市。

运城市、南充市、大同市、梧州市等政府网站进步幅度较大。

（5）区县网站

前三名是深圳罗湖区、佛山禅城区、武汉武昌区，四至十名是深圳福田区、青岛崂山区和北京西城区、北京大兴区、扬州仪征市、温州瓯海区、佛山顺德区、广州增城区。

其中，深圳坪山区、广州增城区、滁州南谯区、厦门海沧区、成都都江堰市等政府网站进步幅度较大。

3.4.3 清华大学国家治理研究院发布的《2018 年中国政府网站绩效评估报告》

2018 年 12 月 21 日，清华大学举办的"2018 年中国数字政府论坛——政务服务与政府数字化转型"在北京召开。此次论坛由清华大学国家治理研究院、清华大学公共管理学院联合主办，在论坛上发布了《2018 年中国政府网站绩效评估报告》。

1. 评估指标体系与结果

本次评估指标体系从内容、展现、保障和应用四个维度设置了 7 个一级指标：信息公开、政策解读、政务服务、互动交流、展现设计、监督管理和传播应用。为鼓励各地区、各部门在新技术、新模式、新机制等方面的探索创新，加大了推进政府网站集约化、智能化、实用化、规范化建设的力度。具体评估指标体系框架如图 3.12 所示。

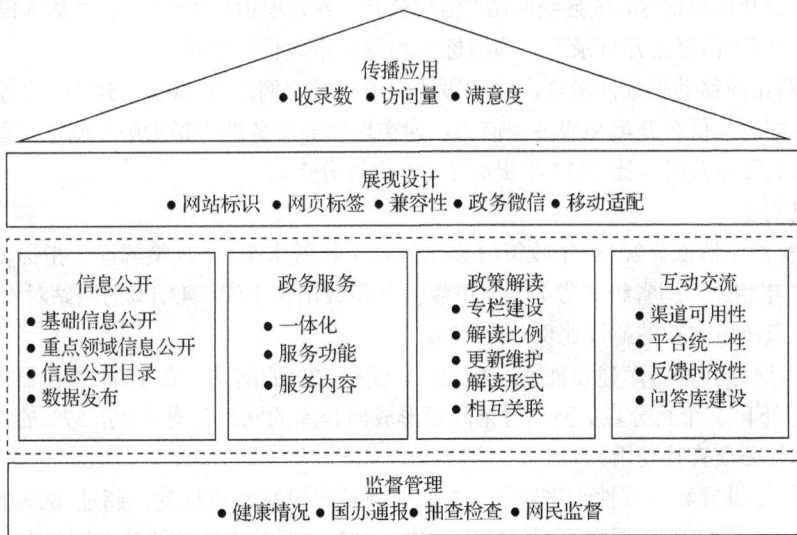

图 3.12　《2018 年中国政府网站绩效评估报告》中的评估指标体系

2. 评估结果

部委网站前十名分别是商务部、税务总局、国家林业和草原局、工业和信息化部、国家药品监督管理局、生态环境部、交通运输部、教育部、海关总署、国家发展改革委。

直辖市政府门户网站中，北京市和上海市分列前 2 名。

省（自治区、兵团）政府门户网站前十名分别是广东、四川、贵州、湖南、海南、湖北、江西、福建、浙江、江苏。

副省级城市政府门户网站前十名分别是深圳、青岛、成都、济南、南京、西安、广州、宁波、厦门、哈尔滨。

省会城市政府门户网站前十名分别是成都、长沙、济南、南京、西安、广州、贵阳、南昌、哈尔滨、武汉。

其他地市级政府门户网站前 20 名分别是佛山、苏州、郴州、宿迁、凉山、惠州、无锡、威海、六安、鄂尔多斯、东莞、中山、六盘水、珠海、十堰、马鞍山、鹰潭、湘潭、衡阳、柳州。

试点区县政府门户网站前十名分别是佛山禅城区、北京西城区、上海浦东新区、金华义乌区、深圳罗湖区、嘉兴嘉善县、西安未央区、北京海淀区、南京建邺区、成都新津县。

3. 2018 年政府网站建设的亮点和突出问题

（1）建设亮点

① 监督管理进一步强化落实。与 2017 年同期相比，2018 年一季度和二季度国办政府网站抽查合格率为 100%的地区占比分别提高了 31.4%和 25%。95%的政府网站加挂"我为政府网站找错"入口，及时接受网民监督。

② 省级一体化政务服务平台建设率和覆盖率稳步提高。84%的省级一体化政务服务平台实现省、市、县三级覆盖，比 2017 年提高了 30 个百分点。

③ 服务功能不断优化。89%的网站提供的站内搜索能查找到已发布的服务事项资源，91%的网站提供办事结果状态查询，91%的网站办事指南能够与政策文件、表格样表、在线咨询、结果公示、常见问题等资源关联。

④ 基层政务公开试点区县信息公开整体表现较好。本次评估的区县级网站中，近 90%来自全国基层政务公开试点地区，区县级网站"信息公开"各分项指标表现较好，"基本信息公开""重点领域信息公开""信息公开目录"三项指标平均得分指数位居首位。

⑤ 政府网站向移动端延伸融合。移动服务渠道建设比例超过 70%，54%的政务微信和 68%的移动适配版同时提供公开类和服务类信息，为实现政务服务的"指尖版"创造了条件，使 66%的政务微信信息更新及时，比 2017 年提高了 6.5 个百分点。

（2）突出问题

① 政策解读比例低。2018 年政策解读比例处于较低水平，"政策解读"指标得分指数仅为 0.61，与 2017 年相比，副省级和省会、地市级得分指数出现下滑。43.1%的网站对"政府发""政府办发"等重点政策文件的解读比例不足 50%。

② 反馈及时性和问答库建设能力有待增强。仅有 53%的网站能在 15 个工作日内反馈咨询答复，比 2017 年下降 2 个百分点。整理常见问题形成问答库的网站仅有 47%，57%的常见问题未进行分类，不方便公众查找使用。

③ 网页标签设置和规范性水平较低。73%的网站未设置站点标签，超过 60%的网站未设置栏目标签、页面标签。已设置网页标签的网站中，40%的标签未能按照政府网站发展指引要求规范设置。

④ 网站传播应用能力普遍不足。"传播应用"是明显的短板，得分指数比其他指标低 40%以上。政府网站年平均页面浏览量不足 140 万次。已使用网站的用户发表的评价中，53%的评价认为网站实用性不强，61%的评价认为网站易用性较差。

4. 建议措施

① 加强规范化管理，夯实底线基础。加强域名标识管理，按照《国务院办公厅关于加强政

府网站域名管理的通知》和《政府网站发展指引》的要求管理和使用政府网站域名，加挂网站管理相关标识；明确落实保障责任，确保网站内容正常更新；增强网站内容完整性，确保办事指南要素完整，及时答复、反馈咨询信件。

② 推动集约化整合，实现互联融通。按照"职能-业务-资源标准-落实责任"的工作路径，明确和规范各部门的信息资源保障任务；以用户需求为纽带组织和调用资源，提高服务的精细化、高效化程度；制定数据分类、格式和接口规范，推动政府网站与各部门业务系统无缝对接；建好集约化平台，增强平台共性功能的易用性，加强平台安全防护，满足个性化建设需求。

③ 构建一体化模式，提高服务能力。提高信息类服务的效率，推动信息数据资源的科学、合理、动态调用，支持用户高效率地获取已汇聚的海量信息数据；增强行政审批类服务的易用性，细化办事指南内容，扩展、延伸发布审查细则，以"整体服务"的理念整合服务资源，提供场景式集成服务；提高互联网+监管类资源的展示度，发布执法处罚规则，做好综合执法监管工作的信息公开，加强信用监管；提高政务新媒体的融合度，推动政府网站服务资源向"两微一端"延伸，探索通过数据开放推动培育第三方应用开发的途径。

④ 丰富实用化功能，改善用户体验。优化搜索功能，支持错别字自动纠正、关键词关联推荐、关键词模糊搜索等；探索个性化服务，基于用户画像、行为分析、智能身份鉴别等技术实现精准推送；构建政府网站常见问题知识库，基于智能互动技术实现在线实时咨询问答；采用图表图解、音频视频、动漫等多元化方式丰富政策解读展现形式；简化设计风格，减少栏目访问层级，合理增加辅助性、提示性信息。

⑤ 探索智慧化应用，辅助决策监督。汇聚各部门、各渠道数据资源，应用大数据技术动态分析政府各部门在信息公开及时性、办事服务效率、互动回应质量、政策解读效果上的具体表现，推动政府网站绩效管理。同时，基于网站用户行为分析和口碑评价数据，有针对性地改善网站在栏目设置、内容呈现、服务供给等方面存在的问题和不足，推动网站服务管理能力的持续优化。

3.5

政务微信公众号

政务微信公众号是移动电子政务、新媒体政务中具有代表性的一种形式。这一节介绍政务微信公众号的特点、建设及绩效评估的有关问题。其他新媒体政务或移动电子政务可以看作这些问题中的一部分。

3.5.1 微信公众号概述

1. 微信公众号及其功能

微信（Wechat）是腾讯公司于 2011 年 1 月 21 日推出的一款为智能终端提供即时通信服务的免费应用程序。微信可跨通信运营商、跨操作系统平台通过网络快速发送免费（需消耗少量网络流量）语音短信、视频、图片和文字，同时，允许共享流媒体的内容数据，还允许使用基于位置的"摇一摇""漂流瓶""朋友圈""公众平台""语音记事本"等服务插件提供其他服务。

微信公众号是开发者或商家在微信公众平台上申请的应用账号。利用微信公众号，商家可在微信平台上实现和特定群体文字、图片、语音、视频形式的全方位沟通、互动。具体地说，微信公众号有以下功能。

① 查看阅读次数和点赞人数，自动生成不同尺寸的公众号二维码，二维码中间可嵌入企业Logo图片，可印刷到名片、广告牌、宣传册、商品包装上。

② 在微信公众号后台，可群发图文消息或广告，设置关键词自动回复、默认消息、自动打招呼。

③ 实现粉丝管理，与粉丝互动，进行粉丝属性分类；服务号还具备自定义菜单（栏目导航）功能。

④ 2018年6月27日，微信官方宣布，微信公众平台开放转载功能，文章可以直接被转载，不需要人工再次确认，大大地简化了转载流程，转载文章也可以赞赏作者了。

2. 微信公众号与政务微信公众号发展态势

诞生于2012年8月的微信公众号，在上线之初，是以自媒体试验场的身份存在的，不少弄潮儿借机大放异彩。如图3.13所示，在开始的三年间，微信公众号数量得到爆炸式增长。到2014年年底，微信公众号数量已超过800万，中国平均每160人便拥有一个微信公众号，算得上是网络上最普及的产品了；到2017年，微信公众号数量已超过2 000万。之后，微信公众号数量的增长率趋向平缓，这一方面表明大量自媒体平台的推出给予了内容创作者更多的渠道选择，另一方面体现了全民创作的浪潮和趋势渐已成形。

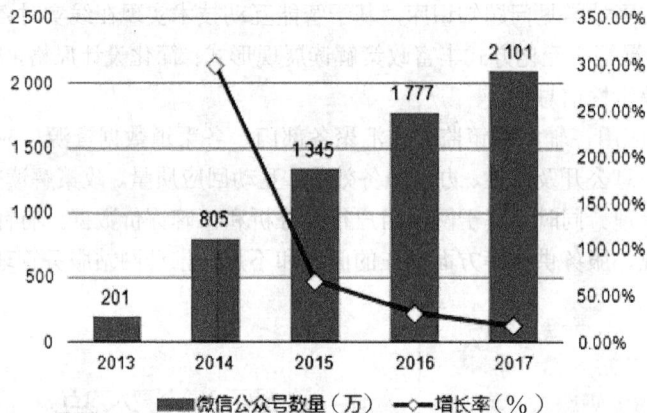

图3.13　2013—2017年中国微信公众号数量及增速

3. 微信公众号分类

微信公众号分为以下4类。

① 服务号：服务号给企业和其他组织提供强大的业务服务与用户管理能力，帮助企业和其他组织快速实现全新的公众号服务平台，适用于企业、组织、媒体。

② 订阅号：订阅号为媒体和个人提供一种新的信息传播方式，构建与读者之间更好的沟通与管理模式，适用于个人、企业、组织、媒体。

③ 企业号：企业号为企业或其他组织提供移动应用入口，帮助企业建立与员工、上下游供应链及企业应用间的连接。

④ 小程序：小程序名称有唯一性，先注先得原则、商标保护、附近小程序功能、搜索关键字、客服功能、定位导航功能、二维码推广、分享功能等。适用：门店、企业、组织、媒体。

4. 微信公众号的申请与注册

微信公众号是一个自媒体平台，无论个人还是企业，都可以免费注册、申请专属账号，与粉丝们分享、沟通。下面简要介绍在计算机上注册微信公众号的流程。

（1）搜索并进入微信公众平台首页，如图 3.14 所示。

图 3.14　微信公众平台首页

（2）单击"立即注册"，进入图 3.15 所示的注册界面，选择注册类型。

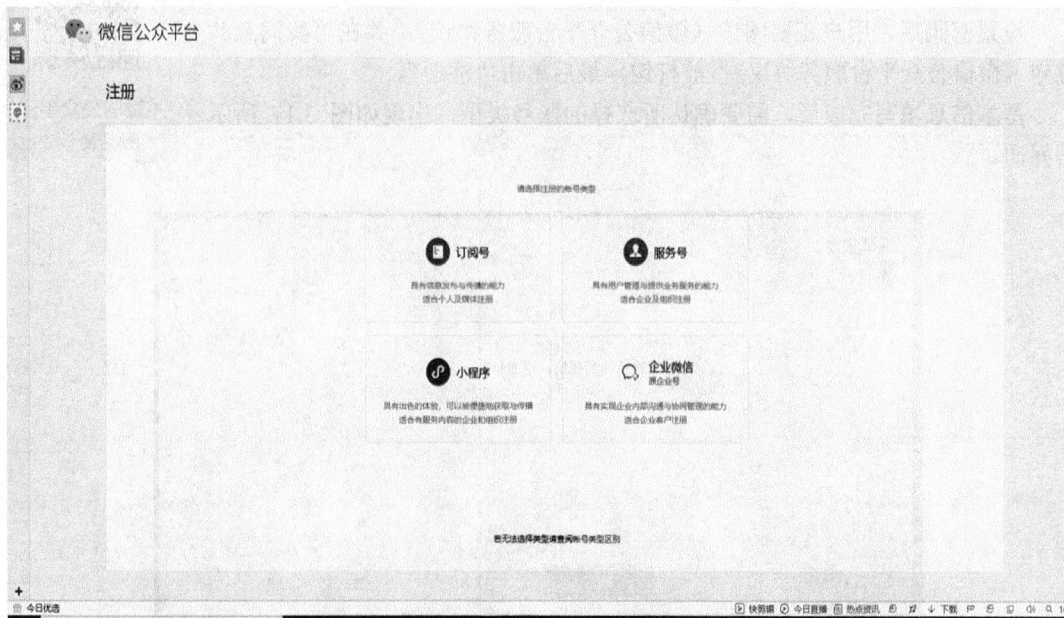

图 3.15　进入注册界面

单击选项后，进入注册阶段，系统弹出"信息登记"界面，如图 3.16 所示。

（3）在"信息登记"界面，用户首先要填写一个邮箱地址。这个邮箱地址就作为用户申请的微信公众号的账号。注意，一个邮箱只能申请一个公众号。这里填写的邮箱将会是以后的登录账号，所以要保证该邮箱是未被注册和使用过的。

单击"激活邮箱"按钮，系统会发一个验证码到邮箱。邮箱收到验证码后，将此验证码填入界面中，就可以为所申请的账号设置密码了。

每个邮箱仅能申请一种账号 ❓

已有微信公众账号？立即登录

邮箱　　　　[   ]　　[激活邮箱]

作为登录账号，请填写未被微信公众平台注册，未
被微信开放平台注册，未被个人微信号绑定的邮箱

邮箱验证码　[   ]

激活邮箱后将收到验证邮件，请回填邮件中的6位验
证码

密码　　　　[   ]

字母、数字或者英文符号，最短8位，区分大小写

确认密码　　[   ]

请再次输入密码

☐ 我同意并遵守《微信公众平台服务协议》

[注册]

▶ 快剪辑　⏺ 今日直播

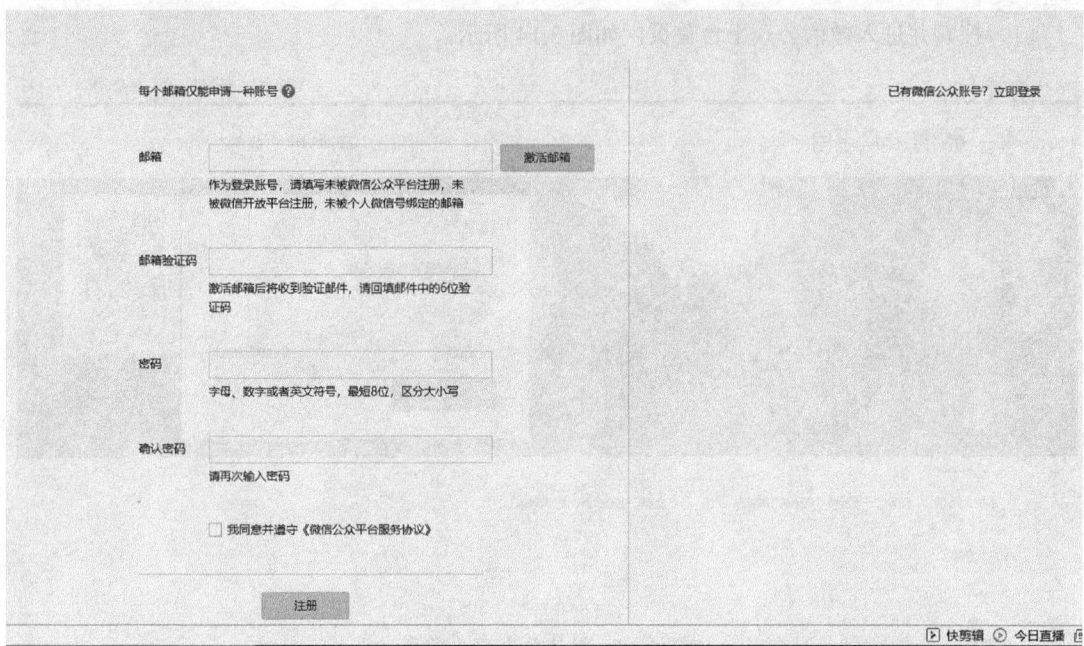

图 3.16 "信息登记"界面

设置密码后，用户还要阅读《微信公众平台服务协议》，并在"我同意并
遵守《微信公众平台服务协议》"前打钩，最后单击"注册"。

基本信息填写完成后，需要确认所选择的账号类型，出现如图 3.17 所示
的界面。

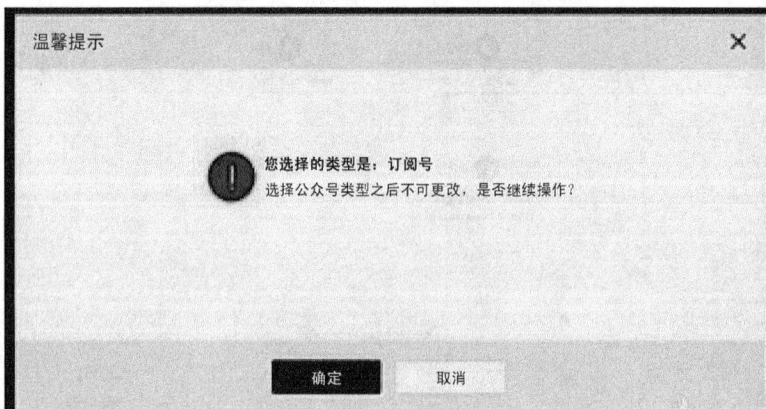

《微信公众平台
服务协议》

温馨提示　　　　　　　　　　　　　　　　　　✕

❗ 您选择的类型是：订阅号
　　选择公众号类型之后不可更改，是否继续操作？

[确定]　[取消]

图 3.17 账号类型确认界面

如账号类型无误，单击"确定"，系统弹出图 3.18 所示"信息登记"界面，选择主体类型。
登记主体信息。

（4）信息全部填写完成后，要为公众号起一个名字、写简介，最后上传一张正方形的头像。

注意　微信公众号申请注册完全免费，没有任何收费的项目。公众号开通后需要技
术接口的，则需要开通公众号认证服务，这个需要 300 元的服务费。

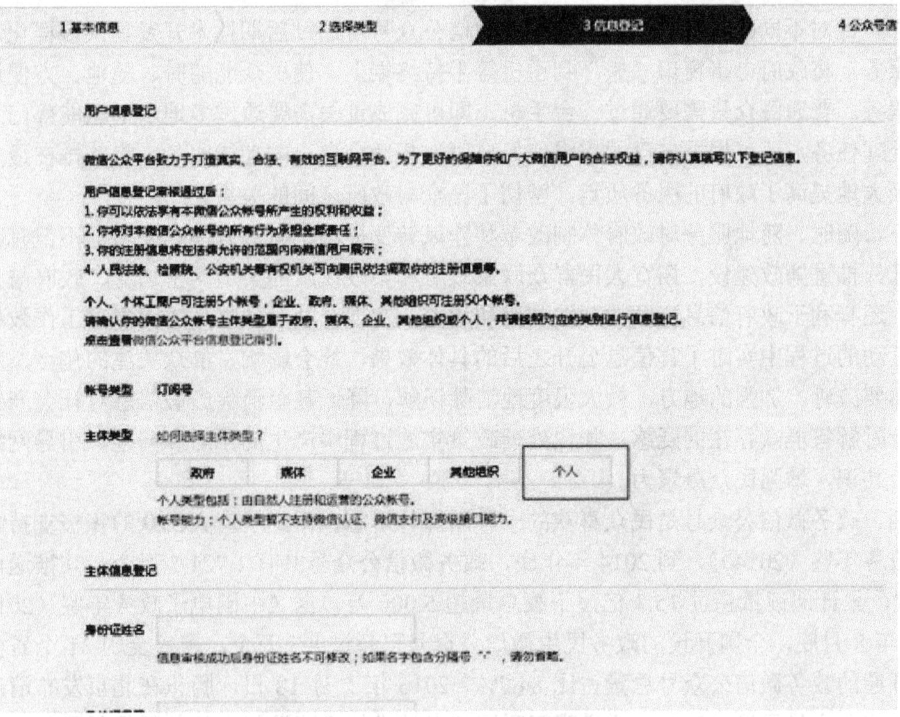

图 3.18 "信息登记"界面

3.5.2 政务微信公众号的特点和建设的意义

1. 政务微信公众号的特点

与基于计算机的政务平台相比,政务微信公众号具有自己独特的优势。据统计,2018 年中国智能手机拥有量为 8.67 亿台,人口总量为 14.09 亿人,即平均 1.625 个人拥有一台智能手机。而同时期计算机的台数远远低于智能手机拥有量,上网率也远远低于手机。

手机基本上不会离人;而计算机开机时间有限,大部分的工作时间少于 8 小时。

由于上述两点,基于手机的政务微信公众号的生命力远远强于基于计算机的政务平台,在电子政务、便民服务等方面日益发挥重要作用,逐渐实现"动动手指滑滑屏"就可以完成"指尖上的政民对话"。具有代表性的政务微信公众号有"厦门智能交通指挥中心""广东省博物馆""吉林气象""洞头纪委举报平台""守护梧村""南京发布""黄石法律援助""武汉交警""平安肇庆""罗湖法院""平安北京"等。

2. 政务微信公众号建设的意义

政务微信公众号弥补了固定电子政务灵活性差的不足,又弥补了微信、短信、微博信息量小的不足。

第一,可以把党和政府的最新精神、新的法律和规定以民众喜闻乐见的形式展示给民众。这为抢占舆论阵地,引导网络舆论,推进政民互动,化解社会矛盾,倾听群众声音,解决诉求途径,提高服务质量提供了有力的支持。民众能即时了解也可以及时向有关部门反映自己的意见和建议。所以,政务微信公众号不仅是政务信息发布平台,还是政府与群众之间的舆论沟通平台。"听"民声、"答"民疑、"解"民忧,政府通过政务微信公众号采用民众"看得到、听得懂、能监督"的方式回应关切、释疑解惑,了解民生、关注民意、解决民愿,从而积极拓展倾听民声的信息渠道,建立服务民众的便利途径。

第二，针对不同政务部门的需求，政府微信公众号可通过后期技术开发提供多样化、个性化的在线服务，将政府办事窗口"搬"到手机等手持终端上，使民众能随时、随地、方便地充分享受政府服务。普通民众只需要通过一台手机，即可完成过去需要通过多地多个职能部门才能完成的政务处理任务，还可根据自己的需求偏好自由选择适合自己的功能服务，将其排在最方便的位置。这极大地提高了政府的服务质量，密切了民众与政府之间的关系。

第三，随时、随地服务对政府体制改革和作风转变提出了新的方向和要求，不但有利于促进政务公开，推进廉政建设，拓宽人民群众联系政府和参政议政的渠道，密切党、政府与人民群众的联系，还有利于政府信息资源的开发利用和增值，实现全社会共享，进而提高工作效率。政府可以在互动的过程中实时了解信息公开之后的具体效果、社会影响、群众关注的焦点，从而找出工作中需要改善、加强的地方，最大限度地消除误解，降低甚至消除虚假信息对社会产生的不良影响，及时解答群众存在的疑惑，加快处理政策实施过程中产生的矛盾和问题，引导网络舆论，增进社会共识，增强民众凝聚力。

第四，政务微信公众号是民众喜欢的一种新媒体形态，得到了广大民众的积极支持。据《中国电子政务年鉴（2014）》，到2014年年底，政务微信公众号共有1.721 7万个，共推送内容超过300万次，累计阅读量超过15.3亿，下载总量超5 000万。据《中国电子政务年鉴（2015）》，截至2015年8月底，全国开设的政务民生微信公众号已超过8.3万个，覆盖全国31个省份，省市级部门开通的政务微信公众号总量占比84.7%。2016年1月18日，腾讯在北京发布消息称，中国政务微信公众号已逾10万。这说明互联网信息技术的飞速发展更新甚至颠覆了信息原有的传播模式，分散化、多渠道传播成为一大趋势，政府信息发布将可能面临移动互联网趋势下全媒体环境的挑战。这也说明，从传统单一媒介平台为主向立体化多功能平台转型，促进政务信息不断外延，是电子政务的重要发展趋势。

3.5.3　政务微信公众号的定位与建设目标

政务微信公众号与基于计算机的政务平台由于工作环境有所不同，故建设的目标和要点也有所不同。

1. 政务微信公众号在电子政务中的定位

政务微信公众号是目前很重要的一种政务公开途径，一般定位如下。

（1）发布功能型

智能手机几乎每个成年人都有，并且全天候联网，在人身边的时间长，因此紧急通知，如停水、停电、修路等通知，或其他紧急事项，可在最短的时间内发送到相关范围的手机上，让群众及时了解相关情况。现在公众了解信息的途径已从传统媒体转移至互联网，上网的工具已从计算机转换为手机。政务信息通过手机发布，能够更好地传播给相关受众。这种类型的政务微信公众号有"北京发布""上海发布"等。

（2）简化流程型

开通政务微信公众号后，一些流程可以直接在微信中办理，不光不用跑腿了，流程也更简化了，随时随地都能办。政府机构节约了人力成本，老百姓节约了时间成本，达到了双赢。

2. 政务微信公众号的建设目标

（1）稳定、安全的系统架构

系统要具有良好的健壮性，能承受用户的使用需求。系统应当采用分布式部署、静态网页发布模式，并建立快速容灾备份和恢复机制。

（2）灵活、方便的可扩展性设计

在手机上建设网站具有阶段性的特点。在应用中，要做到即使维护人员不懂得任何开发语言知识，只要会操作按键、移动光标，就能生成栏目、发布信息。内容信息的编辑也要采用可视化设计，以使用户更关注内容本身，而不是内容的发布和显示。

系统要采用内容与实现完全分离的模式。根据需要，可以对微网站进行改版，通过增设专题、增设栏目、更换风格等方式，使网页设计人员可以在可视化环境中自由发挥，而不需要顾虑程序的要求。

（3）综合多媒体信息技术手段的应用

政务微信公众号的客户端不限于文字，要以文字、图片、视频、音乐等强烈的视觉冲击力和感染力，得到更多人们的青睐。

（4）政务信息与民生服务资源整合

① 应用系统的整合，实现交流与协作。利用微信公众平台与信息发布系统、查询系统、展示系统、会员系统等不同的应用系统，为建立扁平化的统一入口平台提供接口。

② 信息资源的整合，实现共享与互通。解决信息资源的分散性，实现政府官方网站与微网站之间的协作共享，建立起内外网及不同系统之间有效的信息交换机制，实现一次发布多点应用。

③ 外部资源的整合，实现资源集中与有效利用。在门户微网站等信息建设应用中，应当考虑信息与服务资源的整合，为其提供或预留扩展性接口，这对于今后的整体信息化建设具有重要作用。

（5）加大安全建设力度，确保信息安全

要注重以下防护能力。

① 挂马防范：防止木马程序对网站的扫描与攻击。

② 用户信息保护能力，对重要栏目进行身份鉴别，防止发生注入攻击。

③ 后台管理入口安全保护能力：加大后台管理入口安全检查与身份鉴别强度。

3.5.4 政务微信公众平台的建设要点和细节

依据微信公众平台的特点及其在电子政务中的定位，在其建设中应当注意掌握如下要点和策略。

1. 强化"三个维度"

① 高度。对各级党政的重大活动、重要决策部署，如重大政策，党委、人大、政协重大会议，政府民生政策等必须及时推送，以体现"官方"微信的基本特点。

② 广度。公众号推送的内容，必须涉及人民群众的工作、学习、生产、生活等方面，照顾每个层面受众的多方面需求。公众号可适当推送福利，以吸引粉丝，还可以推送诸如文化、法律、健康等方面的内容。

③ 深度。对于人民群众广泛关注的话题，进行深度挖掘，挖掘出话题背后的信息。

2. 增强"五大特性"

（1）主动性

政务公众号为拉近与公众的距离，要不断拓展服务内容，坚持权威发布，及时传递民生服务信息，拓展便民办事功能。如"上海发布"一方面对自贸区建设、高考综合改革、上海"两会"等重大工作和重要节点及时进行权威发布、解读；另一方面，主动回应突发事件和网络热点，回应公众关切。这样用户可以参与到这些热点话题的讨论中，既增加了订阅量，又扩展了传播途径，让更多的人关注政务信息。

（2）互动性

必须注重线上引导用户。例如，在推送文章末尾可以提出一个问题，发起一次投票，安排一个活动等，引导用户与运营方进行互动，线下活动也是很好的互动方式。

（3）正能量

政务微信公众号是政务新媒体的重要形式，是政府与民众沟通的重要桥梁，是展示政府形象的重要窗口，因此应当是传播正能量的重要通道。传播正能量要以传播党中央的大政方针、战略布局为重点，与中央精神保持一致，服务于政府的基本部署，弘扬民众中的正气。

传播正能量时，要特别注意着力提高政务微博管理人员的媒介素养，规范语言表达，以严谨、客观、公正的态度对待事实。切忌将政务微信公众号个人化，特别是在敏感话题上。微信公众号应始终以坦诚沟通之心、正面积极之行面对网民的批评和质疑，提高与网民的良性互动交流能力，这样才不会在热点事件发生时"火上浇油"，损害自身与社会形象。

（4）原创性

良好的内容是公众号运营的永恒追求，原创文章是最宝贵的资源。每天推送的内容中至少1条是原创的，一些是部分原创的，一些是摘编的，切不可完全转载。

（5）接地气

体现群团组织公众号的草根性，如公众号可推荐吃喝玩乐的好去处、户外旅游精品线路、最新打折促销信息等，也可以采访有特点、有一定知名度的民间达人或普通人。例如，《中国诗词大会》节目热播，教育部新闻办官方微博发布了"诗词大会方落幕，诗意人生无止歇！微言教育网络诗词大会，以'飞花令'形式邀请各高校接力，且歌且咏，言志抒怀。走起！"的微博，吸引了100多所高校进行诗词接力。微博话题"#微言教育网络诗词大会#"的网民阅读量超1 000万。

3. 注意"十个细节"

细节决定成败。在政务微信公众平台建设中，要特别注意细节。

（1）定期组织活动。至少每月安排1次线下互动活动，活动要尽量设置低门槛，努力吸引最普通的用户参与。

（2）设置固定栏目，如设置"时政""活动""悦读""健康""轻松一刻"等栏目，不定期推送相关内容。

（3）推送时段和频率规律化。微信是一个24小时开放的平台，用户可以在任何时间段打开阅读，但普通政府人员的上班时间是朝九晚五，考虑用户一般在上班或下班的路上浏览公众号，所以一般在两个时间段推送内容：上午8:00—10:00，下午5:00—6:00。发布的数量一般以一条为好，在重大节日或有突发事件时，可根据情况随时调整，但要形成一定的规律。

（4）提高亲和力，增强用户黏性。经验表明，形式灵活多样，有创意地"蹭热点"及利用网络语言"接地气"，与网民开展互动交流，成为政务微信公众号"圈粉"的利器。政务微信公众号的内容应该更贴近民生，传播正能量。为了提高阅读率，要增强亲和力，不要太生硬。

经验表明，可适当用一些表情、视频及网络用语。例如，可以转发知名流媒体内容，视频以曲艺相声、搞笑段子等内容为主，也可以"小编出镜"的形式自己生产内容，增强原创性、可看性。政务微信尽量不要发布广告内容。

此外，还要善于利用小插件。用好微信公众号自带的小插件，如大转盘、小游戏、微积分、每日抢到、抢红包等，可增强用户黏性。

（5）以自动回复为主，人工回复为辅。政务活动常常会涉及一些诉求性事务，因此回复非常重要。同时，理清办理流程，让用户轻松完成办理非常关键。如机动车驾驶人在处理交通违法或更换驾驶本时，有时需要带很多材料，也不知道如何处理，这个时候我们通过自动回复就能给用户一些提示。大部分政务公众号的"自动回复"和"微信矩阵"做得比较完善，即使不能给用户最终的答案，但进行一定的导引也能解决大部分问题。

（6）自媒体平台分享。注册今日头条，百家号，企鹅号以及搜狐、网易等自媒体平台账号，把原创优质内容分享到这些平台上，通过这些大流量平台引流。

（7）建立关联账号。在豆瓣、知乎、百度贴吧、爱奇艺等平台上开设栏目，也可以建立若干QQ 群、微信群，把有共同兴趣爱好的用户吸引到这些平台上，与运营者互动交流。

（8）完善志愿者队伍。可以与本地有一定知名度的草根公众号联合，比如召集本地公众号负责人，以补贴经费、发放稿费等形式，形成联推联建局面，共同生产优质内容。

（9）整合各级政务资源。聚合市、区、县、乡镇（街道）以及基层单位的力量，多方面收集信息，为小编们提供素材。

（10）突出重点服务。政务服务中，有些特点明显，比较好地突出重点。但有些服务不能比较好地突出重点。这个时候，如果不能简单、有效地突出重点，就很容易让人眼花缭乱，造成粉丝直接取消关注。

3.5.5　政务微信公众号绩效评估

国务院办公厅下发的《关于进一步加强政府信息公开回应社会关切提高政府公信力的意见》（国办发〔2013〕100 号）特别强调了政务微博、微信的重要地位和关键作用，将"政务微博、微信"与"政府新闻发言人制度""政府网站"并列，作为第三种政务公开途径。目前，政务微信开通和使用情况已被纳入中国政府网站绩效评估指标体系。但是，迄今为止，尚未发现政府有关部门的评估指标体系出台，仅发现了非政府组织的排名情况。下面仅举几例。

1. 清博大数据

清博大数据是中国新媒体大数据权威平台，拥有清博指数、清博舆情、营广公品等多种核心产品，提供微信、微博、头条号等新媒体排行榜，还提供广告交易、舆情报告、数据咨询等服务。其中，清博指数有微信榜单、微博榜单、头条榜单、政务百家号榜、QQ 榜单、网红榜单、更多榜单等子页面。其中，微信榜单又有公众号、文章、视频、日榜、周榜、月榜、分类、地区等选项。图 3.19 所示为其 2019 年 1 月 1 日 "公众号-政务"的日榜排行。

图 3.19　2019 年 1 月 1 日 "公众号-政务"的日榜排行

这个排行榜的评估参数有发布次数/篇数、总阅读数、头条阅读、平均阅读、总好看数和WCI。显然，这是基于网站的评估。

在清博指数子页面中，有"政务百家号榜"。与政务公众号的区别是，它使用的参数有影响力、活跃度、互动度和BGCI。显然，这才算采用了政务绩效评估体系。图3.20所示为其2018年11月的榜单。

清博微信传播指数 WCI

清博微信政务百家号传播指数 BGCI（V1.0）

图 3.20　政务百家号 2018 年 11 月的榜单

2. 微小宝

杭州推宝科技有限公司旗下的微小宝是国内最大、最专业的微信推广平台，致力于打造一个人人参与、发挥微信价值、最具影响力的微信推广平台。它掌握了上万个细分精准微信账号，覆盖粉丝众多，能够帮助广告主在纷繁复杂的媒介中挖掘出最具价值的受众，并且提供最佳转化解决方案。同时，其拥有高端的数据挖掘与分析技术，利用可视化报告，让广告主全面掌握广告受众的消费行为特点和规律，并且持续、有效地规划其营销计划。

微小宝于2016年开始推出公众号分析平台。这个平台由首页、公众号排行榜、排名上升榜、文章排行榜等页面组成。其中，公众号排行榜分为总榜、实时资讯、数码科技、汽车、政务等，分周榜和月榜两种。其由发布次数/篇数、头条阅读（量）、平均阅读（量）、平均点赞量、预估粉丝数等计算出小宝指数，并提供用户收藏操作。显然，这是一种基于网站的评估体系。图3.21所示为2019年元旦时微小宝的"政务"公众号排行榜部分内容。

3. 西瓜数据

西瓜数据是福州市西瓜文化传播有限公司旗下的产品。它收集了全网380万个公众号数据和超过4亿篇的公众号发文记录，是公众号运营及广告投放效果监控的专业数据工具；可以提供专业的公众号数据分析服务，提供优质公众号推荐、微信公众号排行榜、公众号数据监控、公众号诊断等功能服务，是公众号广告投放效果监测的专业工具。在其细分的领域中也有政务排名，但这一排名也是基于网站的。

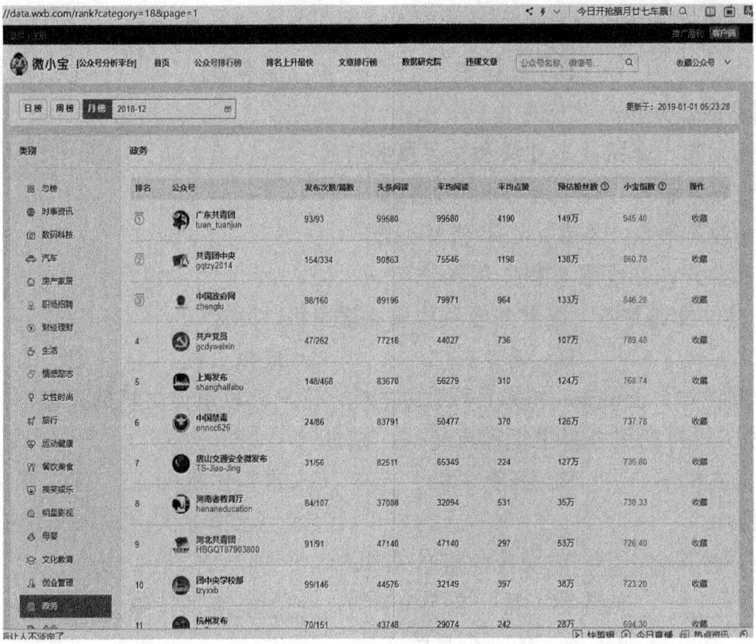

图 3.21 2019 年元旦时微小宝的"政务"公众号排行榜部分内容

习　　题

一、选择题

1. Web 是 "World Wide Web" 的简称，但它不是（　　　）。

　　A. 环球信息网　　　　　B. 互联网　　　　　C. 万维网　　　　　D. WWW

2. 按照客户端/服务器（Client/Server，C/S）模式工作，一开始（　　　）。

　　A. 客户端处于监听状态，等待服务器的联系

　　B. 服务器处于监听状态，等待客户端的请求

　　C. 双方都可以先发联系信息

　　D. 双方都处于监听状态，等待工作人员的命令

3. 浏览器是安装在客户端的一种软件，作用是（　　　）。

　　A. 将 WWW 的内容一一显示出来　　　　B. 浏览 WWW 的信息

　　C. 解释网页中的内容如何展现　　　　　D. 搜索 WWW 信息

4. 超文本链接就是（　　　）。

　　A. 链接非文本文件

　　B. 链接文本文件中的一部分内容

　　C. 除链接超级文本文件外，还可解释网页中的内容如何展现

　　D. 链接对象不限于文本文件，也不限于本文件内的对象，可以是所有 Internet 上的各类
　　　 资源

5. HTML 是一种（　　　）语言。

　　A. 书写超文本文档的　　　　　　　B. 以纵向形式书写文本的

　　C. 书写高级时间标记的　　　　　　D. 高级中间管理者使用的

6. Web 是一种分布在全球的信息资源，它的基本组成单位是（　　）。
   A. 网页　　　　　　B. 数据库　　　　　C. 服务器　　　　　D. 客户端
7. 政府网站的三大核心功能是（　　）。
   A. 信息发布、介绍政府业绩和提供服务信息
   B. 宣传领导指示、在线办公和听取意见
   C. 维护政府形象、在线办公和信息公开
   D. 信息公开、在线服务和公众参与
8. 由某个单位投资购买、配置并管理的服务器主机，称为（　　）。
   A. 独立主机　　　　B. 托管主机　　　　C. 虚拟主机　　　　D. 自用主机
9. 一台计算机作为 Internet 中多个网站的主机，用户只租用该主机的硬盘空间，而不是独立地拥有一台主机，这样的服务器主机称为（　　）。
   A. 独立主机　　　　B. 托管主机　　　　C. 虚拟主机　　　　D. 多用主机

二、填空题

1. 网页是一种具有_____功能的信息资源的组织。
2. HTTP 是_____的简称，用于在 WWW 的_____之间传输_____。
3. _____是 Web 服务器上的一个目录文件。
4. Web 地址或网址的英文是_____。
5. 域名".com"表示_____，".net"表示_____，".org"表示_____，".edu"表示_____，它们都是_____级域名。
6. 网站发布就是把_____上传到指定的_____上，使用户可以通过客户端的浏览器阅读。

三、简答题

1. 政府网站规划有什么意义？需要做哪些事情？
2. 简述你所在城市的政府网站建设目标和现状。
3. 如何申请域名？
4. 设计网站目录结构时要注意哪些事项？
5. 网站的常用链接结构有几种？各有什么特点？
6. 网站风格从哪些方面表现？
7. 建设网站时，为什么要先构建一个本地站点？
8. 进行网页版式设计时要注意什么？
9. 网站测试的目的是什么？一般要进行哪些测试？
10. 网站维护包括哪些内容？

四、实践题

1. 浏览国外政府网站，总结国外政府网站的亮点和变化趋势。
2. 浏览国内政府网站，总结国内政府网站的特点和不足。
3. 你制作过网页吗？用的什么工具？调研现在最流行的两种网页制作工具（或版本），总结它们的特点。
4. 搜集下列资料。
（1）历年中国政府网站绩效评估指标体系变化和理念变化。
（2）历年世界政府网站绩效评估指标体系变化和理念变化。
5. 收集政务微信公众号绩效评估体系，进行分析评价。

信息、能源与物质是支持社会运行的三大资源。随着信息社会的到来与发展，信息资源的地位越来越突出、越来越重要。

据粗略估计，政府拥有的信息资源占社会信息资源总量的 80% 以上。所以，政务信息资源的建设、开发和利用在社会信息资源的建设、开发和利用中占有极其重要的地位。并且，政务信息资源建设是电子政务项目建设的基础，政务信息资源的开发和利用是政务系统运行的核心。一个成功的政务建设，首先应从政务信息资源的建设开始。忽视了政务信息资源的建设、开发与利用，电子政务将会成为一个"零输入、零输出"的空壳。

政务信息资源开发、利用的目的是找到如何利用好这些资源的途径和手段，并将其转化为执政能力、服务能力和社会生产力。其基本内容既包括对所有政务有关信息的收集、整序、存储、分析、挖掘、检索、过滤、传递、发布等一系列工作，也包括信息资源的公开和共享。

4.1 政务信息资源概述

4.1.1 政务信息资源及其性质

1. 政务信息资源及其内涵

关于信息资源（Information Resources）还没有公认的定义。一个广义的观点认为，信息资源是指人类社会信息活动中积累起来的以信息为核心的各类信息活动要素（信息技术、设备、设施，信息生产者等）的集合。

微课　扫一扫：

政务信息资源及其性质

政务信息资源是指政务部门在履行职责过程中制作或获取的，以一定形式记录、保存的图表和数据等各类信息资源，包括政务部门直接或通过第三方依法采集的、依法授权管理的和因履行职责需要依托政务信息系统形成的信息资源等。

从政府产生和需求两个角度看，政务信息资源涵盖以下几个方面的信息。

① 政府辖地天文地理信息：自然资源要素储备、变化、分布及其与周边地区的关系。

② 政府辖地社会信息：政治、军事、经济、文化、教育、科技、人物、事件等。

③ 政府决策信息：国家和地方政策、法规、条例、决策咨询、战略发展研究报告、阶段性总体规划、财政收支等。

④ 政府为社会服务信息：国内外重大政治新闻、经济运行分析、热点透视、社情民意动向、税收征管、统计报表、市场供需信息、社会经济预测信息、金融财经信息、科技教育与人才信息等。

⑤ 政府自身有关信息：政府各组成部门的职能，各种文件、会议情况，总结报告，记录数据，办公文档，机关行政管理信息，经验介绍，驻外办事机构，政府间交流等。

⑥ 辖地规划和发展信息：思想库，发展和政府行政的历史沿革、设施等信息，如城市地下网、管、道、线的分布和结构等。

2. 政务信息资源的性质

（1）信息资源的非消耗性和能动性

信息资源与能源、物质一样，都是人类社会中不可或缺的重要资源。没有这些资源，人类社会将无法生存。充分而有效地利用这些资源，是人类社会发展的动力。但是，在这三大资源中，信息资源是唯一不具有消耗性的资源，也是唯一具有能动性的资源。信息不会因使用而消耗。它的开发与利用，不仅对于能源资源和材料资源有优化利用结构、节约和增值的作用，而且作为生产要素、无形资产和社会财富，它是构筑社会文明、推动社会进步的动力。在信息时代，信息资源的开发成为建设资源节约型社会，实现经济增长方式的根本转变，推动可持续发展的重要途径；提高信息资源的开发、利用水平是增强综合国力和国际竞争力的必然选择，是全球化形势下国际竞争的重点。

（2）政务信息资源的公共性

信息资源的非消耗性，使其可以被多人共享，即政务信息资源是一种按照可共享性取自社会成员（包括个人、企业和其他社会组织），又用于社会的社会公共资产，属于公共产品和服务的一部分。政府信息行为的目的是维护和增进公共利益。

政务信息资源的公共性，使得它的涵盖面极广，涉及政府与社会的政治、军事、经济、人物、文化、科技、天文、地理、产业等的历史和新闻、过去和现在、本地和周边。可以说，只要与社会发展有关，与人民生活、工作、健康有关的信息，都是政务信息资源的一部分。进一步说，任何政府部门的信息都具有公共属性，而不能成为部门的私产，不能被私化。因此，其获取与利用都要依法进行。即任何个人、组织，包括政府机关，都既要通过合法途径采集整合，也要通过合法途径进行使用、共享。特别是政府部门，既要保护涉密信息资料，又要对于"法不禁止"的数据进行完全或一定程度的公开、共享那些与公共管理、公共服务及依法行政相关的信息，并借助特定载体显露这些信息。

（3）政务信息资源的开发、利用水平影响政府行政效果

政府是信息资源的最大拥有者，也是这些信息资源的最大生产者、消费者和发布者。加强政务信息资源开发利用是各国政府的基本责任。它有利于促进经济社会协调发展；有利于政府更好地履行经济调节、市场监管、社会管理和公共服务职能；有利于满足人民群众日益增长的精神文化需求、提高全民素质、促进社会全面进步；有利于发展信息内容产业、扩大就业、优化经济结构、提高市场效率；有利于节能降耗、保护环境、推动传统产业改造、促进经济转型发展。

① 信息处理能力决定政府决策水平。信息的一个主要作用是为决策提供依据。决策的好坏主要在于两个关键方面：一是能不能从信息资源中找到决策需要的信息，二是能不能排除干扰信息。显然，这与信息资源是否充分有关，也与信息处理的能力有关。

② 数据存在形式决定政务运行效率和效果。数据是信息资源的原料，数据的表现形式多种多样，包括文本、图像、报表、声音、视频等。它们的物化形式多样，有纸类介质、磁介质以及光介质等，不同的物化形式作用于人的感觉器官不同，有的要用眼睛看，有的要用耳朵听；即使同样用眼睛看到数据介质，所表现出来的可读性、可理解性也有不同。此外，用传统介质（如纸张、塑胶膜等）存储的数据，其编辑、分类、信息抽取等操作需要大量的人工干预，而以电子化形式存在的数据资源则凭借现有的信息技术，可以方便地进行报表整理、图形输出、指标计算等。数据的表现形式不同，人们接收的效果不同；数据的存在形式不同，处理的效率不同。这些都会影响政务运行的效率和效果。

③ 信息响应速度决定政务服务的满意度。政府的服务质量是社会公众对政府服务满意度的基本评价依据，其中主要的一个方面是与政府打交道所花费的成本（时间、精力等）。而电子政

务的积极意义，就在于可提高政府对企业和民众的管理服务效率。信息处理的响应速度，不仅体现在政府对社会公众的信息服务上，还体现在政府内部业务流程上下游间的数据传递上。按照"舰队理论"，最慢舰艇的速度决定了整个舰队运动的速度。从经济学的角度看，政府服务与管理业务流程信息畅通，才能有效降低双方的"交易成本"，提高服务的满意度。

4.1.2 政务信息资源共享与再利用的相关概念

1. "信息孤岛"

所谓的"信息孤岛"（Information Islands），是指相互之间在功能上不关联互助、信息不共享互换以及信息与业务流程和应用相互脱节的计算机应用系统。

"信息孤岛"造成各个部门都建有信息资源应用系统，彼此间相互隔绝，信息资源的支配权与政府机构权力划分相捆绑，由于信息的多头采集、重复输入、分别使用和维护，这一方面会造成信息资源大量冗余；另一方面导致闭门造车，互不通气，使信息资源的更新同步性差、一致性差，影响数据的使用效率和正确性；第三是由于缺乏业务功能交互与信息共享，致使物流、资金流和信息流之间脱节，造成工作效率低下。

微课 扫一扫：

政务信息资源的共享与再利用

因此，解决"信息孤岛"问题的核心是合理的权力划分。为此必须打破政府部门之间对公共信息资源的垄断和封闭，加大政府机构之间，政府与社会、政府与个人之间信息资源的共享开放程度，统一规划，共同对信息资源进行开发、更新和维护，让信息资源在各环节的流动过程中不断增加价值。

2. 信息资源共享——交换与公开

政务信息资源共享（Government Information Resource Sharing）就是在政府部门之间建立政务信息交流和流转机制，使政府部门之间，政府与公民之间、法人和其他组织之间实现政务信息的广泛交流和享用。鉴于政务信息资源具有公共属性，政务信息资源的共享是具有法律保障的。

政务信息资源共享有两方面的含义：政府内部部门之间的共享及政府与公众或企业、其他组织之间的共享。前者通过信息交换（Information Exchange）技术实现，后者通过信息公开（Information Openness）形式实现。

3. 政务信息资源再利用

基于政务信息资源的公共属性以及社会使用价值属性，政务信息资源再利用的问题出现了。所谓政务信息资源再利用，是指政府以外的主体为其他目的而使用该信息。政府以外的主体可以是个人、企业或其他社会组织机构；再利用的目的可以是商业性的、公益性的（科研、教育、其他公益服务）；可以是直接传播，也可以是增值加工后形成更有使用价值或更容易使用（如数字化、数据库化）的信息产品。促进政务信息资源再利用的意义在于充分发挥政务信息资源具有的潜在价值。

4. 政务信息增值

信息经过采集进入政务系统后，经过存储、传输、分析和使用，会形成一条条信息价值链，实现原始信息的价值增值。

① 在政务信息数据采集过程中的增值：在信息数据采集中去伪存真，提高了所采集数据的价值。

② 在政务信息数据的存储和传输过程中增值：对采集的数据进行整序等处理，并按照一定的信息格式保存。

③ 在政务信息数据的分析和使用过程中增值：利用统计分析等方法对保存的有序信息进行分析，建立决策模型，进一步提高了信息数据的价值。

④ 在政务信息的知识发现过程中增值：利用数据挖掘等技术手段挖掘保存的不同层次的信息，可以发现一些隐含的政府管理规律，有助于实现知识化的政府管理。例如，对时间序列的个人所得税信息进行挖掘后建立税收预测模型，通过调整某些参数，模拟税收政策对模型的影响，可协助政府管理人员制订新的计划或立法。将新产生的个人所得税数据引入预测模型，可以及时发现不符合模型的情况，调整预测模型参数，使得模型更加符合实际，为政府及时调整决策提供理论依据。

5．政务信息资源共享与再利用政策

政务信息资源的开发与利用涉及面广、问题复杂、关系重大，不是一地、一部门可以完成的一项工作，必须由中央政府统一规划、设计和领导实施。为此，国务院组织有关部门进行了深入、细致的调研、试点，推出一系列政策文件，来指导、协调这一工作。下面是几个与政务信息资源开发与利用有关的重要文件。

① 《促进大数据发展行动纲要》（国发〔2015〕50号）。

② 《推进"互联网+政务服务"开展信息惠民试点实施方案》（国办发〔2016〕23号）。

③ 《政务信息资源共享管理暂行办法》（国发〔2016〕51号）。

④ 《政务信息系统整合共享实施方案》（国办发〔2017〕39号）。

⑤ 《政务信息资源目录编制指南（试行）》（发改高技〔2017〕1272号）。

4.1.3 政务数据及其分类

政务数据就是在政务活动中产生的信息的记载，或与政务活动有关的信息的记载。政务数据有不同的分类方法，其中使用最多的是下面几种方法。

微课 扫一扫：

政务数据及其政务数据元

1．数据与信息

数据（data）是事实、概念或指令的一种形式化表示。例如，一些文字、一组数据、一张图片、一段视频、一段音乐、一段讲话、一组符号、一张报表、一张设计图纸、设计图纸上的一个符号等都是数据。数据既可以表示对象，又可以表示对象类。

常与"数据"混淆的另一个词汇是"信息"。在信息处理界，对这两个术语是这样界定的：数据是记录下来，可以被鉴别的符号；信息是对数据的解释。也就是说，数据就是一种符号，可以在不同的载体上被记载，只要能被鉴别就是数据，是客观的存在；而信息与人的主观认识有关。对于同一个符号，如用文字记载的"65"，不同的人可以有不同的解释：有人将之解释为一个人的年龄，有人将之解释为一个人的体重，有人将之解释为一种商品的价格……另外，同一种含义可以有不同的记载，如不同的文字记录在纸上，记录在不同的载体上——电子的、光的、磁的等。但是，在许多情况下，人们并不严格关注、区分两者的差别。

2．政务数据的分类

政务数据就是在政务活动中产生的信息的记载，或与政务活动有关的信息的记载。政务数据有不同的分类方法，其中使用最多的是下面三种方法。

（1）按信息的应用属性分类

按照信息的应用属性，政务数据分为空间数据、基础数据、专题数据和多媒体语音数据。

（2）按照在政务活动中的变化性分类

按照在政务活动中的变化性，政务数据可以分为静态数据和动态数据。静态数据是指在电子政务的运行中不经常变化，供各个业务系统查询、处理的数据或信息，如政策、法规、元数据、资料库、各种多媒体数据等。动态数据则是指随着运行而增加、修改的数据，如并联审批中文件流转状态数据，反映企业、个人所处状态的数据，国民经济运行状态数据等。

（3）按照在政务活动中涉及的范围分类

按照在政务活动中涉及的范围，政务数据可以分为微观数据和宏观数据。微观数据的应用主要针对个案的事务处理，比如工商登记、业务申报、税务处理、个人劳保、补助、婚丧、驾照、护照、医疗等，涉及的业务既包含对社会市场秩序的监管，又包含对企业、对公众的服务。这类事务处理工作主要由基层的一线人员来承担。这类数据很容易围绕一个主体整合起来，整合为主题数据库。例如，将医疗卫生、计划生育、社会保障等信息依据人的身份证号码整合起来，可以构成以人为主题的数据库。

宏观数据是涉及不同部门的数据，由于管理的角度不一样，故很难通过一个主题数据来集中所有的共享数据。

4.1.4 政务数据元

1. 数据元三要素

在论及政务信息资源时，把数据元（Data Element）看作不可再分的最小数据单元。数据元通过定义、标记、表示以及允许值等一系列属性描述。一般来说，数据元具有对象类、特性和表示三要素。

① 对象类：对数据元归类的界定。

② 属性：在同一对象类中，区分和描述对象的属性或属性集合。例如，对于对象类"学生"，具有学号、班级、专业、学校名称、学习成绩等属性描述的特性。

③ 表示。数据元表示是在数据处理和信息交换过程中数据元所采用的格式，如对数据的长度、数据的类型等都要给予说明，数据元的格式受数据元的属性及应用环境限定。数据的表达方式与数据元的值域关系密切。数据元的值域是该数据元的所有允许值的集合。例如，中国人身份证号码的值域为 18 位数字，人的年龄的值域为 0～150 岁。

2. 数据元属性分类

数据元的基本属性主要有以下几类。

① 标记类。适用于数据元标记的属性，包括名称、标示符、版本、注册机构、同义名称和相关环境。

② 定义类。描述数据元语义方面的属性，包括定义。

③ 关系类。描述数据元之间相互关联和（或）数据元与分类模式、数据元概念、对象、实体之间关联的属性，包括分类模式、关键字、相关数据参照和关系类型。

④ 表示类。描述数据元表示方面的属性，包括表示类别、表示形式、数据元值的数据类型、数据元值的最大长度、数据元值的最小长度、表示格式和数据元允许值。

⑤ 管理类。描述数据元管理与控制方面的属性，包括主管机构、注册状态、提交机构和备注。

此外，人们还可以根据需要增加、扩展属性。数据元属性应依照一种标准方式来注册和控制，以便数据元字典中的数据元在信息交换中保持一致，并且能够在不同的数据管理环境中进行数据元管理。

在这些基本属性中，名称、定义、表示类别、表示形式、数据元值的数据类型、数据元值的最大长度、数据元值的最小长度和数据元允许值是在描述数据元时必选的。

数据元表示是在数据处理和信息交换过程中数据元所采用的格式，如数据的长度、数据的类型等都要给予说明，数据元的格式受数据元的属性及应用环境限定。

3. 数据元标准化

数据元标准化就是为数据元的总则、定义、描述、分类、表示、注册等制定统一的标准，并加以贯彻、实施的过程。在大量繁杂的政务信息中，哪些概念可以作为定义数据元的基础，数据元的特性中哪一个可以继承下来作为派生的通用数据元的特性，通用数据元的特性中又有哪些可以被应用数据元继承，这些问题都是数据元标准化过程中要解决的。

随着社会的发展，信息在社会各个行业中的作用不断增强，数据元标准越来越引起各个行业的重视。人们认识到，只要对信息按共同约定的规则进行统一组织、分类与表示，使用统一的概念，并用相同的方法表示，就能产生共识，不致产生歧义。这种简化的概念表述，增强了数据的准确性，有利于数据的共享和交换。

政务系统所要处理的对象主要是数据。在传统政务活动中，部门之间的分隔，使得很多信息的描述、定义、获取和表示形式缺乏统一、严格的标准，致使大量的信息数据处于分散的状态，造成数据信息资源浪费，不利于实现全社会的数据共享。为了提高政务信息的共享和集成分析程度，保证为政府的管理决策和社会各阶层提供科学、准确的信息，迫切需要开发出一种统一的、以标准数据元形式对政务信息进行表示的方法，以支持政务信息的共享和交换。数据元标准的作用是用一个统一的标准来描述、定义、规范这些系统所要处理的数据，为系统间的数据共享、数据交换提供一个公用的信息接口。这个公用的信息接口实际上就是对政务领域的信息用数据元标准进行描述，形成一个大家广泛接受，并在政务系统的开发过程中遵守的规则。在此基础上，各种系统之间的数据共享、数据交换成为可能。

数据元的标准化过程起到了对要处理的数据元进行规范的作用。这个过程规范了其中的概念、定义以及知识的描述，形成了数据元词典。根据数据元词典，数据库内容的规范有了依据，数据库的结构也得到了规范。

4. 电子政务公共数据元

数据元可分为公共数据元和应用数据元。公共数据元是独立于任何具体的应用而存在的数据元，其功能是为应用数据元的设计提供一部通用数据元字典。应用数据元是在特定领域内使用的数据元集，如在电子政务领域应用的应用数据元。

表 4.1 所示为公共数据元目录。

表 4.1　　　　　　　　　　　　　　公共数据元目录

类　　目	数据元目录
人员类（01）	姓名，姓名汉语拼音，身份证件名称，身份证件号码，照片，性别，性别代码，民族，民族代码，出生日期，婚姻状况，婚姻状况代码，健康状况，健康状况代码，国籍，国籍代码，从业状况，从业状况代码，职业，职业代码，工作单位，年收入，月收入，专业技术职务，专业技术职务代码，职务，职务代码，政治面貌，政治面貌代码，所学专业，专业代码，学位名称，学位代码，学历名称，学历代码，语种名称，语种代码，语种熟练程度，语种熟练程度代码，住址
机构类（02）	机构名称，组织机构代码，工商注册号，国税税务登记号，地税税务登记号，机构类型，机构类型代码，经济类型，经济类型代码，行业名称，行业代码，隶属关系，负责人，法定代表人，注册资本，信用等级，信用评定机构，经营范围，经营期限自，经营期限至，经营场所，网址，成立日期，注销日期
位置类（03）	国家和地区名称，国家和地区代码（三字母），国家和地区代码（两字母），国家和地区代码（数字），行政区划名称，行政区划代码，乡镇（街道）名称，街路巷，门（楼）号，通信地址，邮政编码，详细地址，电子邮箱，联系电话，传真，移动电话
日期/时间类（04）	日期，时间，日期时间，年，季度
公文类（05）	秘密等级，保密期限，紧急程度，发文机关标记，发文机关，发文机关代字，发文年号，发文序号，成文日期，签发人，公文标题，公文正文，主题词，主送机关，抄送机关，份数序号，印发机关，印发日期
其他类（06）	货币名称，货币字母代码，货币数字代码，金额，银行名称，账户名称，账号，支票号，计量单位，利率，汇率，会计科目名称，卡名，卡号

每个数据元都用 15 个属性（或其中的子集）描述。

【例 4.1】

中文名称：	姓名
内部标识符：	01001
英文名称：	name
中文全拼：	xing-ming
定义：	在公安户籍管理部门正式登记注册、人事档案中正式记载的中文姓氏名称。
对象类词：	人
特性词：	姓名
表示词：	名称
数据类型：	字符型
数据格式：	a..30
值域：	
同义名称：	
关系：	
计量单位：	
备注：	人的姓和名中间不应存在空格。

【例 4.2】

中文名称：	出生日期
内部标识符：	01014
英文名称：	date of birth
中文全拼：	chu-sheng-ri-qi
定义：	出生签证署，并在公安户籍正式登记注册或人事档案中记载的日期。
对象类词：	人
特性词：	出生日期
表示词：	日期
数据类型：	日期型
数据格式：	YYYYMMDD 或 YYYY-MM-DD
值域：	
同义名称：	
关系：	
计量单位：	
备注：	符合《数据和交换格式 信息交换 日期和时间表方法》（GB/T 7408—2005）中的日历日期，YYYYMMDD 为基本格式，YYYY-MM-DD 为扩展格式。

【例 4.3】

中文名称：	注册资本
内部标识符：	02021
英文名称：	registered capital
中文全拼：	zhu-ce-zi-ben
定义：	机构在登记管理机关依法登记的资本总额。
对象类词：	机构
特性词：	注册资本

表示词： 金额
数据类型： 数字型
数据格式： n..20.2
值域：
同义名称： 注册资金
关系：
计量单位： 万元
备注：

【例4.4】
中文名称： 秘密等级
内部标识符： 05001
英文名称： secret level
中文全拼： mi-mi-deng-ji
定义： 公文的保密程度
对象类词： 公文
特性词： 注册资本
表示词： 描述
数据类型： 字符型
数据格式： a6
值域： 根据《党政机关公文格式》（GB/T 9704—2012），可以取下列枚举值：
——秘密
——机密
——绝密
同义名称： 密级
关系：
计量单位：
备注：

【例4.5】
中文名称： 保密期限
内部标识符： 05002
英文名称： secret period
中文全拼： bao-mi-qi-xian
定义： 公文的保密期限，是对公文密级的时效说明。
对象类词： 公文
特性词： 保密期限
表示词： 描述
数据类型： 时间间隔
数据格式： PnYnMnDnTnHnMnS
值域：
同义名称：
关系： 由数据元04004"期限"派生而来，与数据元05001"秘密等级"连用。

计量单位：

　　备注：　P 为时间间隔（周期）标志符，Y 表示年，M 表示月，D 表示日，n 表示一个正整数或零的数字，比如 P3Y 表示保密期限为 3 年。

4.2 政务数据采集与存储

政务数据采集与存储是指根据政府部门的特定需求和工作规划，采用科学的方法，搜寻相关过程或环节中蕴藏的有用数据进行积聚并保存的过程。

4.2.1 政务数据源及其采集

1. 政务数据源

数据源即数据的来源，它可看作生产、持有和传递数据的一切物体、人员、机构及其活动过程。

微课　扫一扫：

政务数据源及其采集

政务数据产生于政务以及相关活动中。按照观察的角度，我们可以对政务数据源进行不同的划分，形成不同的政务数据源。

（1）从政务数据源产生或形成的方面划分

① 上级数据源，如法律法规、上级文件、会议、批示、讲话、电报、传真、电视、报纸、政治学习等；

② 下级数据源，如书面请示、报告，实地的调研、座谈，听取汇报，接待来信来访，工作谈心，阅读各种统计报告、情况反映，各种简报、内参、媒体报道等；

③ 外部数据源，如大众传播媒介、社会信息咨询机构、其他政府部门、社团组织、各种会议、个人关系等。

（2）从数据掌握者的性质划分

① 个人数据源，如专业人员、专家、各级领导所掌握的数据；

② 组织机构（或部门）信息源，如来自管理监督部门、政策研究部门、政策执行部门、行政业务部门的数据。

（3）按照数据载体的性质划分

① 实物数据源；

② 纸质数据源；

③ 人体数据源；

④ 电子化（文件、数据库）数据源。

（4）按照数据产生的过程划分

① 直接政务活动形成的数据源，如在收发文、邮件、会议、讲话、投稿、登记、注册、审批等活动中形成的信息源；

② 技术活动形成的数据源，如数码照相、视听新闻、电子签名、电子签章、电子地图、电子法规、电子档案、电子图书等，这部分信息源主要与政务活动中使用的电子技术有关。

（5）按照数据加工层次和集约程度划分

① 一次数据源，也称本体数据源，是人们在科研活动、生产经营活动和其他一切活动中所产生的各种原始记录，从一次数据源中提取信息是信息资源生产者的任务；

② 二次数据源，也称感知数据源，主要储存于人的大脑中，传播、咨询、决策等领域所依

赖的主要是二次数据源；

③ 三次数据源，也称再生数据源，主要包括口头数据源、体语数据源、文献数据源、电子数据源和实物数据源，其中又以文献数据源（包括印刷型和电子型文献数据源）最为常用；

④ 四次数据源，也称集约数据源，是文献数据源和实物数据源的集约化（如档案馆、图书馆、数据库等）和系统化（如博物馆、样品室、展览馆、标本室等）。

2. 政务数据采集渠道

政务数据采集要有畅通的渠道。一般情况下，可以通过下面几个渠道采集。

（1）会议

通过参加会议或收集有关会议材料，采集有价值的数据。

（2）公文

从公文材料中进行数据挖掘，与会议渠道相比，有综合性、政策性强，对事物本质和症结、原因有深入分析研究，对解决问题的办法有具体、明确表述等特点，是会议数据的补充。

（3）新闻

通过媒体收集数据是一种补充性的数据收集方法。

（4）电子公告板

发布近期政府需要解决的问题，就某个问题进行在线讨论，号召大家献计献策。由于采用的是匿名方式，故人们可以畅所欲言地发表自己的观点，规避政府部门存在的严重的等级问题。

（5）Web 数据挖掘

利用 Web 数据挖掘功能，我们可以自动采集相关数据，分析其应采取的国际国内政策。Web 数据挖掘方法还可以用来分析访问政府网站的人员结构和他们关心的问题。

（6）联机检索

联机检索方法主要通过联机检索系统查询各种数据库数据源。截至 20 世纪 90 年代初，我国已有 50 多个城市设立了 110 多个国际联机终端，与国外十多个主要的信息服务系统建立了联系，同时国内的联机信息服务也得到了较快的发展，自建并可提供服务的中西文数据库有数百个。另外，除了大量引进光盘数据库来减少联机检索费用外，国内光盘数据库建设也得到了多方面的发展。

（7）建立内部管理专家库

实现对专家隐性知识的管理。在制订某些决策计划时，搜索到相应领域的专家，从该专家处获得相应的数据。

（8）建立数据的交流机制

政府常用的内部正规数据交流方式是公文流转方式。要想使零散分布在人们抽屉里、档案柜里和头脑里的数据、部门资料、档案以及未联网的计算机数据库资料，被连续、系统地搜集到一起，汇集给决策部门，除了采用电子政务的数据采集技术外，关键在于建立一套数据信息交流机制。所谓交流机制，就是政府管理人员自愿连续地提供信息的制度，包括鼓励提供信息的激励制度、信息反馈制度、必要的通信设施和具体的实施办法。增强信息意识和提供激励机制（信息反馈、表扬、奖励、规定等）是内部信息系统得以正常运转的重要保障。

（9）其他渠道

例如，个别访问、座谈调查、现场观察、问卷（电话、纸质、网络）调查、实地考察与研究等。

4.2.2 文件与数据库存储

1. 文件存储

（1）文件及其特征

众所周知，计算机的工作就是执行程序。任何计算机程序都由两种要素组成：算法和数据。

数据描述了程序操作的对象，算法描述了程序操作的方法和形式。

早期的数据都作为程序的组成部分，与程序一起编写、一起存储。后来，计算机开始用于数据处理（如工资管理），随着数据量的增加和数据处理频率的提高，这种把数据存放在程序中的方法显然极不方便。1952 年，IBM 生产出第一台磁带存储器，为把数据从程序中分离并长期存储创造了条件，于是文件系统应运而生。

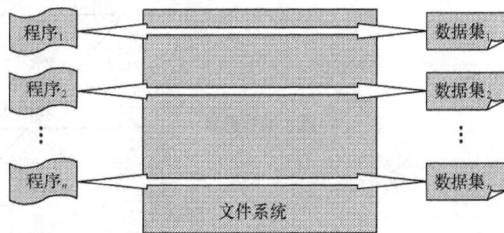

文件就是用一个名字命名的、存储在外部存储器（磁带、磁盘等）上的信息集合。用文件进行数据管理有两个主要特征：

① 每个文件都有一个可以识别的名字——文件名，并且可以用这个名字对文件中的信息进行访问；

② 文件中的信息被保存在外部存储器中，外部存储器中的信息是无源信息——保存的信息不因断电而丢失（而内存信息会因断电而丢失）。

（2）文件的基本类型

根据文件中存储的信息，我们可以把文件分成以下两大类型。

① 程序文件——用于存储一个或一部分程序。

② 数据文件——只存储要处理的数据。当然，数据文件还可以进一步分为多种类型，如文本文件、图形文件等。

（3）文件存储的局限性

数据文件的出现，使计算的概念从原来单纯的科学计算扩充到了数据处理。但是，文件系统也有很强的局限性，表现在以下几方面。

① 数据的冗余度（redundancy）太大。不同的业务往往会对不同的数据集合进行处理，这些数据集合中也往往会有重复。例如，关于工资的数据文件与关于人事的数据文件会有大量数据重复。

② 数据和应用程序过分相互依赖。文件系统的设计基本上还是以程序为中心，为不同的应用设计不同的程序，再根据程序处理的需要设计不同的数据集，使数据集依赖于处理的程序。例如，关于工资的数据文件依赖于进行工资处理的程序，关于人事的数据文件依赖于进行人事处理的程序。图 4.1 所示为文件系统中程序与数据集之间的关系。

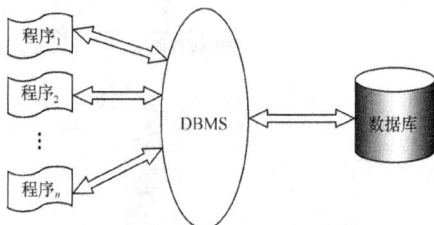

③ 数据的一致性差。由于数据会重复存储，各自管理，一处数据更新，其他处不一定做同样更新，从而造成数据不一致。

图 4.1　文件系统中程序与数据集之间的关系

2.　**数据库存储**

数据库系统是为满足日益发展的数据处理的需要，为解决文件系统的不足，在文件系统的基础上发展起来的一种数据管理技术。与文件技术相比，数据库技术有如下一些特点。

（1）从以程序为中心转向以数据为中心，数据可以为不同的应用共享

数据库的设计首先从应用出发，考虑需要哪些数据，使数据可以为多个应用服务。如图 4.2 所示，这样得到的数据集，在数据库管理系统（Data Base Management System，DBMS）的控制下，就可以为多个程序使用。只要数据集组织得合适，冗余就可以很小，

图 4.2　数据库系统中的程序与数据

而且操作起来方便。

（2）数据模型化

为了有效地组织数据库中的数据集，要为它们建立合适的数据模型，以反映数据之间的关系。已经使用过的数据模型有层次模型、网状模型和关系模型。目前，绝大多数 DBMS 采用关系模型。关系模型就是用二维表组织数据并描述数据之间的联系。图 4.3 所示为关于学籍管理的数据库的关系模型，它由三个二维表组成。

表a 学生信息

学　号	姓　名	性别	系别	班级
2005201010101	孙小云	男	经济贸易	电商 05201
2005301010202	张文娟	女	信息技术	网络 05301
...	...	...	...	...

表b 成绩信息

学号	课程编号	成绩
2005201010101	E20102	85
2005201010101	E20105	90
2005301010202	I30105	77
2005301010202	I30106	88
2005301010202	I30107	99

表c 课程信息

课程编号	课程名	学时
E20102	电子商务原理	30
E20105	物流技术	40
I30105	计算机网络原理	60
I30106	信息系统安全	64
I30107	计算机网络管理	40

图 4.3　关于学籍管理的数据库的关系模型

（3）数据独立性增强

如图 4.4 所示，在 DBMS 的作用下，数据库中的数据可以分为用户、数据库管理员和系统程序员三种不同级别的模式，分别称为外模式、概念模式和内模式。三级模式之间通过两级映射，使外模式独立于概念模式，概念模式独立于内模式。这样数据与应用程序之间的独立性大大增强。简单地说，可以称为三级模式两级独立性。

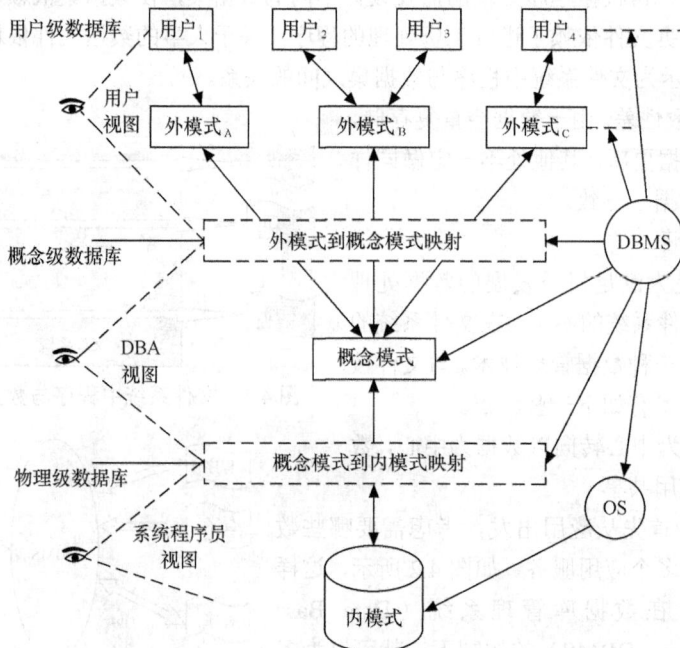

图 4.4　数据库的三级模式两级独立性

3. SQL

SQL（Structured Query Language）是一种应用于关系数据库的形式化语言。它能够完成关系数据库的数据定义、数据查询、数据操纵和数据控制。这些功能使用表 4.2 中的 9 个 SQL 核心动词就可以完成。

表 4.2   SQL 核心动词

SQL 功能	所使用的动词	含　义
数据定义	CREATE	创建一个新表
	DROP	删除一个表
	ALTER	修改一个表
数据查询	SELECT	在一个已经建立的表中查询数据，也可用于变量赋值
数据操纵	INSERT	向一个表中插入数据
	UPDATE	更新表中已经存在行的某几列值
	DELETE	从一个表中删除行
数据控制	GRANT	用户授权
	REVOKE	权限收回

4.2.3　网络存储

政务信息资源数据量大、重要性强，要求使用更缜密的管理和维护的数据存储架构。同时，现在的政务信息资源已经工作在网络环境下，所以其存储也应当是基于网络的。目前，有 3 种网络存储共享技术：服务器附加存储（Server Attached Storage，SAS）、网络附加存储（Network Attached Storage，NAS）、局域网存储（Storage Area Network，SAN）。

1. SAS 结构

SAS 是目前大部分园区网采用的存储方式。如图 4.5 所示，在这种网络存储结构中，数据被存储在各服务器的磁盘族（Just a Bunch of DiKSs，JBOD）或磁盘阵列等存储设备中。这样，服务器不仅要担当后台处理的重任，而且要肩负数据存取的重任。

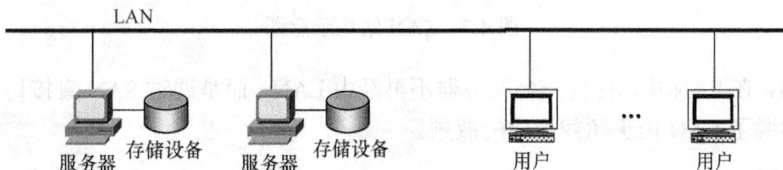

图 4.5　SAS 存储结构

2. NAS 结构

如图 4.6 所示，NAS 通过在网络中安装一种只负责实现文件 I/O 操作的设施，把任务优化的存储设备直接挂在网上，使数据存储与数据处理相分离：文件服务器只用于数据的存储，主服务器只用于数据的处理。

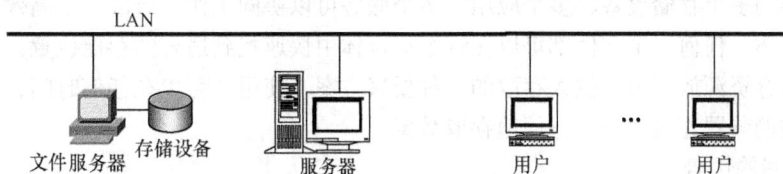

图 4.6　NAS 存储结构

NAS 是一种成本较低、易于安装、易于管理、易于扩展、使用性能和可靠性均较强的资源存储和共享解决方案，但是由于带宽的限制，目前网络可能太慢。

3. SAN 结构

SAS 和 NAS 在访问存储设施时必须经过 LAN。而在 LAN 中，不仅要用 LAN 连接多台服务器和大量客户机端的设备，还要连接存储设备，协调客户机/服务器数据。随着系统规模的增加，LAN 的负荷不断增加。另一方面，随着备份数据的爆炸性增长以及数据复制需求的爆炸性增长，服务器间经由 LAN 频繁地进行相互访问，数据部分也要经过 LAN 不断地进行复制和共享，而连接服务器与存储器设备的 SCSI 接口由于距离有限、连接有限、潜在带宽有限等不足，容易因超载形成瓶颈。

SAN 是用来连接服务器和存储装置（大容量磁盘阵列和备份磁带库等）的专用网络。这些连接基于固有光纤通道和 SCSI——通过 SCSI 到光纤通道转换器和网关，一个或多个光纤通道交换机在主服务器与存储设备之间提供相互连接，形成一种特殊的高速网络。如果把 LAN 作为第一网络，则 SAN 就是第二网络。它置于 LAN 之下，但又不涉及 LAN 的具体操作。图 4.7 所示为 SAN 结构示意图。

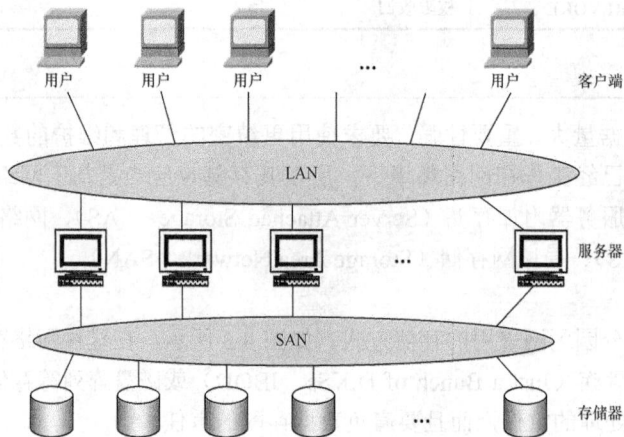

图 4.7 SAN 结构示意图

可以看出，在 SAN 中，任何一台服务器不再经由 LAN，而是通过 SAN 直接访问任何一台存储器，从而摆脱了 LAN 由于超载形成的瓶颈。

4.2.4 云存储

1. 云存储的概念

云存储系统是网络存储系统的延伸，是网络存储技术与分布式文件技术、集群应用技术相结合的产物。由于分布式文件技术和集群应用技术的应用，网络中大量不同类型的存储设备通过应用软件集合起来协同工作，共同对外提供数据存储和业务访问功能，保证数据的安全，并节约存储空间。这样的多个存储设备、多个应用、多个服务可以协同工作，形成一个高效、安全、可靠的存储的集合体。任何一个文件都可以在这个集合体中快速找到适合的存储位置。简单地说，云存储就是将储存资源放到云上供人存取的一种新兴方案。使用者可以在任何时间、任何地方，通过任何可连网的装置连接到云上方便地存取数据。

2. 云存储的优势

（1）存储管理可以实现自动化和智能化，所有的存储资源被整合到一起，客户看到的是单一存储空间；

（2）提高了存储效率，通过虚拟化技术解决了存储空间的浪费问题，可以自动重新分配数据，提高了存储空间的利用率，同时具备负载均衡、故障冗余功能；

（3）云存储能够实现规模效应和弹性扩展，降低运营成本，避免资源浪费。

4.3 政务信息资源整序

信息资源整序也称信息有序化，是指利用一定的科学方法和规则，使信息资源有序化的活动。信息资源整序可以保证用户高效获取和利用信息，实现信息的有效流通和组合。现代信息系统中的数据量都很大，如果数据处于无序状态，查找所需信息的速度会非常慢、非常困难，甚至找不到。此外，没有整序的数据只反映单个对象的特征；整序之后，数据按类目（按某一特征）归并，使信息总体内涵和外延容易显现，便于发现信息中的冗余和缺漏，方便检索和利用。所以，人们把信息整序看作信息资源建设的第一步。下面介绍在电子政务中使用的几种主要整序方法。

4.3.1 政务信息编码

1. 信息编码及其基本原则

信息编码是指将事物或概念（编码对象）赋予具有一定规律、易于计算机和人识别处理的符号，形成代码元素集合。编码形式是多种多样的，代码元素可以是符号、图形、颜色以及缩减的文字等。

信息编码也是信息交换和共享的一种技术手段，其目的在于方便使用，既考虑计算机信息处理的方便性，又兼顾手工信息处理的实际需要。为此，要考虑以下原则。

微课　扫一扫：

政务信息编码

① 信息分类编码科学化、标准化、规范化、合理化。

② 参照国家标准中的有关分类标准体系。

③ 参照原有的编码体系，尽量考虑政务业务使用习惯。

④ 保证编码的下列性质。

- 唯一性——每个编码对象仅有一个代码，一个代码只唯一地表示一个编码对象。
- 匹配性——代码结构与分类体系相匹配。
- 可扩展性——留有足够的备用码空间。
- 简短性——代码尽量简短，含义要强，要与可扩展性综合考虑。
- 稳定性——生命力要强。
- 识别性——计算机可以识别。
- 可操作性——容易操作。
- 自检性——具有自检错误的能力。

2. 信息编码的代码类型

不同的编码方法使用的代码类型不同。图 4.8 所示为常见的代码类型。下面介绍在政务信息系统中常用的几种代码。

（1）无含义代码

在无含义代码中，无序码是机器程序随机产生的、没有任何规律的代码。顺序码是采用数字或字母来表示编码对象，并按照数字或字母顺序建立编码对象间顺序关系的代码。

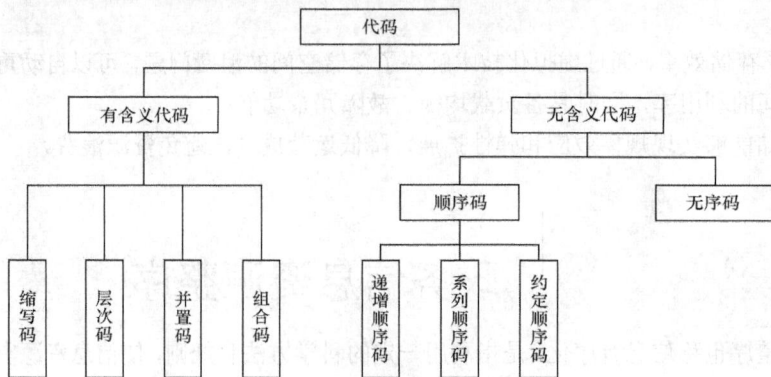

图 4.8　常见的代码类型

【例 4.6】《中央党政机关、人民团体及其他机构代码》（GB 4657—2009）中规定，采用 3 位数字系列顺序码，表 4.3 所示为其片段。

表 4.3　　　　　　《中央党政机关、人民团体及其他机构代码》（GB 4657—2009）片段

代　　码	名　　称
100～199	全国人大、全国政协、高检、高法机构
200～299	中央直属机关及直属事业单位
300～399	国务院各部委
⋮	⋮
900～999	全国性人民团体、民主党派机关

（2）缩写码

缩写码是从编码对象的名称中抽取一个或多个字符而生成的代码。其特点是容易记忆，但可能产生重复。

【例 4.7】表 4.4 所示为《世界各国和地区名称代码》（GB/T 2659—2000）片段。

表 4.4　　　　　　　　《世界各国和地区名称代码》（GB/T 2659—2000）片段

代　　码	国家（或地区）名称	
AT	AUSTRIA	奥地利
CA	CANADA	加拿大
CN	CHINA	中国
FR	FRANCE	法国
US	UNITED STATES	美国

（3）层次码

层次码是以编码对象集合中的层次分类为基础，产生的连续且递增的组（类）形式的代码。图 4.9 所示为层次码的一般结构。在层次码中，位于较高层级的一个组（类）包含且只能包含其下面较低层级的全部组（类）。

层次码能反映编码对象间的隶属关系，代码值可以解释，能在较高层次上汇总，但容量利用受到限制，并且缺少弹性。

【例 4.8】《全国主要产品分类与代码》（GB/T 7635—2002）中层次码的一般结构如图 4.10 所示。

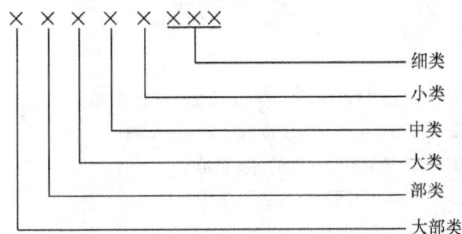

图 4.9　层次码的一般结构

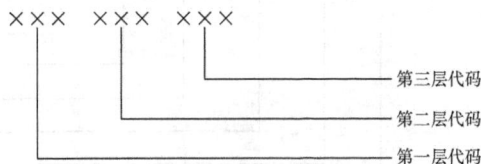

图 4.10　层次码的一般结构

（4）并置码

并置码是由一些代码段组成的复合代码，每个代码段表示编码对象的一个特征，并且这些特征是相互独立的。这样，依据代码的值很容易对编码对象进行分组。

【例 4.9】《公民身份号码》（GB/11643—1999）规定，我国公民的公民身份证号码为 18 位数字特征组合码，前 17 位为本体码，最后一位为校验码，具体结构如图 4.11 所示。

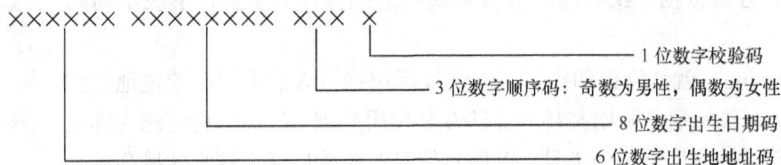

图 4.11　公民身份号码编码结构

（5）组合码

组合码是由一些代码段组合而成的复合代码。这些代码表示了编码对象的不同特征。与并置码不同的是，这些特征相互依赖且通常有层次关系。政务信息资源分类标准就是采用组合码编制的。

3．政务信息资源代码结构

参照《政务信息资源目录体系　第 4 部分：政务信息资源分类》（GB/T 21063.4—2007）的代码结构规则，《政务信息资源目录编制指南》确定，政务信息资源代码结构由前段码、后段码组成。前段码由"类""项""目""细目"组成，作为政务信息资源的分类码；后段码为政务信息资源的顺序码。

《政务信息资源目录
编制指南》

（1）政务信息资源分类码

① 信息资源"类"，即信息资源的一级分类，用 1 位阿拉伯数字表示，采用"6.1.1 政务信息资源目录的资源属性分类"规定的分类方法："1"代表基础信息资源类，"2"代表主题信息资源类，"3"代表部门信息资源类。

② 信息资源"项"，即信息资源的二级分类，共 2 位，原则上用阿拉伯数字表示，如基础信息资源类中的人口、法人信息资源等分类，主题信息资源类中的公共服务、全民健康、全民社保等分类，部门信息资源类中的党中央、全国人大常委会、国务院、全国政协、最高人民法院、最高人民检察院及省级地方（含计划单列市）等分类。

③ 信息资源"目"，即信息资源的三级分类，共 3 位，原则上用阿拉伯数字表示。

④ 信息资源"细目"，不定长度，原则上用阿拉伯数字表示，供信息资源提供方进行具体的信息资源分类。"细目"可根据需要设置多级分类。

（2）政务信息资源顺序码

政务信息资源顺序码采用不定长度，原则上用以 1 为起始、连续的阿拉伯数字表示。

政务信息资源分类码与政务信息资源顺序码组合，形成了完整的政务信息资源代码。图 4.12 所示为政务信息资源代码结构。

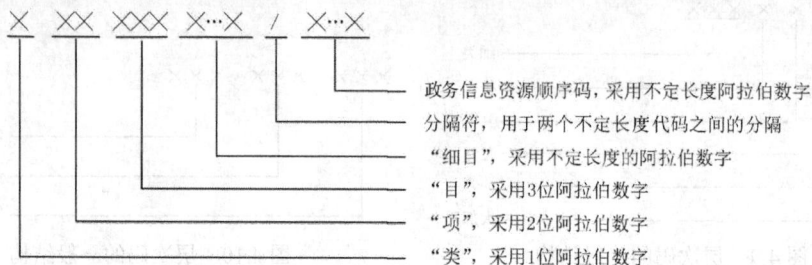

图 4.12　政务信息资源代码结构

4.3.2　政务信息资源分类与分类标引

分类是整序的基本形式，即将属性具有交集的信息对象归并在一起，形成具有共同类别属性，并按照一定规则排列的信息集合。信息分类整序有两个要素：分类对象和分类依据。我们通常以对象属性的同异作为依据，形成不同的对象分类。

标引（Indexing）就是标记和指引，即通过标记指引人们方便、快捷地找到所需要的信息。分类标引是利用某种分类法及其使用规则，按照信息资源内容及某些外表特征，赋予信息资源分类号，以便将信息资源款目或文献实体排列成与分类法的分类体系一致的系统的过程。

微课　扫一扫：

政务信息资源分类
与分类标引

1.　信息资源分类及其基本方法

分类整序就是将属性具有交集的信息对象归并到一起，形成具有共同类别属性并按照一定规则排列的信息集合。信息资源分类整序有两个要素：分类对象和分类依据。通常以对象属性的同异为依据，形成不同的对象分类。

在电子政务信息处理中，为了实现信息资源的互通互连、资源共享和满足处理的需要，必须按照约定的原则和方法，按照信息内涵、性质及管理要求对信息进行分类，使它们在信息体系中有一个确定的位置，以便有序地进行信息资源的采集、加工、存储、保护、使用和共享。

数据分类的方法很多。政务信息资源是面向公众的，所以其分类方法应当采用常用的基本方法。常用的基本分类方法有三种：线分类法、面分类法和混合分类法。

（1）线分类法（Method of Linear Classification）

按选定的若干属性（或特征）将分类对象逐次地分为若干层级，每个层级又分为若干类目的分类方法，称为线分类法。在同一分支中，同层级类目之间构成并列关系，不同层级类目之间构成隶属关系。

线分类法又称层级分类法、体系分类法。其优点是层次性好，分类结构一经确定不易改动；缺点是效率较低，当分类层次较多时代码位数较长。

（2）面分类法（Method of Area Classification）

按照选定的若干属性（或特征）将分类对象按每一属性（或特征）划分成一组独立的类目，每一组类目构成一个"面"（或"轴"），再按一定顺序将各个"面"平行排列，称为面分类法。使用时，可根据需要将这些"面"中的类目组合在一起，形成一个复合类目。

面分类法也称组配分类法、平行分类法。其特点是具有较大的弹性，一个"面"内类目的改变不会影响其他"面"，但容量不能充分利用，可组配的类目很多，实际使用的类目不多。

（3）混合分类法（Method of Composite Classification）

混合分类法将线分类法与面分类法组合使用，以其中一种为主，另一种做补充的分类方法。

2. 政务信息资源分类标准

国家政务信息资源目录体系（Government Information Resource Catalog System）对政务信息资源从基础面、行业面、服务面和物理面 4 个角度进行分类，形成主题分类、行业分类、服务分类和资源形态分类 4 种顶层分类标准。

（1）主题分类

主题分类是从基础面，即从政务信息资源本身特定的含义，对政务信息资源进行分类的。主题分类法采用线性方法，用 4 位符号代码对一级、二级、三级类目进行编码。表 4.5 所示为主题分类的示例。

表 4.5　　　　　　　　　　　　　　　　主题分类的示例

类别代码			名　　称	描述和说明
一　级	二　级	三　级		
01			综合政务	关于政治领域的发展规划
	A		方针政策	政府制定的、宏观的、指导各个领域发展的方针政策
		A	专题政策	……
		B	政策理论研究	……
		C	组织机构	……
	B		中共党务	……
		A	组织工作	……
	……	……	……	
02			经济管理	关于经济的管理、规划、发展概况
	A	……	发展规划	关于经济的宏观的发展规划
	……	……	……	……
……	……	……	……	……

按照主题分类编码方法，"01BA" 表示 "中共组织工作"。

（2）行业分类

行业分类是从行业面，即从政务信息资源生产具有的部门和行业特定背景，对政务信息资源进行分类的。行业分类法采用等级层次结构排列，用 4 位符号代码对大类、中类、小类三级类目进行编码。表 4.6 所示为行业分类的示例。

表 4.6　　　　　　　　　　　　　　　　行业分类的示例

类别代码			名　　称	描述和说明
大　类	中　类	小　类		
A			农、林、牧、渔业	
	01		农业	
		1	谷物及其他作物的种植	包括谷物、薯类、油料、豆类、棉花……
		2	蔬菜、园艺作物的种植	包括蔬菜、花卉及其他园艺作物的种植
		3	水果、坚果、饮料和香料作物的种植	
		4	中药材的种植	
	02		林业	
		1	林木的培育和种植	包括育种、造林、林木的抚育和管理
		2	木材和竹材的采运	包括木材的采运、竹材的采运
		……	……	……
……	……	……	……	……

（3）服务分类

信息资源可以为使用者提供特定的服务。服务分类就是根据提供的服务不同来区别政务信息资源种类的。其采用线分类方法，用5位符号代码对主题、业务、职能3个层次的类目进行编码。表4.7所示为服务分类的示例。

表4.7 服务分类的示例

类 别 代 码			名　　　称	描述和说明
主　题	业　务	职　能		
			为公众服务	为公众服务的领域，描述了……
	01		公民基本生活保障	民众基本生活保障，包括……
		01	退休和残疾	包括对退休和残疾人员的……
1		02	失业救济	包括工代赈、生产自救帮助生产及发放救济金等办法
		03	住房援助	……
		……	……	……
	02		社团服务	社团服务包括：针对研究、扩大和改善社区发展……
		01	安居乐业	安居乐业包括：提供关于住宅援助的公共信息……
		……	……	……
……				

按照服务分类编码方法，"10201"表示"安居乐业"。

（4）资源形态分类

信息资源是依附于某种物理介质存在的。按照介质的物理形态对政务信息资源进行分类就是资源形态分类。资源形态分类采用混合分类方法，用5位符号代码对3个级别的类目进行编码。表4.8所示为资源形态分类类目表。

表4.8 资源形态分类类目表

类 别 代 码			名　　　称	描述和说明
一　级	二　级	三　级		
			电子化资源	用电子化方式表现的信息资源
	01		数据库	存储在某种存储介质上的相关数据的有组织的集合
		01	文档数据库	以文档为基本单位进行处理、管理的数据库
		02	关系数据库	基于二维表格关系的数据库
		03	其他数据库	以上两种数据库之外的数据库
	02		文本资源	以文字为基本处理单位的信息资源
1		01	结构化文本	带有文本排版信息等格式信息的文本
		02	非结构化文本	不带有任何格式信息的文本
	03		多媒体资源	数字化形式的文字、声音、图形和动画等媒体有机组合形成的信息资源
		01	音频	数字化的、用人的听觉器官感知的信息资源
		02	静态图像	数字化的、用位图描述的静态视觉信息，如图片、设计图、地图等
		03	视频	数字化的、具有顺序演示和动感的视觉信息资源，如动画、电影、电视节目、录像等

类别代码			名　称	描述和说明
一　级	二　级	三　级		
1	03	04	矢量图像	用计算机绘图命令描述的图形信息资源，可以任意放大、缩小而无失真
	04		交互资源	需要用户参与执行过程的信息资源
		01	基于 Web 应用	以 Web 方式提供的信息资源
		02	非 Web 应用	不以 Web 方式提供，但具有交互的信息资源
	05		空间数据	以点、线、面等方式对空间物体特征及其相互关系进行描述的数据集
		01	矢量空间数据	用绘图命令描述的空间数据
		02	栅格空间数据	用像元阵列描述的空间数据
2			非电子化资源	
	01		文本资源	能被阅读的文字信息资源
		01	文本	书、信、文章、诗、报纸等
		02	报表	各种单证、账册、统计报表等
	02		多媒体资源	非电子化的多媒体信息资源
		01	音频	
		02	静态图像	
		03	视频	

按照资源形态分类编码方法，"10401"表示"基于 Web 应用"的信息资源。

4.3.3　主题标引与主题词表

1. 主题、主题标引与主题词

主题指人类作品、文献或社会活动等所要表现的中心思想，泛指主要思想。

主题标引是通过对文本资源的内容进行主题分析的一种基本手段，是用表示文本资源内容主题特征的相应词语为检索标记的过程。这些可以标记文本资源主题特征的词语，被称为主题词或叙词，它们是一些以概念为基础的、规范化的、具有组配性能，并可显示词间语义关系的词和词组。主题词分正式主题词和非正式主题词。正式主题词用来标引和检索文献，非正式主题词是查找正式主题词的引导词。

微课　扫一扫：

主题标引与主题词表

2. 主题词表

主题词表也称叙词表，是一个主题词的集合。这个集合形成按一定顺序排列的、由主题词组成的一种规范化的动态词典，也称为按照主题语义检索的语言。

主题词表是数据库内资源组织与管理以及库际资源交换的基础。规范政务主题词表是指对所有入库资源进行科学标引、描述与分类，通过主题词严格的语义内涵和位属关联，建立所有资源在主题层上的映射关系，从而对各类信息产品和服务过程起到基准性、规范性、参照性、结构性和工具性的支持作用，以实现全库资源的有序化，并增强其可用性。例如，"Internet"有"因特网""互联网""网际网路"等名称，仅以其中一个名称进行全文检索、关键词检索等并不能保证文献的查全率。而严格定义的主题词表会在这些表达间建立关联，同时会给出相关同位词，如

"Internet"的同位词有"Intranet"（即"内部网""企业网""内联网""内特网"等）、"Extranet"（"外部网""外联网""外特网"）等，上位词有"计算机网络""网络"，下位词有"无线互联网""移动互联网"等。

资源库中所有的文献资源只有在标引并与主题词库建立映射后，才能使用户在进行主题查询时进退自如。不同的信息资源具有不同的主题词表，政务资源主题词表大致由如下分词表组成：机关公文主题词表、宏观经济主题词表、行业主题词表、社会事业主题词表、科学与技术主题词表等。

3. 主题标引方法

进行主题标引的关键是选取合适的主题词。主题词的选取，要尽可能地满足以下要求。

（1）必须从被整序的信息单元所包含的内容中选取。

（2）必须是能够代表信息单元主题的词语，尽可能使其概念单一、准确，概念的外延应尽可能地缩小，最好能和信息单元的外延相一致。

（3）尽可能地选择规范词，学术性文献应该选择正式出版的《汉语主题词表》中所列的规范词，公文用主题词应该选择国务院办公厅发布的《国务院公文主题词表》中所列的规范词。

如果没有规范词，可以选用本学科内使用频率高、比较通用的词语。这些非规范的词语被称作"关键词"。

例如，论文《论信息管理中的整序原则》的关键词为信息管理、原则、整序。

【例4.10】公文《国务院关于清理"三角债"工作的通知》

主题词：企业　债务　通知

4. 自由词标引

自由词标引是指用未经规范化处理的自然语言表述公文主题概念，并将其作为表达公文主题概念的检索标记。自由词标引范围如下。

① 某些主题概念虽然可以采用组配标引或上位词标引，但使用频率较高。

② 新出现的主题概念，包括新科技、新政策、新理论、新名词术语等。

③ 人物、时间和年代称号。

④ 地区、组织机构名称。

4.3.4　电子文本置标与XML

1. 电子文本置标

电子文本置标就是在文本信息中加入标记，以指明文本的各组成部分是什么。例如，在一段电子文本"张三，江苏无锡青山二村59号，85801998"中加入标记，指明"张三"为人的"姓名"，"江苏无锡青山二村59号"为"地址"，"85801998"为"电话号码"就是置标。这个结果相当于图4.13所示的情况。

微课　扫一扫：
电子文本置标与XML

图4.13　置标的意义

电子文本置标具有以下优点。

（1）电子文本经过置标，其结构就可以被计算机所理解，在电子文本各部分之间形成语义连接。这样电子文本的浏览就不必按照排列的前后顺序进行浏览，而可以采用多维导航和交互方式进行浏览。

（2）将电子文本的结构语义与其表现形式和处理方式分离，做到文本信息与设置无关，与处理系统的环境无关，甚至与所用的语种无关。这样就能方便地实现信息交换。

（3）通过置标，我们在电子文本中加入"文件类型定义"信息，可以使文件的置标形式化并用类型定义说明哪些元素和属性在文件中以何种顺序出现等，以便确定对某一文件的置标是否正确。

电子文本置标的主要工具有标准通用标记语言（Standardized Generalized Markup Language，SGML）和可扩展标记语言（Extensible Markup Language，XML）。典型的 SGML 是超文本标记语言（HyperText Markup Language，HTML），它主要用在网页文件中标记各个元素，告诉浏览器如何表现它们。然而，本书主要关注的是可扩展标记语言——XML。

2. XML

XML 是具有数据描述功能、强结构性、可验证、可扩展的文本置标语言，具有以下特点。

（1）可扩展标记语言——无固定标记语言

HTML 使用标记对文档中的有关内容置标，以便机器"阅读"。HTML 有许多标记，并且这些标记是固定的，必须记住它们才能使用，并且不可使用 HTML 规范里没有的标记。而 XML 是一种没有固定标记的标记语言，使用时不需要记任何标记。它的优势是使用者可以用它定义一套自己的标记。例如，用户可以在包含一些游戏攻略的文档里，建立一个名为"<game>"的标记，然后在"<game>"下根据游戏类别建立"<RPG>""<SLG>"等标记。只要清晰，易于理解，就可以建立任何数量的标记。这就等同于每个人可以建立自己的 HTML。所以，人们也说，XML是用来创造标记语言（如 HTML）的元标记语言。

（2）XML 描述的是结构和语义，而不是格式

HTML 文档包括了格式、结构和语义的标记。例如，"<B>"就是一种格式标记，它使其中的内容变为粗体；"<STRONG>"是一种语义标记，意味着其中的内容特别重要；"<TD>"是结构标记，指明内容是表中的一个单元。还有些标记具有上述三种意义，如"<H1>"标记可同时表示20 磅的 Helvetica 字体的粗体、第一级标题和页面标题。

XML 标记描述的是文档的结构和意义，它不描述页面元素的格式化，可用样式单为文档增加格式化信息。

（3）作为数据表示的开放标准：数据重用、共享与交换

XML 支持世界上几乎所有的主要语言，并且不同语言的文本可以在同一文档中混合使用，应用 XML 的软件能处理这些语言的任何组合。此外，XML 数据是以纯文本格式存储的，从而提供了一种独立于机器平台、供应商及编程语言的数据表示方法，也使 XML 成为数据表示的一个开放标准，使数据可以被更多的用户、更多的设备利用，而不仅仅基于 HTML 标准的浏览器，同时可以通过 XML 在不兼容的系统之间交换数据。

在现实中，分布在网络中的系统之间交换数据是非常耗时间的。如果把数据转换为 XML 格式存储，将大大减弱交换数据时的复杂性，并且可以使这些数据被不同的程序读取。

（4）自描述性：文档数据库化

HTML 用于显示数据，数据必须存储在 HTML 文件之内。而 XML 是自描述性的，文档通常包含一个文档类型声明，使 XML 文档被看作文档的数据库化和数据的文档化，大量数据可以存储到 XML 文档中或者数据库中，真正做到了数据和现实分离，使数据独立于应用系统。

（5）基于 XML 的数据存储与访问

通常，基于 XML 的数据存储和访问可以采用两种方法。

① 将 XML 文档中的数据使用 XML 转换引擎转换成关系数据库的记录存储，再通过 ODBC/JDBC 标准进行访问。

② 直接采用 XML 数据库存储 XML 数据。

4.3.5 政务元数据

1. 元数据及其分类

元数据（Metadata）是一种定义及描述其他数据的数据，是对数据项的说明性数据。它们从信息内容、载体形态、信息资源集合及其组织体系、管理与服务机制以及过程与系统等方面描述信息资源的特征和属性，如某个政务信息 Web 页的标题、作者、主题、关键词及内容摘要等。借助元数据采集、组织、识别、定位、发现、评估和选择信息资源，可以简单、高效地检索、交换、管理海量数字化信息资源。实现元数据与分类表、主题词表的结合，可以方便地按应用需要组织信息资源分类目录、主题目录和其他目录，实现对数字资源的导航、检索、定位和交换。

按照功能，元数据可以分为以下几种类型。

① 描述型元数据（Intellection Metadata）：是描述、发现和鉴别信息对象的工具，主要描述信息资源的主题和内容特征，如机读目录（Machine Readable Catalogue，MARC）、都柏林核心（Dublin Core，DC）等。

② 结构型元数据（Structural Metadata）：用来描述信息资源的内部结构，如书目的目录、章节、段落等特征。

③ 存储控制型元数据（Access Control Metadata）：用来描述信息资源的利用条件和期限，以及这些资源的知识产权特征、使用期限等。

④ 评价型元数据（Critical Metadata）：用来描述和管理数据在信息评价体系中的位置。

2. 信息资源元数据及其作用

信息资源元数据是按照一定的规则，从信息资源中抽取出的特征元素的集合，以便准确、完整地说明信息资源的各项特征，其中主要有信息资源的标记、内容、分发、数据质量、数据表现、数据模式、图示表达、限制、维护等。利用元数据可以解决信息资源涉及的描述、存储、发现、认证、管理、整合、互操作、内容分级、访问控制等问题。元数据主要有以下作用。

① 信息资源的发现与定位。现代信息资源具有两大特征。

a. 数量多、门类广、分布分散。

b. 信息资源提供者与信息资源使用者之间信息不对称，即提供者不知道使用者要什么，使用者不知道提供者有什么。

因此，发现和定位信息资源是信息资源开发利用和共享的关键和前提。元数据以简洁的形式提炼了数据资源的特性。利用元数据，使用者可以对信息资源的内容、格式、质量、管理等进行深入了解。

② 信息资源管理和整合。利用元数据提供的简洁的信息资源特征，可以把握信息资源的内容、数量、质量、分布，进行有效的管理和整合。

3. 政务信息资源核心元数据及其分类

政务信息资源元数据包括核心元数据和扩展元数据。政务信息资源核心元数据用于政务信息资源的编目、发布、共享、数据交换和网络查询服务，可以提供政务信息资源的标记、内容、管理和维护等描述信息。政务信息资源核心元数据分为公共信息资源核心元数据和交换服务信息资源核心元数据。

① 信息资源分类。参照相关国家标准规定的基本原则和方法，对政务信息资源进行类、项、

目、细目四级分类。

② 信息资源名称：描述政务信息资源内容的标题。

③ 信息资源代码：政务信息资源唯一不变的标记代码。

④ 信息资源提供方：提供政务信息资源的政务部门。原则上，中央政务部门细化到内设司局或所属行政事业单位，地方政务部门细化到内设机构和所辖政务部门。

⑤ 信息资源提供方代码：提供政务信息资源的政务部门代码。信息资源提供方细化到内设司局或机构的，其代码仍使用政务部门代码。代码采用《国务院关于批转发展改革委等部门法人和其他组织统一社会信用代码制度建设总体方案的通知》中规定的法人和其他组织的统一社会信用代码。

⑥ 信息资源摘要：对政务信息资源内容（或关键字段）的概要描述。

⑦ 信息资源格式：对政务信息资源存在方式的描述。

⑧ 信息项信息：对结构化信息资源的细化描述，包括信息项名称、数据类型。

⑨ 共享属性：对政务信息资源共享类型和条件的描述，包括共享类型、共享条件、共享方式。

a. 共享类型，包括无条件共享、有条件共享、不予共享三类。

b. 共享条件。无条件共享类和有条件共享类的政务信息资源应标明使用要求，包括作为行政依据、工作参考，用于数据校核、业务协同等；有条件共享类的政务信息资源还应注明共享条件和共享范围；对于不予共享类的政务信息资源，应注明相关的法律、行政法规或党中央、国务院的政策依据。

c. 共享方式，即获取信息资源的方式。原则上应通过共享平台方式获取；确因条件所限，可采用其他方式，如邮件、拷盘、介质交换（纸质报表、电子文档等）等方式。

⑩ 开放属性：对政务信息资源是否向社会开放以及开放条件的描述，包括是否向社会开放、开放条件。

⑪ 更新周期：信息资源更新的频度。分为实时、每日、每周、每月、每季度、每年等。

⑫ 发布日期：政务信息资源提供方发布共享、开放政务信息资源的日期。

⑬ 关联资源代码：提供的任一政务信息资源确需在目录中重复出现时的关联性标注，在本元数据中标注重复出现的关联信息资源代码。

4. 政务元数据标准格式

目前，使用的政务信息的元数据标准主要有两种：政府信息指引服务（Government Lnformation Locater Service，GILS）和都柏林核心元数据集（Dublin Core，DC）。其中，依照 GILS 发展信息指引服务的国家有美国、加拿大、日本等；英国、澳大利亚、新西兰等国在电子政务建设中，则是以 DC 为基础制定了用于电子政务系统的元数据集。

4.3.6 电子政务信息资源目录体系

1. 电子政务信息资源目录体系的结构

电子政务信息资源目录体系（Directory System for Electronic Government Information Resources）是政务信息资源开发和利用的基础设施。它是按照统一的标准规范，对分散在各级政务部门、各领域、各地区的政务信息资源进行整合和组织，形成逻辑上集中、物理上分散，且可统一管理和服务的政务信息资源目录，为使用者提供统一的政务信息资源发现和定位服务，实现政务部门间信息资源共享、交换和信息服务的政务信息资源管理体系。

从技术角度看，是以元数据为核心，以政务分类表和主题词表为控制词表，采用统一的标准，对电子政务信息资源类别进行描述，为政务部门和社会公众提供资源发现、定位及相关服务的系统。图4.14 所示为电子政务信息资源目录体系的总体结构。其中，政务信息资源目录是按照一种特定方式（如政务信息资源分类或其他），对公共资源核心元数据和交换服务资源核心元数据的排列。这两种排列分别称为公共资源目录（Public Resource Catalog）和交换服务目录（Interchanging Service Resource Catalog）。

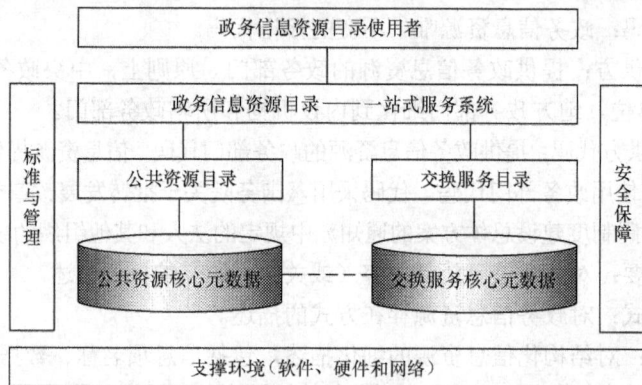

图 4.14　电子政务信息资源目录体系的总体结构

2. 电子政务信息资源目录体系的功能

（1）编目

编目（Cataloging）是按照一定的标准和规则，对某范围内文献信息资源的每种实体（Item）的外部特征和内容特征进行分析、选择、描述，并予以记录成为款目，继而将款目按一定顺序组织成为目录（Catalogue）或书目（Bibliography）的过程。政务信息资源编目是指提供者对公共资源核心元数据和交换服务资源核心元数据进行编辑的过程。这个过程如下。

① 分别提取政务数据和交换服务资源的相关特征信息，形成对应的公共资源核心元数据和交换服务资源核心元数据。

② 对政务信息资源核心元数据中的分类信息进行赋值。

③ 提供在编目时对政务信息资源进行唯一标记的编码。

（2）注册

注册（Register）是用户向系统提出访问时身份鉴别信息的过程，以及用户对协议是否遵守的过程，通常包括：

① 提交——通过政务信息资源元数据汇交平台，实现管理者和提供者之间的政务信息资源元数据提交；

② 审核——管理者确认提供者提交的政务信息资源元数据是否符合标准要求；

③ 入库——通过审核的元数据进行入库管理。

（3）发布

发布（Publish）为政务信息资源目录管理者对外公布政务信息资源目录的过程。发布通过一站式系统进行。

（4）查询

为应用系统提供标准的调用接口，支持公共资源核心元数据和交换服务资源元数据的查询。

（5）维护

功能如下。

① 公共资源核心元数据库和交换服务资源元数据库的建立、更新、备份与恢复。

② 服务监控。

③ 日志分析。

④ 用户反馈。

⑤ 辅助系统管理。

3. 电子政务信息资源目录体系的工作流程

图 4.15 所示为电子政务信息资源目录体系的工作流程。

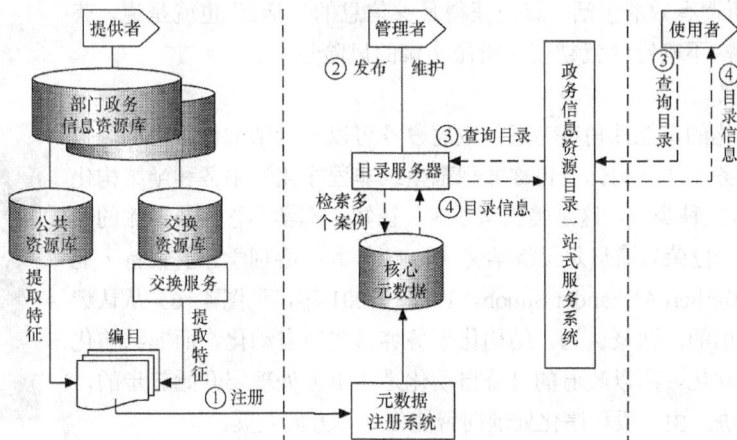

图 4.15　电子政务信息资源目录体系的工作流程

① 各级政务部门对公共资源核心元数据和交换服务资源元数据进行编目，并通过元数据注册系统向管理者注册。

② 管理者发布已注册的目录内容。

③ 政务信息资源使用者（简称使用者）通过政务信息资源目录一站式服务系统向管理者发送目录查询请求。

④ 管理者将查询结果分别返回给使用者。

4. 国家电子政务信息资源目录体系

政府信息资源目录体系主要有元数据、政务分类表、主题词表、信息组织、导航、发现、定位与服务等关键要素，目录体系的建设要围绕以上要素进行。

经过多方努力和十几年的反复调查、研究，并参考国外经验，国家发展和改革委员会中央网络安全和信息化委员会办公室于 2017 年 6 月 30 日发布了《政务信息资源目录编制指南》，将其作为信息资源元数据、分类标准、唯一标记编码标准、目录制作技术标准，为全国性的政府信息资源目录体系建设提供了基础。

政务信息资源目录体系共分为 5 部分，分别是总体框架、技术要求、核心元数据、政务信息资源分类和政务信息资源标记符编码方案。

4.4

政务数据分析与挖掘

4.4.1　决策及其数据需求

1. 决策、风险与信息

任何决策都是有风险的。决策的风险来自于信息的不完全和不对称。著名的《田忌赛马》的故事，就是一个典型的信息不对称的例子，即田忌掌握的信息齐王不掌握。因此，在决策时，尽

微课 扫一扫：

决策及其数据需求

可能获得相关信息非常重要。所以，西蒙的 4 阶段决策过程和拉斯韦尔的 7 阶段决策过程都把信息搜集作为第一个阶段。著名的控制论的奠基人维纳（N. Norbert Wiener，1894—1964 年）认为信息是消除不确定性的东西，并有一句名言：“所谓有效的生活，就是获得足够信息的生活。”也就是说，获得的信息越充分，不确定性就越弱，所做决策的风险越小。

2. 决策层次

从实现自动化的可能性角度考虑，政府事务可以分为结构化（也称规范型或程序化）事务、非结构化（也称非规范型或非程序化）事务和半结构化（半程序化）事务三种类型。这是美国科学家、认知心理学和管理决策派的开创者、世界上第一位荣获诺贝尔经济学奖（1978 年）的心理学家赫伯特·亚历山大·西蒙（Herbert Alexander Simon，1916—2001 年，见图 4.16）从认识论的角度出发提出的。西蒙认为，结构化事务容易实现自动化，而非结构化事务难以实现自动化，所以政府的办公自动化是从事务处理层开始起步的，逐渐向决策层挺进，由一般程序化处理向智能化处理方向发展。

图 4.16　西蒙

图 4.17 所示为几种管理工作的结构化程度归类。显然，从管理的层次上看，越是下层的、具体的事务，结构化程度越高；越是顶层的、宏观的事务，结构化程度越低。

	工作执行	工作控制	管理控制	战略计划
有结构	工资计算	收款计算	预算分析	船队编排
	飞机订票	库存控制	短期预报	厂址选择
	电信发送	生产进度管理	长期预报	企业合并
无结构	犯罪侦破	现金管理	预算准备	生产计划

（结构性强 →→→ 结构性弱）

图 4.17　几种管理工作的结构化程度

3. 自动化管理的数据需求

在信息处理界，常把处理的对象称为数据。因此，决策需要充分的信息也就是需要充分而有效的数据。那么，哪些数据是有效的呢？或者说，决策需要什么样的数据呢？

（1）面向主题性

一般来说，决策是围绕某个主题进行的，因此所需要的数据也要面向特定的主题。从信息管理的角度看，主题就是在一个较高的管理层次上对信息系统中的数据按照某一具体的管理对象进行综合、归类所形成的分析对象；从数据组织的角度看，主题就是一些数据集合，这些数据集合对分析对象进行了比较完整的、一致的数据描述，不仅涉及数据自身，还涉及数据之间的联系。

（2）数据变化的历史性

决策时往往要分析数据随某种因素（如时间）的变化情况，需要一个能反映一个变化区间（如 1 年、5 年）的数据。所以，需要进行数据的积累，保存一个按照一定间隔（如时间间隔）连续记录的数据序列。

（3）不可修改性

既然要对决策负责，数据就不能随意修改。

（4）数据集成性

数据的集成包含了数据的预处理和数据综合。数据预处理就是按照主题的要求从源数据库中挑选出数据仓库所需要的数据，并将这些来自不同数据库中的数据按照某一标准进行统一，即将数据源中数据的单位、字长与内容统一起来；数据综合就是按照主题对数据进行一定的综合，如求和等，形成不同层次（小区、街道、区、市、省等）的综合。

4.4.2 数据仓库与数据挖掘

1. 数据仓库

决策对数据的需求，数据库是不能满足的。为了满足决策对数据的需求，Devlin 和 Murphy 在 1988 年的一篇文章中提出了"数据仓库"（Data Warehouse）的概念，并由 William H. Inmon 在 1992 年进一步从理论上进行了完善。数据仓库是一种为决策提供数据的机制。表 4.9 所示为数据仓库与数据库在应用上的不同。

微课　扫一扫：

数据仓库与数据挖掘

表 4.9　　　　　　　　　　　数据仓库与数据库对比表

对 比 内 容	数 据 库	数 据 仓 库
数据内容	当前值	历史的、存档的、归纳的、计算的数据
数据目标	面向业务操作程序、重复处理	面向主题域、分析应用
数据特性	动态变化、按字段更新	静态、不能直接更新，只能定时添加、刷新
数据结构	复杂、高度结构化，适合操作计算	简单、适合分析
使用频率	高	中到低
数据访问量	每个事务只访问少量记录	有的事务可能要访问大量记录
要求的响应时间	以秒为单位	以秒、分钟甚至小时为单位

W. H. Inmon 在《Building the Data Warehouse》一书中将数据仓库定义为："一个面向主题的、集成的、随时间变化的非易失性数据的集合，用于支持管理层的决策过程。"

数据仓库是通过在相关数据源中进行数据的抽取建立的，因而具有面向主题、历史性、集成性等特征。

小资料：啤酒与尿布

数据仓库应用的典范是沃尔玛公司的"啤酒与尿布"的问题。沃尔玛公司是世界上最大的，也是发展最快的零售商。它在美国就拥有 3 000 多家分店和连锁店，1996 年开始在中国建立分店。1997 年，其营业额为 1 193 亿美元。1980 年，沃尔玛开始建立数据仓库。利用数据仓库，沃尔玛对商品进行市场类组分析（Marketing Basket Analysis），分析消费者最有可能一起购买哪些商品。其中，一个非常有趣的结论是：在星期四，消费者通常在购买尿布的同时买了啤酒。原来，这个发现的背后隐藏着这样一个事实：年轻夫妇通常在星期四的晚上准备好周末所需的物品，尿布是给婴儿用的，啤酒是为在周末晚上看球赛准备的。

为了方便消费者，沃尔玛公司就在它的各连锁店里将尿布与啤酒摆放在一起，结果尿布与啤酒的销售量都实现了增长。

---

2. OLAP

在线分析处理或联机分析处理（On-Line Analytical Processing，OLAP）是一种得到广泛应用的数据仓库使用技术，是一种用于支持复杂决策分析、支持信息管理和业务管理人员决策活动的决策分析工具。它可以根据分析人员的要求，迅速、灵活地对大量数据进行复杂的查询处理，并以直观的、容易理解的形式将查询结果提供给决策人员，使他们能够迅速、准确地掌握工作进展，了解民众意愿。

OLAP 技术主要有两个特点：一是在线性（On-Line），表现为对用户请求的快速响应和交互式操作；二是多维分析（Multi-Analysis），这也是 OLAP 技术的核心所在。

OLAP 的多维分析是指对多维数据集中的数据用切片、切块、旋转等方式进行分析，使用户能够从多个角度、多个侧面去观察数据仓库中的数据，这样才能深入地了解数据仓库中数据所蕴含的信息。下面是 OLAP 的几种应用操作。

（1）切片

在多维分析过程中，把分析固定在某一个或几个维度上进行分析的动作，称为对多维数据集的切片。图 4.18 所示为将对第一季度生产总值的分析固定在地域为"北京"时的切片状况。

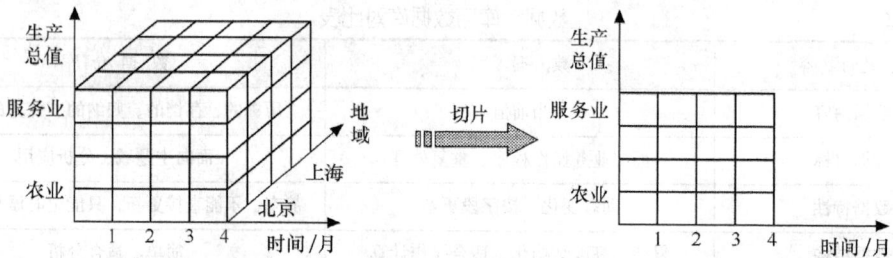

图 4.18　切片

多维的切块即在所有维上抽取样本。实际上，切块操作也可以看成进行了多次切片操作以后，将每次切片操作所得到的切片重叠在一起形成的。

（2）旋转

旋转（Rotate）是指改变维的方向。图 4.19 所示为旋转的例子。维方向的改变，往往会使人换一个角度观察问题，得到一些新的启发，更容易发现一些新的问题。

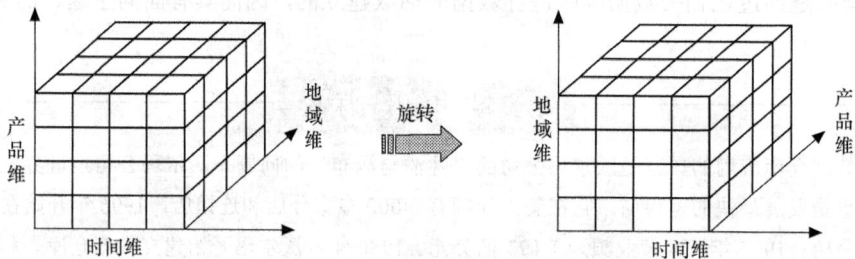

（a）将某行维换向为列维

（b）改变页面显示

图 4.19　旋转

（3）钻探

钻探包括钻取、钻过和钻透。

① 钻取：是改变维的层次或变换分析的粒度。简单地说是在不同的层面上提供数据。它分为下钻（Drill-down）与上钻（Drill-up）。例如，在图 4.20 中，从一些村镇的某项数据统计，上升到对于省市间情况的对比研究，称为上钻，也称上卷（Roll-up）；将某项数据的年份间关系研究细化到月份间关系研究，称为下钻。

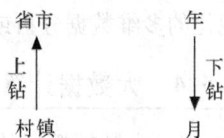

图 4.20　上钻与下钻

② 钻过（Drill-across）：对多个事实表进行查询。

③ 钻透（Drill-through）：对立方体进行操作时，利用数据库关系，钻透立方体的底层，进入后端的关系表。

（4）其他操作

OLAP 的其他操作还有统计表中最高值和最低值的项数，计算平均值、增长率、利润、投资回报率等统计计算。

4.4.3　数据分析及挖掘

1. 数据分析

数据分析（Data Analysis）是一种目标明确的数据处理方式，包括现状分析、原因分析、预测分析（定量），以及用户兴趣分析、网络行为分析、情感语义分析等，主要采用对比分析、分组分析、交叉分析、回归分析等常用分析方法，并将结果用关联图、系统图、矩阵图、KJ（亲和图）、计划评审技术、过程决策程序图（Process Decision Program Chart，PDPC）、矩阵数据图描述出来，通过与业务结合的解读，为决策提供参考。

2. 数据挖掘

数据挖掘（Data Mining）又称为资料采矿、资料探勘、资料挖掘或数据库知识发现（Knowledge-Discovery in Databases，KDD），是从大量的、不完全的、有噪声的、模糊的、随机的数据集中搜索有效的、新颖的、潜在有用的以及最终可理解的信息的过程。它是一门涉及面很广的交叉学科，涉及机器学习、数理统计、神经网络、数据库、模式识别、粗糙集、模糊数学等相关技术。

数据挖掘的粗略过程为数据准备（Data Preparation）、数据挖掘及结果的解释评估（Interpretation and Evaluation）。

数据挖掘从不同的视角，可以有不同的分类方法。

① 按照数据挖掘的任务划分，有分类或预测模型数据挖掘、数据总结、数据聚类、关联规则发现、序列模式发现、依赖关系或依赖模型发现、异常和趋势发现等。

② 按照数据挖掘的对象（数据源）划分，有关系数据库、面向对象数据库、空间数据库、时态数据库、文本数据源、多媒体数据、异质数据库、遗产（Legacy）数据库以及 Web 数据源。

③ 按照数据挖掘的方法划分，有统计方法、机器学习方法、神经网络方法和数据库方法。统计方法可细分为回归分析（多元回归、自回归等）、判别分析（贝叶斯判别、费歇尔判别、非参数判别等）、聚类分析（系统聚类、动态聚类等）、探索性分析（主元分析法、相关分析法等）以及模糊集、粗糙集、支持向量集等。机器学习方法可细分为归纳学习方法（决策树、规则归纳等）、基于范例的推理 CBR、遗传算法、贝叶斯信念网络等。神经网络方法可细分为前向神经网络（BP 算法等）、自组织神经网络（自组织特征映射、竞争学习等）等。数据库方法主要基于可

视化的多维数据分析或 OLAP 方法，另外，还有面向属性的归纳方法。

4.4.4 大数据计算

1. 大数据概念的提出

微课　扫一扫：

大数据时代的数据中心

数据是信息描述和记录的载体。从数据中挖掘信息，是人类区别于动物的独特能力。并且，人类会在实践中不断扩大可以获取信息的数据范围，不断改进从数据中挖掘信息的技术，不断提高挖掘信息的效率，从而不断加深对于客观世界的认识，促进了科学的发展、技术的进步。所有科学体系的建立、技术的改良，无一不是从数据发现起步的。有些通过一定的观察，经过推理，再经过少量数据验证，精确定义事物的确定性规律；有些通过多次试验，从收敛的结果中找到了解决问题的基本方法；有些则是从长期不懈的试验中不断总结，找出了问题求解的近似方法。可以说，人类已经把用少量数据或者相对有限数据可以求解的问题或规律几乎都解决、发现了。还有许多问题，由于数据量不够，或者受其中有些数据可用时间的限制，无法从中发现所隐藏的事物规律或解决方法。这类情况随着计算机的出现，特别是随着计算机网络的广泛应用，开始发生了变化。

计算机计算速度快，可以把过去需要几个月、几年、几十年甚至上百年的观察、计算、实验验证、数据处理过程，用模型归纳、仿真模拟的形式，通过迭代计算、分布式计算、并行计算，在极短的时间内展现在人们的面前，而且能抓住那些转瞬即逝的信息。

另一方面，计算机网络连接了几乎全世界所有的计算机，特别是 Web 技术的广泛应用，给人们提供了快捷、便利的交流手段，使数据在交互中急剧增长。国际数据公司（IDC）的研究结果表明，2008 年全球产生的数据量为 0.49ZB，2009 年全球产生的数据量为 0.8ZB，2010 年增长到 1.2ZB，2011 年更是高达 1.82ZB，相当于全球每人产生 200GB 以上的数据。面对爆炸式增长的数据，有人将之视为洪水猛兽，显得惊慌失措。因为巨大的数据量虽然可以使人们在极短的时间内获得过去需要几个月、几年、几十年、几百年甚至上千年积累的数据，但其中包含了大量的无用数据，泥沙俱下，增加了处理的难度，而且价值密度低。以视频为例，连续不间断的监控过程中，可能有用的数据仅仅有一两秒。但是也有人认为，虽然泥沙俱下，但也是一展身手、沙里淘金的机会。不过，人们共同的认识是一个新的时代到来了，称之为"大数据"（Big Data）时代。

图 4.21 所示为 2011 年国际数据公司 IDC 发布的《Digital Universe Study》中关于全球创建及复制的数据总量的预测。它表明，全球信息总量每过两年就会增长一倍。仅在 2011 年，全球被创建和被复制的数据总量就为 1.8ZB（1.8 万亿 GB），到 2020 年，这一数值将增长到 35ZB。

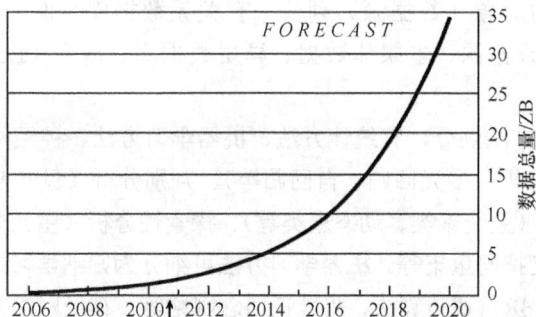

图 4.21　IDC 关于全球创建及复制的数据总量的预测

2．大数据的特征

与任何新出现的概念一样，科学家总是企图给它一个可以经得起推敲的、公认的解释，技术专家则期望给它一个技术实现的轮廓，企业家总是希望给它一个有关市场价值的说明。不同的认识角度，不同的知识领域，不同的目的和期望，使人们对同一事物可以产生有差异甚至大相径庭的结论。大数据的定义也是众说纷纭、莫衷一是。不过，迄今为止人们已经在以下三个方面就大数据的特征取得了比较一致的意见。

（1）数据体量巨大

近年间，需要处理的数据从 TB 级别，跃升到 PB 甚至 EB、ZB 级别。这么巨大的数据量，往往不能一次调入内存计算，需要开发新的外存算法，或者需要多台计算机协同计算——进行云计算。

（2）数据类型繁多

随着计算机应用领域的扩大，需要处理的数据越来越多样化。在 30 年前，计算机处理的数据基本上是结构化数据——行数据——存储在数据库中，是可以用二维表结构来逻辑表达实现的数据。如今，非结构化数据大量涌现，例如图片、音频、视频、邮件、微信、微博、网络日志和地理位置等。而传统的 SQL 数据库只适合处理结构化数据，为了处理非结构化数据，就要开发非 SQL 数据库技术。

（3）价值密度低

随着大量数据的涌现，无关数据、无用数据、虚假数据充斥其中，使数据呈现出不完整（缺少感兴趣的属性）、不一致（有矛盾或重复数据）、有噪声（数据中存在着错误或异常——偏离期望值的数据）、有遗漏的"肮脏"状态，大大降低了数据的价值密度。这也给计算添加了难度，需要把大量精力花费在数据的"清洗"等预处理上面。

3．大数据存储

大数据存储与管理要用存储器把采集到的数据存储起来，建立相应的数据库，并进行管理和调用，主要解决大数据的可存储、可表示、可处理、可靠性及有效传输等几个关键问题。

（1）存储数据库（In-Memory Databases）

大数据分析经常会用到存储数据库来快速处理大量记录的数据流通。例如，可以对某个全国性连锁店某天的销售记录进行分析，得出某些特征，进而根据某种规则及时为消费者提供奖励回馈。

（2）NoSQL 数据库

NoSQL（Not Only SQL）数据库意为非 SQL 数据库，即非关系数据库，很多情况下又叫作云数据库，是一种建立在云平台上的新型数据处理模式。

SQL 数据库性能良好、稳定性强、使用简单、功能强大、久经考验，积累了大量的成功案例。在 20 世纪 90 年代，一个网站的访问量一般不大，用单个数据库完全可以轻松应付。在那个时候，更多的是静态网页，动态交互类型的网站不多，使用 SQL 数据库可以发挥很好的作用。于是，在互联网领域，MySQL 成为绝对的王者，为互联网的发展做出了卓越的贡献。

最近十年，网站开始快速发展，论坛、博客、SNS、微博逐渐引领 Web 领域的潮流，需要数据库在 IO 密集的环境下运行。此外，当 SQL 数据库存储一些大文本字段时，会使数据库表非常大，不容易快速恢复数据库。大数据下 IO 压力大，表结构更改困难，使 SQL 数据库面临越来越大的挑战。

NoSQL 数据库的基本特点是去除了关系数据库的关系型特性。它不像 SQL 数据库那样结构固定，按照字段存储一些格式化的数据结构，而是以 Key-Value（键-值）对存储数据。这样就不会局限于固定的结构，可以处理各种文档类型的非结构化数据，减少了时间和空间的开销，并且数据之间无关系，非常容易扩展。特别是它所处理的数据完全分布在各种低成本服务器和存储磁盘上，因此可以借助网页和各种交互性应用快速处理过程中的海量数据。

MySQL 和 NoSQL 都有各自的特点和应用场景，两者的紧密结合将会给 Web 2.0 的数据库发展带来新的思路：让关系数据库关注在关系上，NoSQL 关注在存储上。

4. 大数据预处理

一般说来，直接采集的数据比较"脏"，质量不高。为此要对数据进行预处理，内容如下。

① 数据清洗：去噪声和无关数据。

② 数据集成：将多个数据源中的数据结合起来，存放在一个一致的数据存储中。

③ 数据变换：把原始数据转换成适合数据挖掘的形式。

④ 数据规约：主要方法包括数据立方体聚集、维度归约、数据压缩、数值归约、离散化和概念分层等。

5. 大数据算法思想

算法是关于问题求解思路的描述，是程序的灵魂。大数据的大体量、大内容、多类型、高速度、低价值特征决定了它的处理难度，也迫使人们破解它们时采用不同的求解思路，形成了如下一些算法思想。

① 由于大数据难以全部放入内存计算，为此考虑基于少量的数据处理——空间亚线性算法和外存算法。

② 受单机计算能力的限制，必须采用并行处理方法——并行算法。

③ 针对大数据处理时访问全部数据的时间会很长，为此开发出访问部分数据的算法——时间亚线性算法。

④ 由于计算机能力不足或者知识不足，需要人在某些地方帮忙，为此开发出众包算法。

6. 大数据计算模式

按照应用环境，大数据处理可以有以下 3 种模式。

① 批量计算（Batch Computing）模式。

② 流式计算（Stream Computing）模式。

③ 分布式计算。

图 4.22 所示为前两种模式示意图。

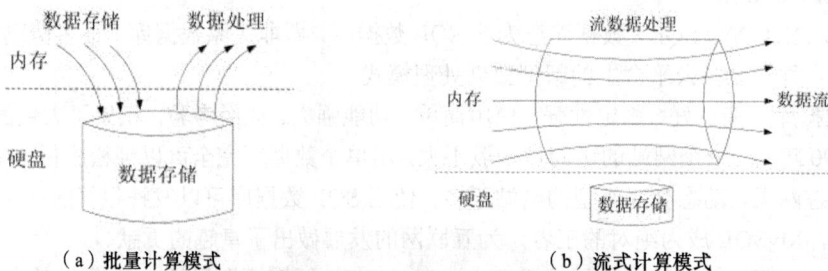

（a）批量计算模式　　　　　　　　　（b）流式计算模式

图 4.22　大数据计算模式

（1）流式计算模式

流式计算模式是一种边计算边存储的模式，主要用于实时性强但对计算精度要求不太高的环境。在这种环境中，如用爬虫抓获网页数据，则无法确定数据的到来时刻和到来顺序，也无法将全部数据存储起来。因此，可以在流动数据到来后，在内存中直接进行数据的实时计算。由于计算的数据往往是最近一个时间窗口内的数据，因此数据延迟往往较短，但由于数据不全面，故数据的精确程度往往较低。

如图 4.23 所示，Twitter 的 Storm 如处理流水，来一点处理一点。这种模式可以在流处理中实时处理消息并更新数据库，也可被用于"连续计算"（Continuous Computation），对数据流做连续查询，在计算时可将结果以流的形式输出给用户。

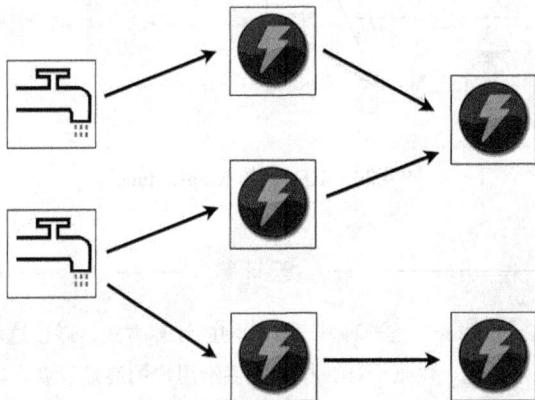

图 4.23　Twitter 的 Storm

在流式计算中，有以下三种数据传递形式。

① 最多一次。最多一次说明有些数据没有传递到就丢失了，这是最不理想的情形。

② 最少一次。数据可能会再次发送，这样可以保证数据都被收到，但在没有丢失的情况下会产生冗余。

③ 恰好一次。每条消息都被发送过一次且仅仅一次，既没有丢失数据，又没有冗余数据。这是最理想的情况，但很难实现。

（2）批量计算模式

批量计算模式的特点是先存储，然后对存储的静态数据进行集中计算。这种模式主要应用于实时性要求不高，而数据的准确性、全面性更为重要的应用场景。著名的 Hadoop 就是典型的大数据批量计算架构。它由 HDFS（分布式文件系统）负责静态数据的存储，并通过 MapReduce 将计算逻辑分配到各数据节点，进行数据计算和价值发现。

MapReduce 是一种编程模型，用于大数据集（大于 1TB）的并行运算。如图 4.24 所示，它可以将一个或几个大数据集中的键值对映射（Map）为成百上千个小数据集中的新键值对，每个或若干个小数据集分别由集群中的一个节点进行处理并生成中间结果，然后又将中间结果进行规约（Reduce）——合并，形成最终结果。mao 和 reduce 两个环节可以使不会分布式并行编程的人员也能方便地将自己的程序运行在分布式系统上，进行大数据的分组计算。

（3）分布式计算与云计算

分布式计算技术可以吸纳一系列技术，特别是 NoSQL 与实时分析技术。这样不仅可以对海量数据进行实时分析，还能使用非常便宜的硬件，让这种技术的普及成为可能。现在，人们已经找到了进行分布式处理的有效途径，这就是云计算（Cloud Computing）。

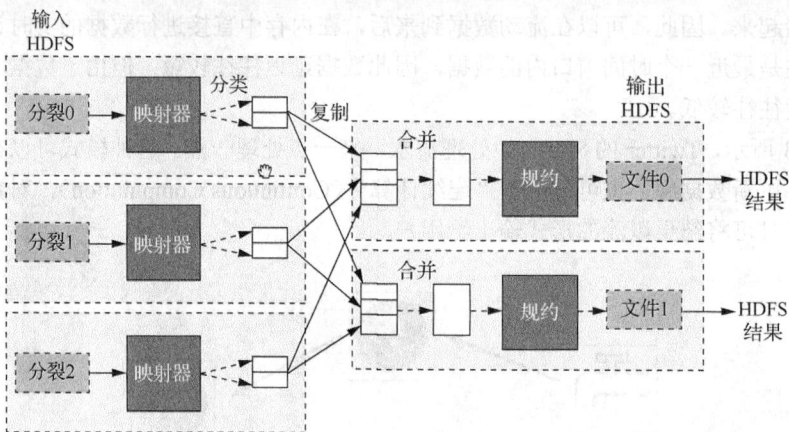

图 4.24　HDFS 的 MapReduce

云计算

　　云计算（Cloud Computing）是一种基于互联网的计算方式。通过这种方式，共享的软硬件资源和信息可以像水、电、煤气一样，按需提供给用户的终端设备。其核心思想是将计算资源虚拟化为资源池进行统一管理和调度，为用户提供服务。与之配套的还有云网络、云存储、云安全、云管理等设施。

　　云计算一般包括三个层次的服务：基础设施即服务（IaaS）、平台即服务（PaaS）和软件即服务（SaaS）。

云计算有以下优点。

　　① 超大规模。"云"拥有超大规模，Google、Amazon、IBM、微软、Yahoo 等的"云"都是拥有上万台的服务器，私有云一般也有上千台服务器。"云"的超大规模性，赋予用户史无前例的计算能力。

　　② 高可靠性。以前，用户会顾虑计算机中毒、文件丢失、资料泄露等。而云计算使用了数据多副本容错、计算节点同构可互换等措施，来保障服务的高可靠性。

　　③ 通用性。云计算不受应用规范的限制。各个地方政府信息建设的尺度不统一，严重阻碍了政府信息资源共享。云计算能解决这种困境，"云"可同时支撑不同的应用运行。

　　④ 价格低廉。云计算就好比电厂和水厂一样，根据用户使用量来计算收费。如果用户使用1%的资源，就只需要支出 1%的价格，改变了往常为购买 100%的设备买单的情况。

　　⑤ 云计算对资源整合起着作用。资源整合一直是困扰政府信息共享的一个很大的问题。云计算能够将散布式存储的数据库与一站式的检索界面结合起来，通过对政府信息资源进行全面整合，为用户提供统一的入口，实现一站式服务。

　　⑥ 超强的存储能力。云计算拥有超大的规模，从而拥有超强的存储能力，这样用户就不用为了存储数据而去购买昂贵的设备。

　　⑦ 数据与应用共享性强。在云计算的"云"终端中数据只有一份，用户可以随时通过计算机、手机等设备连接互联网来使用该数据。

　　⑧ 降低数据的管理成本。将来，用户只通过一个浏览器就能满足自己的所有需求，不需要购买大量的设备和软件来管理数据，这些事情可由云计算服务供应商代为解决。

在电子政务系统建设中，通过统筹规划，可以把大量的应用和服务放在云端，充分利用云服务；一个机构或者部门可以不建立独立的数据中心，充分利用资源云，采用第三方提供的专业化服务，这样不仅可以增强电子政务的安全保障，还可以大量节约电子政务的建设资金，降低能源消耗，实现节能减排。

4.5 政务信息资源共享

4.5.1 政务信息资源共享及其意义、基本特征

1. 政务信息资源共享及其意义

信息资源共享简称信息共享（Information Sharing），是指在信息标准化和规范化的基础上，依照法律法规，采用现代信息技术和传输技术，使信息和信息产品在不同层次、不同部门信息系统间实现交流与共享的活动。其目的是将信息这一种在互联网时代越来越重要的资源与其他人共同分享，优化资源配置，节约社会成本，提高信息资源利用率，共同创造更多的财富。

微课　扫一扫：

政务信息资源共享及其特征　《政务信息资源共享管理暂行办法》　《政务信息系统整合共享实施方案》

政务信息资源是国家数据资源的重要组成部分，是国家治理体系和治理能力现代化的重要基础。当今，全球范围内以数据生产、采集、传输、流通、存储、处理和利用为主线的新兴产业正在加速兴起。我国正处于工业经济和信息经济交汇发展的关键阶段，加快推动政府数据共享，深入挖掘政务信息资源潜力，有利于全面释放数据红利，激发技术红利、制度红利和创新红利。通过政务信息共享引领、带动大数据创新应用和产业融合发展，有利于重构生产经营方式、经济治理模式和国际竞争格局，政务信息资源将成为培育经济增长新动力、推动经济转型发展的重要途径和战略选择。

经过多年努力，我国政务信息资源建设取得了重要进展，政府部门已经成为最大的信息数据生产、收集、使用和发布单位。但因跨部门共享机制不健全、政策制度滞后等原因，"不愿共享""不敢共享""不会共享"等问题突出，影响了数据资源共享应用的整体效能。为适应国家全面深化改革、转变政府职能，深入推进简政放权、放管结合、优化服务的大形势，亟需加快推进政务信息共享，支撑政府改革创新，提高科学决策水平、社会治理能力和公共服务水平。

党中央、国务院高度重视数据共享工作。党的十八届五中全会明确提出"实施国家大数据战略，推进数据资源开放共享"。《中华人民共和国国民经济和社会发展第十三个五年规划纲要》明确要求，"制定政府信息资源管理办法，加快推进跨部门数据资源共享共用"。

2. 政务信息共享的基本特征

政务信息共享是各部门间获取数据，实现政府信息共享的基础。其基本特征如下。

① 集中采集，分散共享。根据数据的来源和应用特点，以某一部门为主采集信息，共享给其他政府部门。

② 格式统一，语义规范。统一编制规范的数据交换格式、数据服务接口标准，并实现数据语义层面的统一。

③ 跨域传输，在线交换。通过互联网、电子政务外网等网络实现信息交换，以增强数据的实时性。

4.5.2 信息共享模型与技术架构

按照《电子政务标准化指南 第1部分：总则》（GB/T 30850.1—2014）中电子政务标准技术参考模型的规定，政务信息共享模型包括信息共享概念模型和信息共享逻辑模型。

1. 信息共享概念模型

（1）模型

信息共享概念模型描述了信息提供者、管理者和使用者三者之间实现信息共享活动的情况，如图4.25所示。

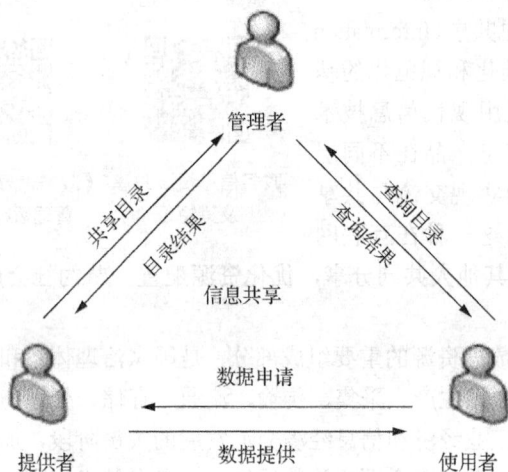

图4.25 信息共享概念模型

（2）共享角色的定义

从信息共享业务的角度，信息共享角色包括提供者、管理者和使用者。

① 提供者可以是政府部门或政府部门授权的组织或部门。

② 管理者可以是政府部门或政府部门授权管理数据交换的合规性个人。

③ 使用者可以是政府部门或政府部门授权的合规性个人。

（3）共享行为的定义

共享行为是遵照管理者制定的规程，实现信息共享的活动。这些活动如下。

① 提供者将可以共享的信息、共享目录通过交换中心传输给管理者，由管理者发布到信息共享平台上。

② 使用者通过共享平台将查询目录提交给管理者，管理者向使用者提供目录服务。

③ 使用者使用查询结果与提供者进行数据交换，实现信息共享。

2. 信息共享逻辑模型

信息共享逻辑模型用于描述信息共享技术涉及的网络、数据、系统、安全和管理之间的技术关系，也称为信息共享技术架构。

① 网络为电子政务信息共享提供网络基础设施支撑，包括电子政务内网、外网和公网。

② 数据是指电子政务信息共享活动中产生的数据和需要共享的数据，包括数据内容、数据编码、数据质量和数据表达。

③ 系统是指数据提供者、管理者、使用者进行数据共享的平台，包括目录系统、交换系统。

④ 安全包括信息共享过程中的安全等级、安全设计、安全实施、测评等，涉及安全管理和安全技术。

⑤ 管理包括数据目录管理、数据字典管理、数据日常维护等。

图 4.26 所示为《电子政务标准化指南 第 1 部分：总则》（GB/T 30850.1—2014）中提出的信息共享技术架构。

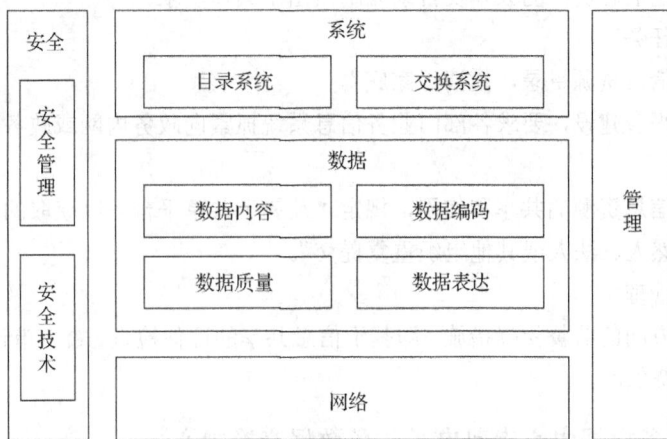

图 4.26 信息共享技术架构

4.5.3 国家信息共享政策

1. 信息共享三大难题

在电子政务建设中，信息共享是一个"老大难"问题，原因可以归结为以下 3 个方面。

（1）制度缺位，不敢共享

部门信息资源的所有权、管理权和使用权以及信息共享的责任主体等一直没有从制度层面予以明确。推进信息共享只能从工作层面协商解决，一个项目的共享协议往往需要几个部门协商很长时间，共享的数据质量、时效性等均难以保障，从而大大影响了项目建设进度和政务效能。

（2）认识不足，不愿共享

信息资源独有、专享的权属观念在各个部门普遍存在，缺乏内在动力和外部约束机制，造成政府信息资源部门化、部门信息资源利益化，各部门在信息共享中想得到却不愿付出，从而严重影响了政府信息资源的潜在效益。

（3）环境滞后，不会共享

我国政府信息共享尚未形成统一的平台和标准体系，对数据格式、质量标准、数据可读性等均未做出明确要求。当前，少数地方的局部探索也是自己定标准，自己建平台，从而形成了"信息孤岛"。

2. 国家关于信息共享的 4335 政策

4335 即遵循四项原则、确定三种分类、落实三项任务、强化五大管理。折射出了国家在政务信息共享方面的决心和思路。

（1）遵循四项原则

四项原则即以共享为原则、不共享为例外，需求导向、无偿使用，统一标准、统筹建设，建立机制、保障安全，并规定"特殊情况不能提供共享的，应提供法律、行政法规或党中央、国务院政策依据"。

（2）确定三种分类

按照信息共享类型，政务信息资源分为无条件共享、有条件共享、不予共享三类。同时，对基础信息资源、主题信息资源的共享及目录编制做出了具体要求。

（3）落实三项任务

一是编制政务信息资源目录，摸清"家底"。

二是加快共享平台建设，要求各部门业务信息系统抓紧向政务内网或政务外网迁移，并接入共享平台。

三是推动政务信息资源的共享和使用，规定"凡属于共享平台可以获取的信息，各政务部门原则上不得要求自然人、法人或其他组织重复提交"。

（4）强化五大管理

五大管理即五方面的监督保障措施，即基于信息共享的评估检查、督查审计、网络安全保障、标准体系建设、经费保障。

4.5.4 从电子政务数据中心走向电子政务数据交换中心

1. 电子政务初期的数据中心

电子政务或政务信息化是从信息技术的应用开始的，如办公自动化、政府上网等都是在信息技术的支持下才迈开了第一步。在政府信息化应用中有多套系统，每个用户在每套系统中都有相应的账户、密码和授权机制，给应用的维护和管理带来了巨大的维护成本。连接、整合现有政府内外网各种广域/局域、数据库和应用系统，将信息从各个分散的系统中抽取出来，进行清洗、整理、加工，通过电子政务信息门户网站呈现出来，显得非常有必要。于是，政务数据中心应运而生。

（1）电子政务初期的数据中心架构

图 4.27 所示为电子政务初期的数据中心的总体架构。可以看出，政务数据中心的作用是从分散的政务信息源——办公信息、文档信息、专网信息和其他非政府类信息等信息源中，抽取有关信息，经过信息校验、集成，供信息发布和决策等使用。

（2）政务数据中心的数据资源

数据中心是各类数据采集、加工和整合的平台。这些数据来自办公信息、文档信息、专网信息及非政府信息等。这些信息经过校验、集成，形成数据中心的数据资源。这些数据资源主要有各种数据库、政务主题词表以及数据分类、代码和指标体系表。

① 基础数据库。基础数据库包括以下几类。

a. 人口基础数据库。以居民身份标记码为唯一标记的人口基础信息库和查询服务系统，可以为各电子政务业务系统提供人口信息服务。

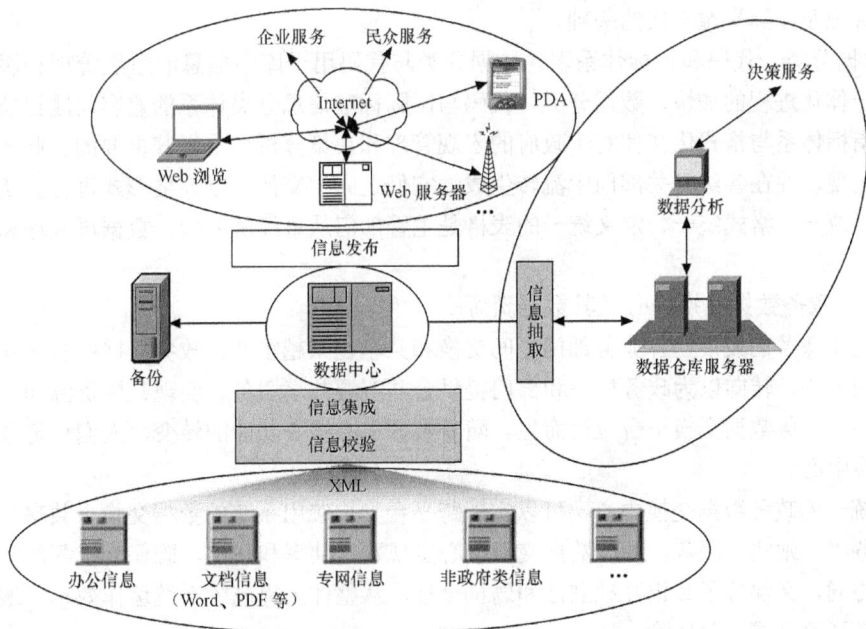

图 4.27　电子政务初期的数据中心的总体架构

b. 法人单位基础数据库。以机构代码为唯一标记的法人单位基础信息库和查询服务系统。

c. 宏观经济数据库，涵盖国民经济、社会发展、科技教育、环境资源等方面的宏观情况。

d. 自然资源和空间地理基础数据库，包括水文、矿产、土地、森林、耕地、海洋等自然资源基础信息库。

② 业务数据库。其存有经常使用的业务数据，可存在数据中心，但大量的是以目录形式存储，而数据总是存在各业务部门。这样既保证了数据动态更新的一致性，又保证了数据的安全性。

③ 决策信息库（数据仓库）。将各类分布、异构的知识源集成起来，为决策者提供各种类型的、有效的数据分析，从而起到决策支持的作用。

④ 资料文档库，主要包括国家的政策指令、相关资料和条文等信息，是各级工作人员办理各种业务的依据。资料文档库主要有以下一些特点。

a. 以非结构化文档形式存储。

b. 资料有共享性要求。

c. 涉密资料要求安全存储。

d. 支持智能和模糊查询。

⑤ 多媒体数据库，包括各种政务图像、视频，用于宣传报道和视频点播。它还可以用于管理空间地理数据。

⑥ 服务资源。电子政务系统的服务对象有政府机构、公务员、公民和企业单位。服务资源即指直接为这四类客户提供服务的信息，包括政府系统办公数据，各类业务数据，国家政策指令，各种政务图像、视频，还包括电子商务、工商、税务、金融、海关、法律、卫生、医疗、教育等基础设施服务信息。

⑦ 政务主题词表。电子政务与电子商务信息资源的一个显著不同是前者是主题驱动的，而

后者是交易驱动的。在主题驱动系统中，规范主题词（叙词）库是至关重要的，因为它是库内资源组织、管理及库际资源交换的基础。

⑧ 数据分类、代码和指标体系表。数据分类与代码用于库中信息的组织管理和服务。随着国际经济一体化进程的加快，数据分类、代码与国际标准信息分类体系的兼容问题日益重要。此外，各种指标体系与格式化文件对于政府的宏观管理和决策分析也是极其重要的。此类数据常以表格形式出现，并在各级机关部门中流转生成，它们之间的交换也以表格形式进行。所以，字段统一、代码统一、格式统一、定义统一的表格是主管部门从事经济分析、数据再处理和决策支持的前提。

2. 电子政务数据交换中心及其数据资源

随着电子政务的发展，各业务部门之间交换和共享越来越重要，政务数据中心的功能从以校验和集成为核心，转向以为政务机关和部门提供公共资源共享服务、实现共性资源和优势资源的共享为核心，政务数据交换平台应运而生。随着数据中心核心功能的转变，人们也把数据中心叫作数据交换中心。

建立统一的政务数据交换中心，可以实现跨平台异构应用系统的数据交换、共享与集成，支持电子政务"一站式"服务。通过数据交换中心实现数据共享和路由，既保证了各部门业务系统间的有效协同，又保持了其相互独立性和弱耦合性，从整体上提高了系统运作效率，增强了其安全性，降低了整合成本与风险。

（1）政务数据交换中心的体系架构

建立政务数据交换中心的主要目的是在政府各部门之间建立统一的应用平台。电子政务数据交换中心可对分布在不同部门业务系统中的数据进行整合、统计分析，并将其统一展示。系统包含各部门数据的综合查询分析、报表生成及发布功能，为领导提供决策分析界面，使领导能够直观了解全局和综合信息，为决策提供依据。图4.28所示为中创软件提供的电子政务数据交换中心的体系架构。其将电子政务数据交换中心看作主要由部门业务系统、数据交换平台、数据中心平台和统一应用平台四部分组成。

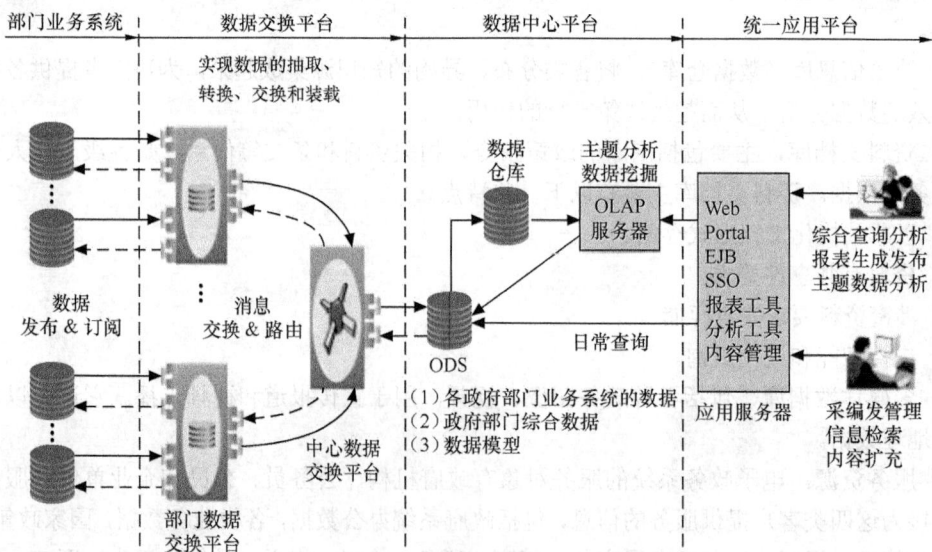

图4.28 电子政务数据交换中心的体系架构

其中，数据交换平台和数据中心平台是核心。数据交换平台的功能是将现有的业务系统和管理信息系统中有价值的数据整合到数据中心平台上，在整合过程中要对数据进行抽取、转换、过滤、安全传输。数据中心平台将构建完整的基础数据库和综合数据库，并以此为基础建立决策信息库。在数据中心平台提供服务的基础上，构建统一的数据查询、统计和分析的应用平台。统一应用平台将集成企业业务门户功能，实现用户的单点登录。

（2）政务数据交换中心的数据资源

电子政务数据交换中心的信息资源，除了有数据中心的那些信息资源外，考虑到各职能部门之间的信息连接与交换，我们必须严格定义电子政务元数据库并向全网开放，否则将造成机构间的数据交换无法实现。此外，数据分类、代码和指标体系表在数据交换和共享中更加重要。

信息共享空间（Information Commons）在图情界还是一个比较新的概念，目前还没有一个统一的定义，但公认的基本观点是：信息共享空间是一个经过特别设计的一站式服务中心和协同学习环境，综合使用方便的互联网、功能完善的计算机软硬件设施和内容丰富的知识库（包括印刷型、数字化和多媒体等各种信息资源），在技能熟练的图书馆参考咨询馆员、计算机专家、多媒体工作者和指导教师的共同支持下，为读者（包括个人、小组、学术团队）的学习、讨论和研究等活动提供一站式服务，培育读者的信息素养，促进读者学习、交流、协作和研究。

习　题

一、选择题

1. （　　）信息资源是指人类社会信息活动中积累起来的以信息为核心的各类信息活动要素（信息技术、设备、设施、信息生产者等）的集合。

　　A. 文本　　　　　　B. 数据库　　　　　C. 信息　　　　　　D. 信息资源

2. 信息资源是一种（　　）资源，也是一种能动性资源。它的开发与利用，不仅对能源资源和材料资源有优化利用结构、节约和增值的作用，而且作为生产要素、无形资产和社会财富，是构筑社会文明、推动社会进步的动力。

　　A. 不具有消耗性　　B. 共享性　　　　　C. 可持续性　　　　D. 再生性

3. 政府是（　　）的最大拥有者和应用者，因此电子政务成为国民经济和社会信息化的中心环节。发展电子政务可有力地推进国民经济和社会信息化的进程。

　　A. 人力资源　　　　B. 信息资源　　　　C. 社会资金　　　　D. 文件资源

4. 人们在科研活动、生产经营活动和其他一切活动中产生的各种原始记录称为（　　）。

　　A. 集约信息源　　　B. 再生信息源　　　C. 感知信息源　　　D. 本体信息源

5. 主要储存于人的大脑中，传播、咨询、决策等领域所依赖的信息源为（　　）。

　　A. 集约信息源　　　B. 再生信息源　　　C. 感知信息源　　　D. 本体信息源

6. 口头信息源、体语信息源、文献信息源、电子信息源和实物信息源都是（　　）。

　　A. 集约信息源　　　B. 再生信息源　　　C. 感知信息源　　　D. 本体信息源

7. （　　）是文献信息源和实物信息源的集约化和系统化。

　　A. 集约信息源　　　B. 再生信息源　　　C. 感知信息源　　　D. 本体信息源

8. 利用一定的科学方法和规则，使信息资源有序化的活动不是（　　）。

　　A. 信息收集　　　　B. 信息资源整序　　C. 信息有序化　　　D. 信息组织

9. （　　）是由一些代码段组成的复合代码。每个代码段提供了编码对象的一个特征，并且这些特征是相互独立的。

    A. 缩写码　　　　　　B. 层次码　　　　　　C. 组合码　　　　　　D. 并置码

10. 按照选定的若干属性（或特征）将分类对象逐次地分为若干层级，每个层级又分为若干类目的分类方法称为（　　）。

    A. 面分类法　　　　　B. 组配分类法　　　　C. 线分类法　　　　　D. 平行分类法

11. （　　）是按照选定的若干属性（或特征）将分类对象按每一属性（或特征）划分成一组独立的类目，每一组类目构成一个"面"（或"轴"），再按一定顺序将各个"面"平行排列的分类方法。

    A. 体系分类法　　　　B. 层级分类法　　　　C. 线分类法　　　　　D. 平行分类法

二、填空题

1. 政务信息资源共享包括两方面内容：政府内部部门之间的共享及政府与公众或企业、组织之间的共享。前者通过_____技术实现，后者通过_____形式实现。

2. _____就是为数据元的总则、定义、描述、分类、表示和注册等制定统一的标准，并加以贯彻、实施的过程。_____是为事物或概念（编码对象）赋予具有一定规律、易于计算机和人识别处理的符号，形成代码元素集合。它是信息交换和共享的一种技术手段，其目的在于方便使用。

3. 政务信息资源目录体系对信息资源从基础面、行业面、服务面和物理面四个角度进行分类，形成_____分类、_____分类、_____分类和_____分类四种顶层分类方法。

4. _____是利用某种分类法及其使用规则，按照信息资源内容及某些外表特征，赋予信息资源分类号，以便将信息资源款目或文献实体排列成与分类法的分类体系一致的系统的过程。

5. _____是指通过对文本资源的内容进行主题分析，用表示文本资源的内容主题特征的相应词语作为检索标记的过程。

6. _____是一些以概念为基础的，规范化的，具有组配性能，并可显示词间语义关系的词和词组。

7. 在进行主题标引时，要尽可能地选择规范词，学术性文献应该选择正式出版的_____中所列的规范词，公文用主题词应该选择国务院办公厅发布的_____中所列的规范词。

8. _____是一种定义及描述其他数据的数据，是对数据项的说明性数据。

9. _____是以元数据为核心，以_____为控制词表，采用统一的标准，对电子政务信息资源类别进行描述，为政务部门、社会公众提供资源发现、定位及相关服务的系统。

三、简答题

1. 政务信息资源有哪些内容？

2. 政务信息资源建设与行政效果间有什么关系？

3. 在电子政务中，"信息孤岛"是如何形成的？如何消除？

4. 从产生和需求两个角度，政务信息资源可以分为哪几种类型？

5. 政务信息有哪些采集渠道？

6. 试述对象与对象类之间的关系。

7. 试述数据与信息之间的关系。

8. 政务数据元的基本属性可以分为哪些类型？

9. 在数据处理中，文件与数据库之间有何不同和联系？

10. 什么叫作数据库的三级模式两级独立性？

11. 比较 SAS、NAS 和 SAN 三种网络存储技术。

12. 简述信息编码的基本原则。

13. 在电子政务信息资源库建设中，政务主题词表有什么作用？

14. 比较 XML 与 HTML。

15. 在电子政务信息资源库建设中，元数据有什么作用？

16. 公共信息资源核心元数据和交换服务信息资源核心元数据各包括哪些元数据实体？

17. 简述电子政务信息资源目录体系的功能。

18. 如何建设电子政务信息资源目录体系？

19. 简述国家关于信息共享的基本政策。

四、实践题

收集资料，用实例说明政务数据中心与政务数据交换中心之间的联系。

第5章 | 政府事务处理

政府部门每天都在处理大量事务。从历史规范的角度来看，政务可以大致分为核心政务、支撑政务和非稳态政务。核心政务主要包括政治统治、社会秩序管理、财税管理、基础设施建设、民政服务等；支撑政务主要包括文书档案管理、办公办会服务、交通运输管理、资料采集、数据统计等；非稳态政务的具体内容随时代特点和政府理念的不同而不同，如当代政府的非稳态政务包括经济调节、环境能源管理、国资管理、人口管理、科技创新、社会福利服务等。

从社会相关性看，政府事务可以分为两大类：社会服务性事务和行政办公事务。前者面向社会，后者面向内部。

本章以办公自动化的发展过程为主线展开，并把有关公务处理的内容穿插其中。

5.1 | 政府社会服务性事务处理

5.1.1 社会保障服务

1. 社会保障的内涵和内容

从词源和语意学角度看，保障（Security）意为安全、平安的状态。社会保障的字面意思就是社会安全、社会安定状况或政策措施。联合国国际劳工局给出的定义为：社会采取一系列保护性措施，以帮助人们度过由失业、年老、疾病、生育、工伤和死亡造成的工资或收入损失的难关；英国《简明不列颠百科全书》对其的释义为"一种公共福利计划，旨在保护个人及其家庭免除因失业、年老、疾病或死亡而在收入上所受的损失，并通过公益服务以提高其福利……"；现在人们认同的定义是：社会保障是指国家和社会通过立法对国民收入进行分配和再分配，对社会成员特别是生活有特殊困难的人的基本生活权利给予保障的社会安全制度。在现代经济条件下，社会保障大体包括四方面的内容，即社会保险、社会救助、社会福利和社会优抚。

（1）社会保险

社会保险是社会保障体系中最基本、最核心的内容，是国家为丧失劳动能力或暂时失去工作的人制定的收入保险制度，由国家通过立法手段在全社会强制推行，具有普遍性、强制性、互济性及补偿性。凡是法律规定范围内的用人单位和劳动者必须依法参加，一旦劳动者由于保险计划规定的原因丧失劳动能力而收入中断或减少时，即可按规定获得一定的保险收入。

社会保险包括养老保险、失业保险、医疗保险、工伤保险、生育保险等。

（2）社会救助

社会救助也称社会救济，是政府对生活在社会基本生活水平以下的贫困地区或贫困居民给予的基本生活保障。社会救济是社会保障制度中最低层次的保障项目，其资金主要来自政府一般性税收，以及社会团体和个人的捐赠、国际组织和外国的援助等。

（3）社会福利

福利的基本内涵和本质特征是指一种美好生活状态，或是一种福祉、幸福快乐和满意的状态。

广义上来说，社会福利指一切对人们"有益处"的事物（商品、服务和金钱）、机会、状况以及各种努力。从狭义上来说，社会福利应因不同时期与不同国家的社会状况而有所不同。

社会福利具体包括三方面内容。

① 国家或社会团体兴办的以全体社会成员为对象的公益性事业和社会服务，如环境保护、教育、科学技术、文化、体育、卫生等。社会成员在享受这些社会福利时是免费或低费用的。

② 局部性或有选择性的社会福利，主要是指政府为照顾一定地区或一定范围内的居民对部分必要生活资料的需要而采取的优惠措施，如取暖补贴、降温补贴以及独生子女补贴等。

③ 特殊社会福利，也称民政福利。这是指政府和社会慈善机构为残疾人及无劳动与生活能力的人设立的福利工厂、老人院等。

（4）社会优抚

社会优抚属于特殊性质的社会保障，它只保障特定的社会成员，经费全部来自政府预算拨款。社会优抚的具体内容如下。

① 抚恤。其指政府对因公伤残人员、因公牺牲及病故人员家属采取的一种物质抚慰方式，包括伤残抚恤和死亡抚恤。

② 优待。优待是指从政治上和物质上给予优待对象良好的物质或资金待遇、优先照顾与专项服务。

③ 优抚社会化服务。国家和社会筹资建造服务设施，如革命伤残军人休养院、荣复军人慢性病疗养院等。

表 5.1 所示为中央政府、地方政府、市场在社会保障中的定位。

表 5.1　　　　　　　　中央政府、地方政府、市场在社会保障中的定位

项　目		性　质	资金来源	管理机构
社会保险	养老保险、医疗保险、失业保险	最基本、最核心的内容	政府、单位和个人	准政府机构
	生育、医疗、工伤、住房、人寿		单位、个人	商业保险机构
社会救济	孤寡病残	最低层次的保障项目	民间捐助、国家基金会、政府拨款	地方政府专职机构
	贫困救济、自然灾害救济		地方和国家拨款、民间捐助、国家基金会	中央和地方政府专职机构
社会福利		最低层次的保障项目	非营利机构和地方福利事业	中央、地方政府
社会优抚		对特定社会成员的保障	国家经常性财政拨款	地方政府执行

2. 社会保障的作用

① 社会保障实质上就是通过国民收入社会化消费的分配和再分配，建立一种社会安全机制。所以，社会保障含有社会安全之意。

② 它对维护和提高劳动者的素质，促进生产发展，深化企业和事业单位改革，顺利建立社会主义市场经济体制都有着十分重要的作用。

③ 社会保障维系着人民群众的切身利益，具有调节社会经济利益关系、维护社会安定、建设和谐社会的功能，是社会的"稳定器"、经济运行的"减震器"和实现社会公平的"调节器"。

3. 电子化社会保障体系

推进社会保障电子政务建设主要通过网络建立起覆盖本地区乃至全国的社会保障网络，提

高电子政务管理水平，为公民提供全方位的社保服务，使公民能通过网络及时、全面地了解社保政策法规和相关社保信息，如了解自己养老、失业、工伤、医疗等社会保险账户的明细。政府也能通过网络把各种社会福利（比如困难家庭补助、烈军属抚恤和社会捐助等）直接支付给受益人。电子化社会保障体系的建立，大大增加了社保工作的透明度。发展社会保障电子政务，对推进社会保障工作的电子化、网络化、信息化管理具有重要意义。我国的"金保"工程是全国社会保障信息系统的总称。它不仅在劳动和社会保障的业务经办点提供经办服务，而且广泛利用网络环境来为公众提供公共服务，是政府电子政务工程的重要组成部分。

社保信息系统的建设一般采用核心平台的模式。核心平台是整个社会保险大系统的核心部分，按社会保险业务划分，包括养老、失业、医疗、工伤、生育五个子系统，各子系统既可单独运行，又可任意组合。社会保险业务的基本环节包括社会保险登记、社会保险申报、变更管理、缴费核定、费用征集、费用审核、费用支付、个人账户管理、基金会计核算与财务管理等。核心平台的业务流程将这些基本环节按业务发生顺序有机地联系起来，形成完整的业务流程。在整个流程中，各险种既可以单独处理，又可以合并处理，各地社会保险经办机构还可以根据自身的情况对流程进行调整，从而增强核心平台的适应性。这样就实现了社会保障由管制和审批到服务的转变，大大方便了社会保障对象，提高了服务质量和效率，增加了透明度。

5.1.2 政府采购

1. 政府采购的特征

政府采购（Government Procurement）也称公共采购（Public Procurement），是指国家各级政府为保障日常的政务活动，开展公共服务，利用国家财政性资金和政府借款购买货物和服务的行为。政府采购是采购政策、采购程序、采购过程及采购管理的总称，是一种对公共采购进行管理的制度。相对于私人采购而言，政府采购具有以下特点。

微课　扫一扫：

政府采购

① 资金来源的公共性。
② 非营利性。
③ 采购对象的广泛性和复杂性。
④ 规范性。
⑤ 政策性。
⑥ 公开性。
⑦ 极大的影响力。

政府采购应遵循以下基本原则。

① 公开透明原则。
② 公平竞争原则。
③ 公正原则。
④ 诚实信用原则。

2. 政府采购制度

政府采购制度是管理公共采购的制度。政府采购制度最早形成于 18 世纪末的西方自由资本主义国家，其主要特点是对政府采购行为进行法制化管理，其核心是采购合同授予的竞争制度。这一制度要求将公开招标作为原则性的合同授予方式。发达国家的政府采购制度经过两百多年的探索与实践，已建立了较完善的体系。我国于 1994 年正式采用了政府采购制度，这标志着我国政府采购正式走上了法制化、制度化、规范化的道路。

3. 政府采购业务流程

为了规范政府采购过程，使政府采购操作透明化，避免暗箱操作，政府采购制度要求公开政府采购流程，并加以说明。图 5.1 所示为政府采购业务流程实例。这种图形称为跨功能流程图，是程序流程图的扩展。

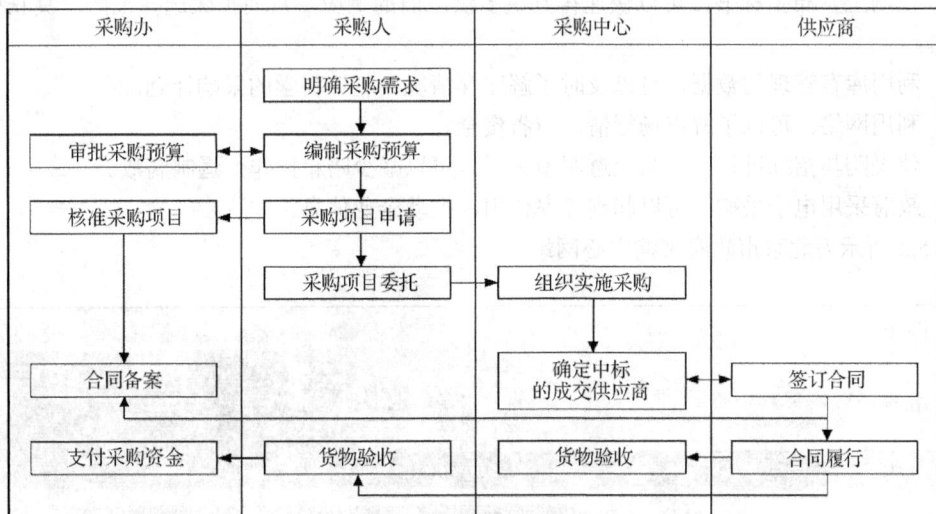

图 5.1　政府采购业务流程实例

下面对图 5.1 所示的采购业务流程进行说明。

① 明确采购需求：采购人（指依法进行政府采购的国家机关、事业单位、团体组织）根据工作需要明确采购需求。采购需求的内容包括采购货物的名称、数量、详细技术参数、规格、配置、型号、功能与作用的详细描述及预算金额。采购需求应详细、明确，便于采购中心操作。采购人在确定需求前，可向采购中心咨询。

② 编制采购预算：采购人编制部门采购预算，列明采购项目单项预算（单项预算价格由采购人在做好市场调查的基础上按照市场平均价格确定）及采购总预算，报采购办审核。

③ 审批采购预算：采购办审核、汇总、编制本级政府采购计划，下达采购人执行。

④ 采购项目申请：采购人根据政府采购计划和本部门的采购需求，向采购办填报采购项目申请，主要包括采购项目名称、技术规格、数量、预算金额、使用要求等内容。

⑤ 核准采购项目：根据采购项目实施期间的财力情况，就预算资金能否落实予以审定。

⑥ 采购项目委托：采购项目申请批准后，采购人全权委托采购中心实施采购。采购人要提前提出委托，通常货物到达采购人的时限为采购中心办结时限加上供应商供货期限。

⑦ 组织实施采购：政府采购中心（或采购人）接到采购项目委托后，依照《中华人民共和国政府采购法》及相关法律、法规，按照具体采购程序组织采购。

4. 电子采购与招标

电子采购与招标是在安全的电子商务环境下，推动政府部门以电子化方式与供应商联系，进行招标、采购、交易及支付等作业。通常，政府采购管理系统具有如下一些功能模块。

① 采购项目管理模块：对采购项目的项目信息、采购信息、规格要求等进行管理。

② 政府采购信息发布模块：将需要公开招标的政府采购项目信息发布到相应的公告网站上，使相关单位能够查询到采购物品和劳务等信息。同时，供应商也可以将自己的产品和货物供应链在网上发布，以便采购单位网上询价。

③ 政府采购订单管理模块：对采购申请、签订合同、验收报告生成、支付申请等采购过程的文档资料进行管理。

④ 政府采购审计监督模块：对采购的各个环节进行审计，保证采购的公平、公正、公开。

这样不仅可以做技术上的改变，还可以优化采购过程，提高采购效率，降低采购成本。

* 在网上发布招标书，可以快速得到更多供应商的响应，从而扩大选择范围，真正引入竞争机制。

* 利用库存管理的数据，可以及时了解库存情况，制订科学的采购计划。

* 利用网络，可以了解市场行情，节省资金。

* 使采购与招标过程在网络上透明地进行，可以减少暗箱操作，遏制腐败。

* 政府采用电子采购，可以起到表率作用，推动企业信息化。

图 5.2 所示为北京市政府采购中心网站。

图 5.2 北京市政府采购中心网站

5.1.3 信访服务

1. 信访的概念

信访是指公民、法人或者其他组织采用书信、电子邮件、传真、电话、走访等形式，向各级人民政府工作部门反映情况，提出建议、意见或者投诉请求，依法由有关行政机关处理的活动。

信访是除法律以外的又一种解决问题的办法，是一种比较直接的利益表达形式，也是中国宪法赋予公民的一项政治权利。《中华人民共和国宪法》第二十七条规定："一切国家机关和国家工作人员必须依靠人民的支持，经常保持同人民的密切联系，倾听人民的意见和建议，接受人民的监督，努力为人民服务。"《中华人民共和国宪法》第四十一条规定："中华人民共和国公民对于任何国家机关和国家工作人员，有提出批评和建议的权利；

微课　扫一扫：

信访服务

对于任何国家机关和国家工作人员的违法失职行为，有向有关国家机关提出申诉、控告或者检举的权利，但是不得捏造或者歪曲事实进行诬告陷害。"这些规定可以看作信访的宪法依据。

2. 信访处理工作流程

按照 2005 年 5 月 1 日起施行的《信访条例》，信访处理流程如图 5.3 所示，按照登记、受理、告知、办理、复查、复核 6 个步骤进行。

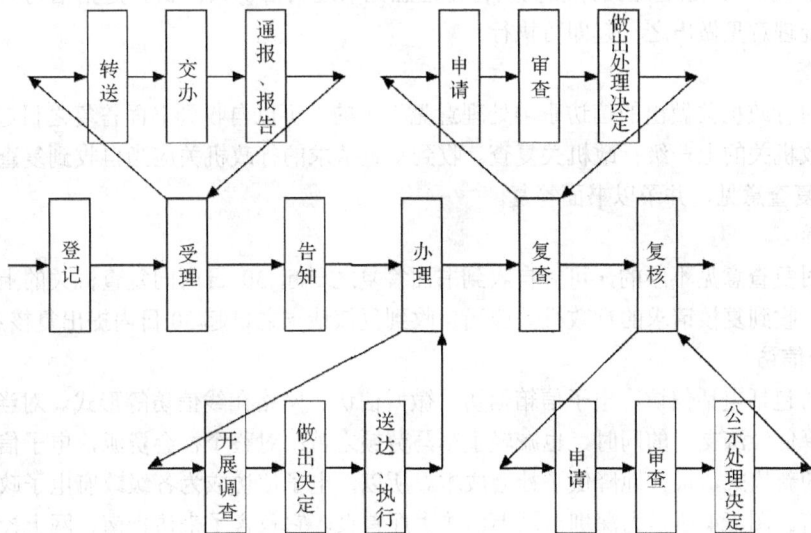

图 5.3　信访处理流程

（1）登记

登记的基本内容如下。

① 信访人的基本情况，包括姓名、住址、邮政编码、工作单位、联系方式等。

② 基本事实。

③ 具体要求。

④ 相应理由和依据。

⑤ 信访事项的来源。

⑥ 信访事项的处理方式。

⑦ 信访事项受理、答复的规定期限等。

（2）受理

受理分如下几步进行处理。

① 转送。将信访事项转到有权对其实体内容进行调查、核实并做出处理意见的部门。

② 交办。转送信访事项中的重要情况需要反馈办理结果的，可以直接交由有权处理的行政机关办理，要求其在指定办理期限内反馈结果，提交办结报告。

③ 通报、报告。县级以上各级人民政府信访工作机构要定期向下一级人民政府信访工作机构通报转送情况，下一级人民政府信访工作机构要定期向上一级人民政府信访工作机构报告转送信访事项的办理情况。

（3）告知

告知即在法定期限内，依据现有法律、法规的规定，判断该事项是否属于其受理范围和该级管辖，从而做出是否受理的决定，并告知信访人。

（4）办理

有权处理的行政机关依据职权，对已经受理的信访事项按照下面的流程进行处理。

① 信访调查。对于重大、复杂、疑难的信访事项，可以举行听证。

② 做出处理决定。依照有关法律、法规、规章及其他有关规定，分别做出予以支持、进行解释、不予支持的处理决定。

③ 送达与执行。送达是指办理机关将处理意见书送给信访人。执行是指信访人的请求得到支持的，自处理意见做出之日起即可执行。

（5）复查

信访人对行政机关做出的信访事项处理意见不服的，可以自收到书面答复之日起 30 日内请求原办理行政机关的上一级行政机关复查。收到复查请求的行政机关应当自收到复查请求之日起 30 日内提出复查意见，并予以书面答复。

（6）复核

信访人对复查意见不服的，可以自收到书面答复之日起 30 日内向复查机关的上一级行政机关请求复核。收到复核请求的行政机关应当自收到复核请求之日起 30 日内提出复核意见。

3. 电子信访

电子信访包括电话信访、电子信箱信访、微博信访、网络在线信访等形式。对当事人而言，电子信访在降低经济支出的同时，也减轻了车马劳顿之苦；对整个社会资源，电子信访显然是一种"低碳"的新模式，极大地降低了社会成本。所以，电子信访成为各级政府电子政务建设中非常关注的环节。图 5.4 所示为深圳市网上信访大厅首页。它包含了来访指南、网上投诉、复查复核、意见建议、信访须知、来信指南等页面。

图 5.4　深圳市网上信访大厅首页

4. 市长信箱

市长信箱是随着政府职能的转变和电子政务的推进而出现的政府主动联系民众、征求民众意见的渠道。图 5.5 所示为苏州市市长信箱。市长信箱的出现使得政府的信访服务工作更加主动，取得了很好的效果。

图 5.5　苏州市市长信箱

5.1.4　行政审批

1. 行政审批的种类

行政审批是行政审核和行政批准的合称。行政审核又称行政认可，其实质是行政机关对行政相对人行为的合法性、真实性进行审查、认可，实践中经常表现为盖公章；行政批准又称行政许可，其实质是行政主体同意特定相对人取得某种法律资格或实施某种行为，实践中经常表现为许可证的发放。行政审核与行政批准经常联系起来使用，只有符合有关条件才能获得许可证，而且需定期检验，如果没有违反规定的情况出现，就由有关机关在许可证上盖章，表示对相对人状态合法性的认可。总之，行政审批是指行政机关（包括有行政审批权的其他组织）根据自然人、法人或者其他组织依法提出的申请，经依法审查，准予其从事特定活动，认可其资源资质，确认特定民事关系或者特定民事权利能力和行为能力的行为，是对社会资源进行分配的一种手段。这是目前涉及面广泛的一种政府管制行为，涉及建设项目、国家指导价格、工商登记、学校专业设置、机构设置、人员编制、建设用地、卫生许可等众多方面。

微课　扫一扫：

行政审批

小资料：法人

法人是相对自然人而言的，是指拥有可独立支配的财产，能够以自己的名义独立地参与民事活动，为自己取得民事权利和承担民事义务的社会组织。

法人成立主要应具备 4 个条件。

① 法人必须依法成立，除依照民法成立外，还要依照规定的法律程序成立。

② 法人必须有一定的物质基础，这就是由法人自主支配的财产。

③ 法人必须有明确的组织机构、名称和场所，不是一个松散的联合或联盟。

④ 法人必须能够独立地承担民事责任。

行政审批的种类在各个时期、各个地方的情况有所不同，通常包括审批、核准、批准、同意、注册、许可、认证、登记、签证、检验等几十种。为了便于理解和操作，我们可以将具有审批性的管理行为归纳为四大类：审批、核准、审核、备案。

① 审批是指政府机关或授权单位根据法律、法规、行政规章及有关文件，对相对人从事某种行为、申请某种权利或资格等进行限制性管理的行为。审批有三个基本要素：一是指标额度限制；二是审批机关有选择决定权；三一般是终审。审批最主要的特点是审批机关有选择决定权，即使符合规定的条件，也可以不批准。

② 核准是指政府机关或授权单位根据法律、法规、行政规章及有关文件，对相对人从事某种行为、申请某种权利或资格等，依法进行确认的行为。因此，在批准相对人的申请时，只是按照有关条件进行确认。只要符合条件，一般予以准许。核准的条件都比较明确、具体，便于确认。

③ 审核是指由本机关审查核实，报上级机关或其他机关审批的行为。

④ 备案是指相对人按照法律、法规、行政规章及相关文件等的规定，向主管部门报告指定的或完成的事项的行为。

2. 行政审批的流程

为了使行政审批有序、透明地进行，许多行政机关都制定了行政审批流程并予以公开，以接受公众监督。图 5.6 所示为行政审批流程示例。

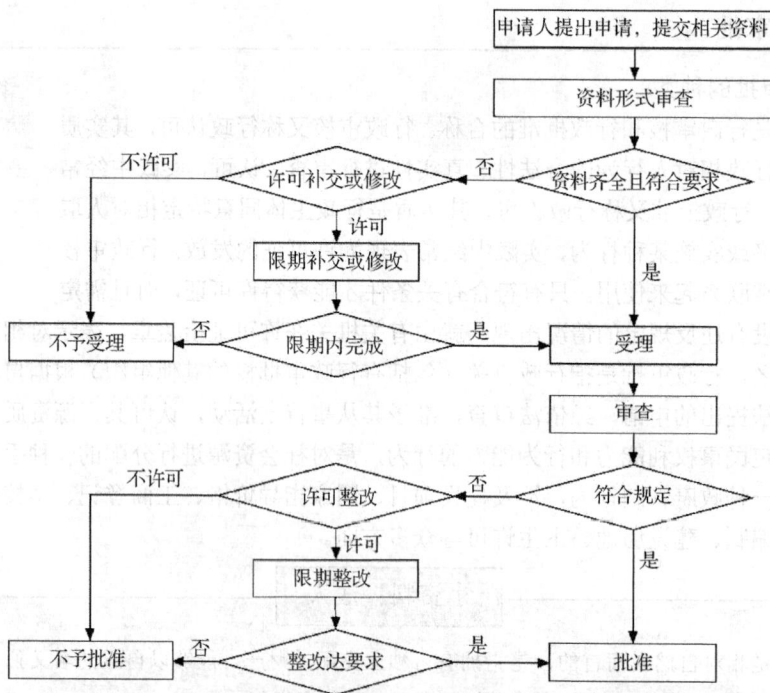

图 5.6 行政审批流程示例

3. 行政审批制度及其改革

行政审批制度是一个相对稳定的政府行为规范。但是，行政审批与审批部门的审批权力、审批职责、审批职位、审批人员的利益息息相关，很容易造成公共权力的私化。

为了推动我国走上科学发展的轨道，激发全社会的活力和创造力，国家决心坚定不移地推进行政审批制度改革。改革主要从以下 4 个方面推进。

（1）进一步清理、减少和调整行政审批事项，推进政府职能转变

坚持市场优先和社会自治原则，凡市场机制能够有效调节的，公民、法人及其他组织能够自主决定的，行业组织能够自律管理的，政府就不要设立行政审批；凡可以采用事后监管和间接管理方式的，就不要再搞前置审批。突出 3 个重点领域：一是投资领域，进一步深化投资体制改革，真正确立企业和公民个人的投资主体地位；二是社会事业领域，加大审批事项的清理、精减和调整力度，放宽限制，打破垄断，扩大开放，公平准入，鼓励竞争；三是非行政许可审批领域，清理一些部门和地方利用"红头文件"等对公民、企业和其他社会组织提出的限制性规定，没有法律法规依据、不按法定程序设定的登记、年检、监制、认定、审定以及准销证、准运证等，要一律取消。从 2001 年到 2011 年 11 月，国务院分五批共取消和调整行政审批事项 2 183 项，占原有总数的 60.6%，各地区取消和调整的行政审批事项占原有总数的一半以上。2013 年新一届政府组成后，进一步大力清理行政审批项目，在半年左右的时间内，取消和下放行政审批事项达 221 项，取消和免征行政事业性收费 347 项，激发市场和社会活力的成效正在显现。

（2）严格依法设定和实施审批事项，推进法治政府建设

2001 年 10 月 18 日，国务院批转了《关于行政审批制度改革工作的实施意见》，提出了行政审批制度必须遵循合法、合理、效能、责任和监督五项原则，行政审批改革很快推向全国，催生了政务服务中心（大厅），"一站式""一条龙"普遍出现。2003 年 8 月 27 日，十届全国人大常委会第四次会议通过了《中华人民共和国行政许可法》（2004 年 7 月 1 日起施行），对行政许可的设定和实施做出了全方位的规范，要求行政机关设定审批事项时，必须于法有据，严格遵循法定程序，进行合法性、必要性、合理性审查论证；涉及人民群众切身利益的，要通过公布草案、公开听证等方式广泛听取意见。没有法律法规依据，行政机关不得设定或变相设定行政审批事项。

（3）强化对权力运行的监督制约，推进反腐倡廉建设

加快建立、健全决策、执行、监督相对分离、相互制约的行政运行机制，建立、健全行政审批责任制度，强化行政审批的全过程监控。建立、健全相关制度，保障行政审批利益相关方的知情权、陈述权、申辩权、监督权。违法设定和实施行政审批侵害当事人合法权益的，要依法追究责任，并给予当事人合理赔偿。

（4）创新行政审批服务方式，推进服务型政府建设

依照公开透明、便民高效的要求，依法进一步简化和规范审批程序，创新服务方式，优化流程，提高效能。加强政务中心建设。原则上实行一个部门、一级地方政府一个窗口对外。加强电子政务建设。进一步推进行政审批公开，实行网上公开申报、受理、咨询和办复，为群众办事提供更多便利。推行服务质量公开承诺制和亲切服务。网上审批是在统一标准的前提下，将各部门的审批工作流程整合、优化，把电子政务大厅的功能放到网络上，构建一个统一的信息平台，实现"一站式"审批服务。行政审批服务中心的建设以便民、高效、廉洁、规范为宗旨，推行"一站式办公、一条龙服务、并联式审批、阳光下作业、规范化管理"的运行模式。

网上审批可以实现并联式审批，即申请人只需通过"一站式""一表式"的材料提交，相关部门就可以共同受理、同时审批，审批结果互相通知。相互协调极大地提高了审批效率。

4. 并行审批与电子审批

传统政务行政审批的另一个弊端是，当一个项目（如基础建设项目）涉及多个部门时，只能

采取串行审批的方式，即要一个部门一个部门地进行审批。改变这种局面的一种方法是变串行审批为并行审批（也称联合审批）。这种转变只有在电子审批条件下才有可能实现。在电子审批条件下，一个申请可以形成多个副本，分别传送到不同的部门进行审批，审批之后可以方便地汇集成批件给申请者。图 5.7 所示为某市基础建设项目并行审批的业务流程图。图中，黑色的块为处理过程，垂直方向为时间轴，处理过程在垂直方向上的关系是时间关系，在同一水平线上的处理过程就是并行处理的处理过程。这种图形称为业务协作流程图。

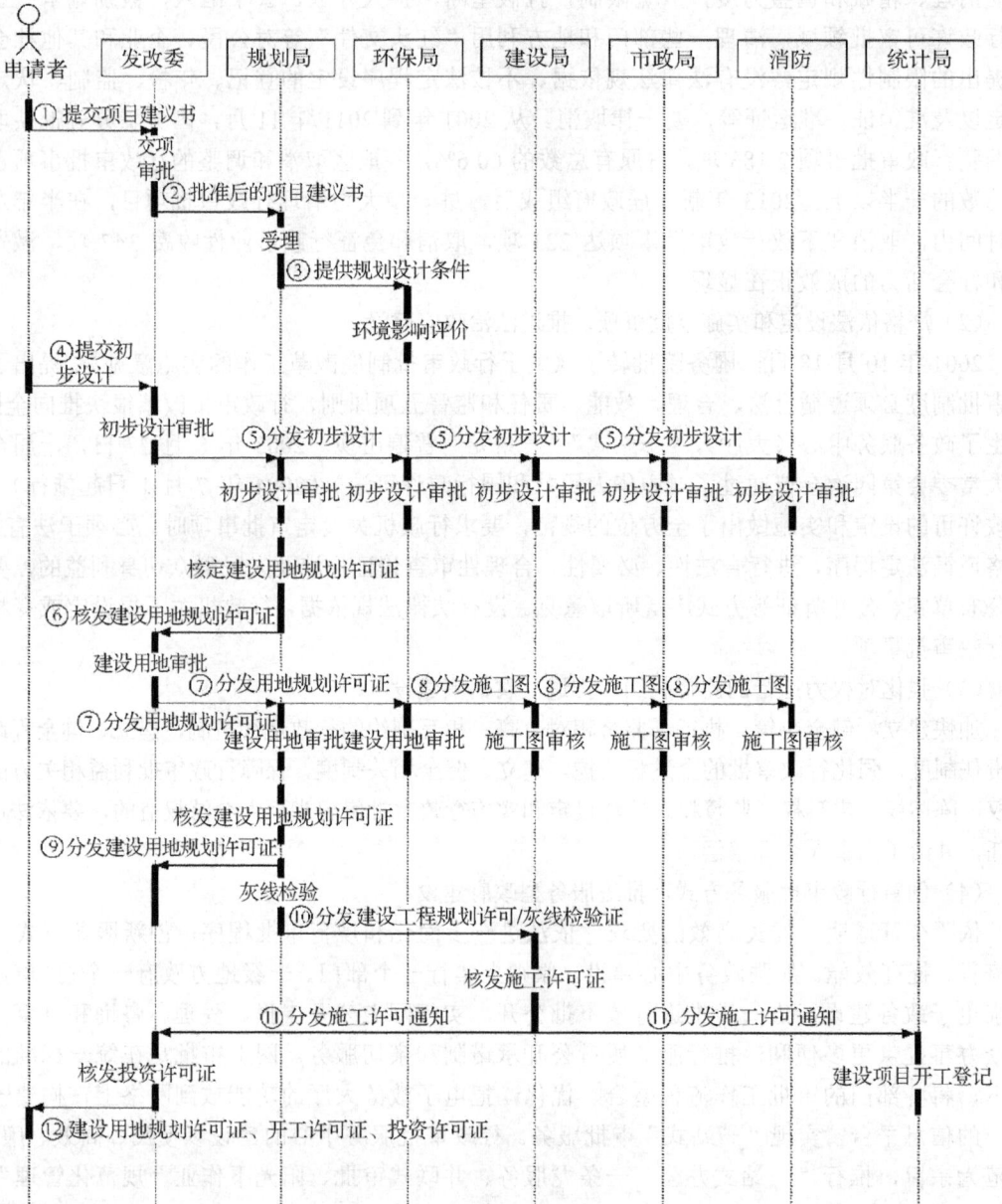

图 5.7　某市基础建设项目并行审批的业务流程

图 5.8 所示为在线的青岛市行政审批服务大厅。

图 5.8　在线的青岛市行政审批服务大厅

5.1.5　税收管理

1. 税收及其分类

税收也称为税赋，是指国家为了实现其职能，凭借政治权力，强制地、无偿地、固定地参与单位和个人的财富分配，取得财政收入的一种手段。它的特点是强制性、无偿性、固定性。强制性主要是指国家以社会管理者的身份，用法律、法规等形式对税收加以规定，并依照法律强制征税。无偿性主要是指国家征税后，税款即成为财政收入，不再归还给纳税人，也不支付任何报酬。固定性主要是指在征税之前，国家以法的形式预先规定了课税对象、课税额度、课税方法等。

微课　扫一扫：

税收管理

税收是随着国家的出现而产生的，它首先作为国家筹集资金的工具而出现，这也就是税收的财政职能。此外，税收还被赋予有效的经济杠杆职能——国家通过税种、税目、税率的布局和调整，通过税收优惠政策的运用和监督管理，调节不同主体的经济利益，从而促使经济持续、快速、健康、稳定发展。

由于研究的目的和分析的角度不同，采用的依据不同，税收有不同的分类方法。

① 按照征税对象划分，可分为流转税、所得税、资源税、财产税和行为税。

② 按照财政、税收管理体制划分，可分为中央税、地方税和中央地方共享税。

2. 税收制度和税收政策

税收制度是指国家以法律形式规定的各种税收法律、法规的总称，或者说是国家以法律形式确定的各种课税制度的总和。其主要包括两个层次的内容，一是不同的要素构成税种，二是不同的税种构成税收制度。

税收政策是指国家为了实现一定历史时期的任务，选择确立的税收分配活动的指导思想和原则。它是经济政策的重要组成部分。我国现行的税收基本政策是：统一税法、公平税负、简化税制、合理分权。

3. 税收管理

税收管理（Tax Administration）是指税务机构依据税法执行税收职能的实践过程。其管理依据是国家税法和各种行政法规。税收管理属于执法过程，具有明确的规范性。以法治税是税收管理的基本原则。税收管理的具体内容包括税收法制管理、税收征收管理、税收计划管理、税务行政管理。

（1）税收法制管理

税法是国家法律的组成部分，是税收分配活动的准则和规范。税收法制管理是指税法的制定和实施过程，具体包括税收立法、税收执法和税收司法的全过程。税收立法权限一般包括国家立法、地方立法、授权立法和行政立法。由于各级机构的税收立法不同，因此所制定的税收法律规范的级次、效力也不同。

（2）税收征收管理

税收征收管理是一种执行性管理，是指税法制定之后，税务机关组织、计划、协调、指挥税务人员，具体实施税法的过程，具体包括税务登记管理、纳税申报管理、税款征收管理、减税免税及退税管理、税收票证管理、纳税检查和税务稽查、纳税档案资料管理。

（3）税收计划管理

税收计划管理主要包括税收重点税源管理、税收会计管理、税收统计管理。

（4）税务行政管理

税务行政管理又称税务组织管理，是对税务机关内部的机构设置和人员配备进行的管理，具体包括税务机构的设置管理、征收机关的组织与分工管理、税务工作的程序管理、税务人员的组织建设与思想建设管理、对税务人员的监督与考核、税务行政复议与诉讼管理。

4. 电子税务

电子税务是指利用电子信息技术，特别是互联网技术，构建、完成传统税务局各项管理与服务职能，为纳税人提供更加方便、快捷、安全的服务。目前，已经出现的电子税务主要有如下几种形式。

（1）电子报税

电子报税包括电子申报和电子纳税两部分。电子报税的主要形式是网络远程报税，即纳税人使用计算机通过互联网登录税务机关的网站，依托远程电子申报软件进行纳税申报，并实现税款自动划转入库，完成电子申报和电子纳税的整个过程，不需纳税人去税务部门窗口完成纳税申报，同时大量的纳税申报数据可以与税务机关的电子管理档案系统无缝连接，实现对数据的存储与管理。

除此之外，还有电话报税和银行网络报税等形式。

（2）电子稽查

一般来说，税务稽查是指税务机关根据国家税法和财务会计制度的规定，对照纳税人的纳税申报表，发票领、用、存情况，各种财务账簿和报表等信息，来确认稽查对象并进行检查，以监督纳税人的经济行为，防止税款流失，保证国家税款及时足额收缴。实施电子税务后，税务机关可直接通过互联网获取纳税人所属行业情况、货物和服务的交易情况、银行资金流转情况、发票稽核情况及其关联企业情况等信息，以提高稽查的效率，增强稽查的准确性。税务机关还可以与网络银行资金结算中心、电子商务认证中心、工商行政管理部门以及公安部门等联网，共同构筑电子化的稽查监控网络，以加强和改善稽查工作。电子稽查的主要方式有以下几种。

① 电子邮件举报。

② 税务网站直接举报。

③ 电子化查前准备——准备必要的文书，熟悉相关政策规定，搜集和了解稽查对象及相关行业的生产经营和财务状况等。

④ 典型案例网上公示。

（3）税收电子化服务

图 5.9 所示为国家税务总局广东省电子税务局页面。

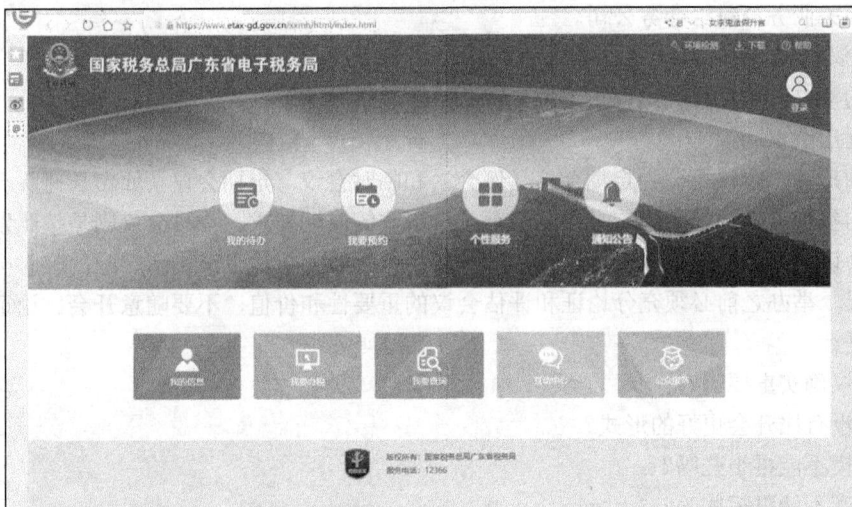

图 5.9　国家税务总局广东省电子税务局页面

税收电子化即网上办税，可以实现如下功能。

① 将税收政策法规、纳税资料、办税指南等内容发布在网站上，供纳税人随时随地查询。

② 在网上开设专门的咨询中心，接受纳税人的问询，提供专业、系统、有针对性的服务。

③ 提供资料下载、常见问题解答（FAQ）、网上发票查询、企业资信查询等服务。

5.2 政府内部行政事务处理

5.2.1　会议管理

1. 会议的概念

在汉语中，"会议"中的"会"有"聚""合"之意，"议"有"商""讨"之意。因此，所谓会议，就是多人聚集在一起，研究、商量、讨论有关问题的一种社会活动方式。随着现代信息技术的应用，会议参加者不一定非要聚集在一起，可以使用电话、视频等手段以远程会议的形式共同商讨，会议以虚拟化的形式进行。

微课　扫一扫：

会议管理

会议一般具有以下一些要素。

① 会议主题。

② 会议主体，一般有主办者、承办者、主持者和与会者（许多情况下还有演讲者）。

③ 会议程序。

④ 会议成果——会议记录、纪要、决议、决定等。

现代会议早已超出了单一的政府会议格局，正朝着多元化、商业化的方向发展。很多会议都直接带有商业目的并能产生巨大经济效益，如各种高峰论坛、专家培训会议等。会议的一般操作原理为：会议的主办者制订举办会议的计划并委托给承办者，承办者[可以是专业会议组织者（即

PCO）、公司的会议与奖励旅行部等]将围绕既定的主题进行精心设计，并在市场上联系会议的买家（即目标与会者）、其他相关人员（如政府官员、演讲嘉宾等），确定举办场所，最后自己举行会议或将相关业务分包给会务公司。

2. 会议管理流程

会议的举办一般需要经过以下过程。

（1）提出会议动议

按照周期性，会议可分为定期会议（例会）和临时会议。定期会议（如市长碰头会等）一般具有固定的参加者，并且会议的举办时间有一个基本的周期要求。临时会议则是按照发起者的动议举办的会议，如政府为某一个问题举办的听证会、领导为传达上级指示召开的临时会议等。不管哪种会议，举办之前必须充分论证和评估会议的重要性和价值，不要随意开会。论证要围绕下面的问题进行。

① 会议确实重要吗？

② 有没有比开会更好的形式？

③ 规模不能再小些吗？

④ 时间不能再短些吗？

（2）会议筹备

一旦决定召开会议，就要认真筹备。会议筹备过程中要确定以下内容。

① 理清会议的目的和诉求。

② 确定会议的时间和地点。

③ 确定会议参加者、主持者、主席、发言者和接待人员。

④ 确定会议形式和风格。

⑤ 制定会议程序，包括紧急事件处理预案、是否召开预备会议等。

⑥ 安排会场，确定需要的会场设施。

⑦ 提出会议预算，确定经费来源。

⑧ 准备会议有关文件，确定记录人员，进行会议成果文件的起草。

⑨ 解决参会者的食宿，制定会后疏散方案。

⑩ 考虑会议消息的发布。

⑪ 会议参加者身份证照准备。

⑫ 拟订会议通知，并在合适时间发出通知。

（3）会议出席

会议出席的基本过程如下。

① 会议报到（签到），领取会议文件、证照。

② 安排食宿。

③ 按照会议程序参加会议。

④ 做好会议记录，及时收集与会者的意见。

⑤ 通过会议成果性文件。

⑥ 会议结束，离会。

（4）会议主持

对于会议主持，应当处理下列问题。

① 确定主席的主要职责。

② 研究出席者。

③ 主席的开场白。

④ 掌握会议节奏和控制会议。

⑤ 形成决议与不形成决议。

⑥ 把握结束会议时的氛围。

⑦ 做好主持能力测试。

3. 会议记录和纪要

（1）会议记录

会议记录主要包括以下内容。

① 会议出席人数、时间、地点及议题。

② 会议成果：解决问题、达成协议、做出决策、重大提案及未决问题。

③ 发布情况：备忘录、文件、决议及其他形式（口头、书面、电子文档等）。

④ 保密要求：绝密、机密、公开。

（2）会议纪要

会议议定事项是本单位、本地区、本系统开展工作的依据。会议纪要是记载和传达会议情况和议定事项使用的一种行政公文。有的会议纪要也可供其他单位、其他系统参考。会议纪要具有如下特点。

① 内容的纪实性：特别是不能搞人为的拔高、深化和填平补齐。

② 表达的要点性：重点应放在介绍会议成果上，而不是叙述会议的过程，切忌记流水账。

③ 称谓的特殊性：会议纪要一般采用第三人称写法，常以"会议"为表述主体，如"会议认为""会议指出""会议决定""会议要求""会议号召"等。

4. 会议管理软件

会议管理软件可为用户提供会议室管理，并且在会议召开前进行会议计划、会议文件、会议议题、会议申请、会议通知等方面的准备。会议安排人员可以查询会议召开期间是否和与会人员的日程安排相冲突并将冲突的事由列表，以方便组织者确定会议时间；会议召开后，要对反馈信息进行实时跟踪，动态掌握会议安排。图 5.10 所示为一个会议管理软件的初始界面。

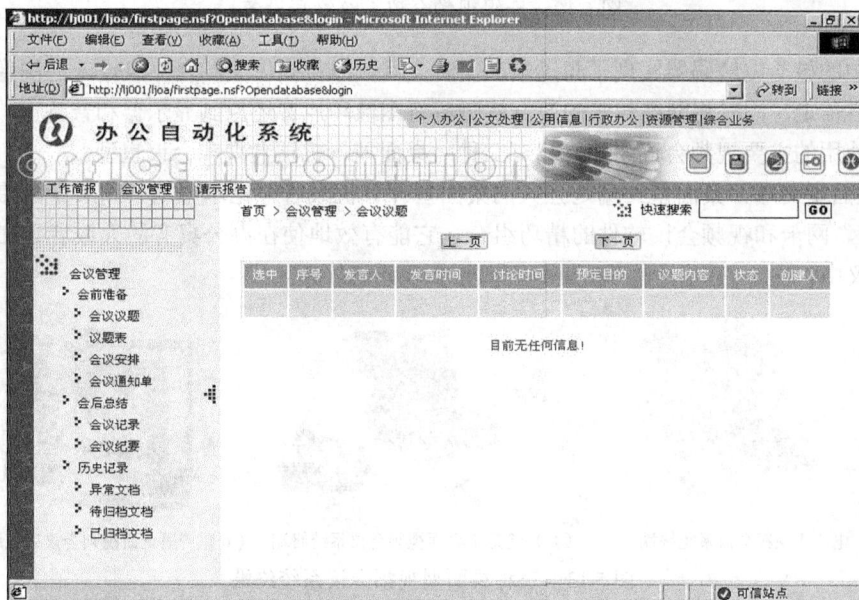

图 5.10　一个会议管理软件的初始界面

5. 视频会议

视频会议系统（Video Conferencing）也称电视会议系统，它允许两个或多个不同地方的个人或群体，通过传输线路及多媒体设备，进行声音、影像及文件资料的实时互传，即时沟通。图 5.11 所示为两个视频会议的会场状况。

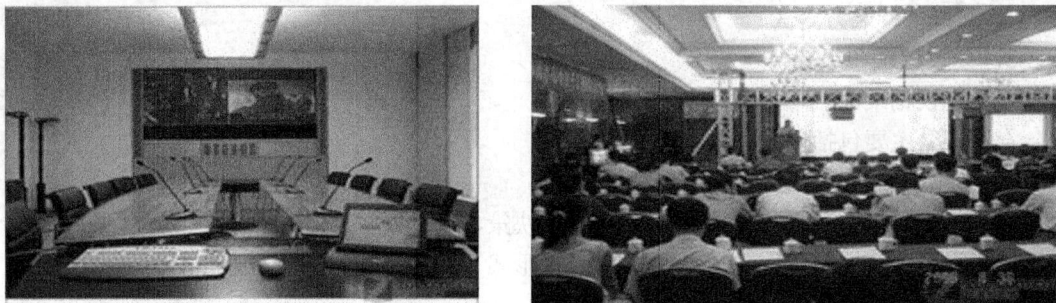

图 5.11 两个视频会议的会场状况

（1）视频会议系统终端

视频会议系统的组成非常简单，每个会场安放一台视频会议终端（包括核心编解码器、摄像头、全向麦克风以及遥控器），终端接上显示器作为回显设备，接上网络作为传输媒介就可以了。图 5.12 所示为一组视频会议系统终端设备。

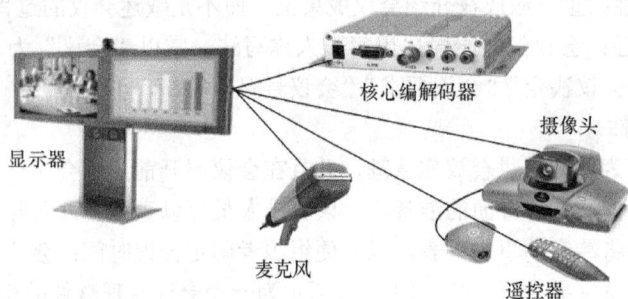

图 5.12 一组视频会议系统终端设备

终端中的核心编解码器实现了与远端的实时交互，即将摄像头和麦克风输入的图像及声音编码通过网络传走，同时将网络传来的数据解码后将图像和声音还原到显示器和音响上。

目前使用的主要视频会议系统终端有三种：桌面型、机顶盒型和会议室型。

① 桌面型终端。桌面型终端是强大的桌面型计算机或者笔记本电脑、高质量的摄像机（内置或外置）、网卡和视频会议软件的精巧组合。它能有效地使在办公桌旁的人或者正在旅行的人加入到会议中。图 5.13 所示为三种桌面型视频会议系统终端。

（a）电话式视频会议系统终端　　（b）笔记本桌面视频会议系统终端　　（c）普通桌面视频会议系统终端

图 5.13 三种桌面型视频会议系统终端

② 机顶盒型终端。机顶盒型终端的特点是简洁，在一个单元内包含了所有的硬件和软件，放置在电视机上。机顶盒安装简便，设备轻巧。

③ 会议室型终端。会议室型终端通常组合大量的附件，如音频系统、附加摄像机、文档投影仪、双屏显示器、丰富的通信接口、图文流选择设备，使终端成为高档的、综合性的产品。

（2）视频会议的功能

图 5.14 所示为某视频会议进行时在一个终端上的显示。

图 5.14　某视频会议进行时在一个终端上的显示

① 设置主持模式。可以根据需要设置不同参与者的身份，如主持人、与会者、旁听者。

② 支持多人同时发言。使每个与会者都可以同时听到多个人的发言，也可以通过设置，保证任何时候只有一位与会者发言。

③ 文字交流。在会议室窗口，有专门提供文字交流的区域，类似于聊天室，由独立的文字交流程序支持。

④ 同时显示多路视频图像。开会时，每一位与会者均被显示在用户列表中，单击用户列表中的与会者，就会显示该与会者及其提供的文件等。

⑤ 程序及同步浏览。实现会议系统与字处理、表处理、数据库、幻灯片、图像、视频、声音以及自动绘图程序的连接，可以以同步浏览的方式将上述有关文件或网页展示给其他与会者。

⑥ 录像回放。可以选择录制会议，自动记录开会的全过程，包括当时的全部语音、视频及屏幕的变化。会后需要回顾时，可以调出来作为参考。

⑦ 开会提醒。及时提醒重要会议。

⑧ 辅助功能。会议辅助功能有分发资料、投票机制等。

⑨ 会议管理。会议管理功能有添删参会人员，设置与会者权限，根据权限分配会议频道。

（3）视频会议系统

图 5.15 所示为一个省的视频会议联结示意图。图中的多点控制单元（Multipoint Controller Unit，MCU）是用来对终端进行管理的设备。当终端在三点及以上时，就必须使用 MCU。

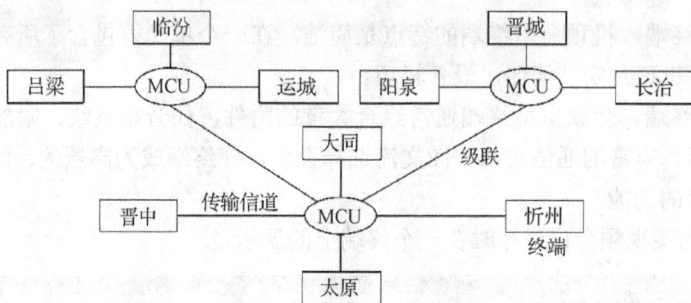

图 5.15　一个省的视频会议联结示意图

在具有 MCU 的会议系统里，所有终端的音视频数据均实时传到 MCU 上，供选择广播。MCU 的作用就是在视频会议有三个及以上分会场时，决定将某一路（或某几路合并成一路）图像作为主图像广播出去，以供其他会场点收看。而所有会场的声音是实时同步混合传输的。

5.2.2　公文处理

1. 公文的概念

公文是用于公务活动的一种应用文书，是国家用来颁布法律、法规、规章，传达政策法令，请示和答复问题，汇报情况，联系工作，制订计划及记载政务活动的重要工具。公文体式随社会发展而不断变化。我国古代的公文有如下体式。

微课　扫一扫：

公文处理

① 商周时代开始用钟鼎文记载的制度法令。

②《尚书》中收录的典、谟、训、诰、誓、命。

③ 汉代以后，皇帝对臣下的诏、制、策、敕，臣下对皇上的章、奏、表、议等。

小资料：《尚书》中的公文体式

典——典章制度；

谟——议政的策论；

训——进行教诲开导的论说文；

诰——进行训诫的文告；

誓——军队出征的誓词；

命——君主的命令和诏书。

随着国家制度的完善，公文的使用趋向规范。在我国秦代，李斯等人为了提高公文的办事效率和可靠程度，制定了现在仍在沿用的"抬头""用印"等格式。辛亥革命以后，南京临时政府于 1912 年颁布了第一个现代公文程式条例。中国共产党成立后，瞿秋白于 1931 年起草了中国共产党内的公文规范——《文件处理办法》。1942 年，陕甘宁边区政府发布了《新公文程式》。中华人民共和国成立后，国务院（当时称为政务院）于 1951 年 9 月 29 日首次颁布了《公文处理暂行办法》，规定了我国行政公文有 7 类、12 种。1957 年，国务院秘书厅发布了《关于对公文名称和体式的几点意见》，对部分文种做了调整，但仍是 7 类、12 种。1981 年 2 月，国务院颁布了《国家行政机关公文处理暂行办法》，将行政公文的文种重新规定为 9 类、15 种。1987 年 2 月 18 日，国务院颁发了《国家行政机关公文处理办法》（简称《办法》），正式规定行政公文的种类为 10 类、15 种。1993 年 8 月，国务院对《办法》进行了修订，具体文种为 12 类、13 种。2000 年 11 月，国务院对《办法》再次进行了修订，文种定为 13 种，于 2001 年 1 月 1 日起施行。2012 年 4 月，

中共中央办公厅、国务院办公厅联合印发了《党政机关公文处理工作条例》，规定公文种类为 15 种，自 2012 年 7 月 1 日起施行。

2. 公文的种类

政务公文从古到今体式不断变化，并依管理权限、层次关系、公文内容和目的形成了不同种类。高级领导部门与基层单位之间，行政机关与业务机关之间，地方政府机关与军事、外交、经济、科技部门之间，所使用的公文各有不同的侧重和差异。常用的公文分类方法有以下几种。

① 依据文体的来源和使用范围划分：公文可分为对外文件、收来文件、内部文件。

② 依据行文关系划分：公文可分为上行文、平行文、下行文。

③ 依据机密性划分：公文可分为机密文件、内部文件、公布文件。

④ 依据性质和作用划分：公文可分为法规文件、行政文件、党内文件。

⑤ 依据使用范围划分：公文可分为通用文件、专用文件等。

⑥ 依据用途划分：按照《党政机关公文处理工作条例》（中办发[2012]14 号）文件的规定，现行国家行政机关的公文种类为 15 种：决议、决定、命令（令）、公报、公告、意见、通告、通知、通报、报告、请示、批复、议案、函、会议纪要。

此外，一些文种虽不在上述之列，但实际应用很广并具有一定的公文性质，如某些章程、办法、计划、协议书、电报、记录、简报、调查研究、首长讲话稿等。

3. 公文处理的内容和流程

由于分工细化，公文处理要经过一系列步骤，一般包括公文拟制、审核、修改、核对、签发、收发、存档、删除、拟办、批办、承办、统计、检索等。但是，并不是每个步骤都需要，并且对于不同的部门、不同的目的、不同的工作环境，有关工作所组成的流程也不同。为了避免公文处理的随意性，各有关部门都制定了相应的公文处理（流转）程序。图 5.16 所示为收文处理流程示例。

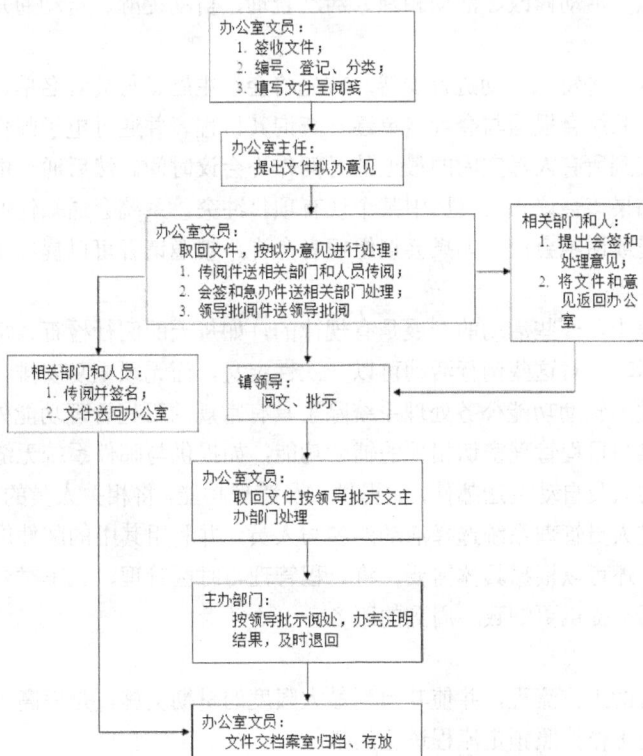

图 5.16　收文处理流程示例

5.2.3 日程管理与流程监控

1. 日程管理

日程管理是一种对部门、领导或个人的日常活动进行时间管理的工具，具有记录工作安排、提示待办事项等作用。简单地说，日程管理就是一种保证在预定的日期完成预定工作的方法。

微课　扫一扫：

日程管理与流程监控

在传统的办公环境中，人们使用日程表、月历、日历、记事本、标签、黑板（白板）、便条等记录工作安排，提示待办事项。但是，手工进行日程管理具有很强的局限性，如不能自动提醒，没有自动的联系和通知功能。

现在，人们已经可以使用电子日程管理模块，在计算机网络平台上，对预定要完成的事情所涉及的时间、人员、地点、程序进行安排与管理，按照预定时间提前提醒，实现工作计划、办公会议、业务活动的自动安排，能够帮助人们对时间等资源进行宏观调控和协调，在规定的时间内完成预定的工作，对工作实施优化管理，提高工作效率。

电子化公务处理系统提供的日程管理实际上是一种对工作人员公务活动进行时间管理的工具，是利用计算机网络平台，完成约会的时间、人员、地点、程序安排与管理，从而实现工作计划、办公会议、业务活动的自动安排。合理的日程管理能够为办公活动带来极大的便利，可以帮助办公人员对时间等资源进行宏观调控和协调，实现优化管理，从而达到提高办公效率的目的。在公务处理系统中，日程管理程序具有以下功能。

（1）活动安排

这里的活动安排主要是指将具体的活动与日程安排相结合，实现办公时间的合理安排，通过日程管理应用系统的协调，避免各类活动发生时间冲突，灵活管理各类活动。其具体功能包括日程表设置、活动输入、活动修改、活动删除、活动查询、自动提醒、自动通知等。

（2）会议安排

在这里会议作为一种特殊活动进行安排。首先将会议主题、与会者名单、会议地点、会期等基本数据输入系统，系统会根据与会者名单逐一查询其日程表并通过电子邮件方式逐一通知。系统会帮助管理人员找到所有人都空闲的最近的时间作为会议时间。然后通过电子邮件将会议通知发送给被邀请者，如果该会议与其日历中某个现有项目冲突，系统会通知他们，他们只需单击按钮来接受、暂时接受或谢绝会议。如果会议组织者允许，被邀请者可以提出不同的时间建议。

（3）例行活动管理

在活动安排过程中，一些活动的开展是有规律的，如每天的例行检查、每周五召开的周末总结会、月末汇报等活动。对这些例行活动可以一次性定义，而无须重复安排。

与日程管理相关的辅助功能公务处理系统除了具有常规的日程管理功能外，还应结合办公环境的实际需要，提供与日程管理密切相关的辅助功能，如提供与邮件系统无缝集成的功能，通过邮件系统向活动参与人员自动发送邮件，如提供人员管理功能，将相关人员的详细信息记录下来，使日程管理系统通过人员管理系统选择活动的参与人员，并利用其中的邮件地址实现活动通知的自动发送等。此外，还可以根据具体需要，将日程管理与时区管理、火车时刻表、组织通信簿等联系起来，为公务活动提供更细致、周到的服务。

2. 流程监控

建立规范、完善的工作流程，并使其得到最大限度的贯彻实施，是提高工作绩效的关键。流程监控就是一种保证工作按照预定流程进行的措施。

为了对工作流程进行监督控制，要了解所监控的工作流程的进展情况、流程经过的节点上人员的状态（准备情况、完成情况、有无困难等），以便分析工作进度。

在政务中，流程监控分为在办事务监控和已结案事务监控两类。在办事务监控又可以分为在办工作项监控、逾期工作项监控和待办工作项监控。在人工流程监控方式下，上述情况靠人工询问或汇报，然后使用一系列表格表明工作进度，进行掌控，必要时需要了解工作缓慢或进程加快的原因。已结案事务监控可以分为按期结案工作项监控和逾期结案工作项监控，也要列出某一工作项的进展过程。

5.3 政务事务处理自动化

5.3.1 集成办公自动化平台

1. 办公自动化及其层次

办公自动化（Office Automation，OA）是随着计算机技术的发展和广泛应用而提出来的新概念。办公自动化没有统一的定义，凡是在传统的办公室中采用各种新技术、新机器、新设备从事办公业务的，都属于办公自动化的范畴。

每个组织都可以分为操作、管理和决策三个层次，办公自动化也有与之相应的三个层次，分别称为操作层 OA、管理层 OA 和决策层 OA。

（1）操作层 OA

其在数据层上进行处理，处理的主要内容是执行例行的日常办公事务，涉及大量的基础性工作，包括文字处理、电子排版、电子表格处理、文件收发登记、电子文档管理、办公日程管理、人事管理、财务统计、报表处理、个人数据库等。这些工作一般在单机上就可以完成。

（2）管理层 OA

管理的主要对象既有数据，又有信息。管理层 OA 是把操作层 OA 和综合信息紧密结合起来的一体化的办公信息处理系统。它以操作层 OA 为支持，以管理控制活动为主，增加了信息管理功能。管理层 OA 在单机上难以完成，多数在以局域网为主体构成的系统上实现。

（3）决策层 OA

其为在操作层 OA 和信息管理系统的基础上增加了决策或辅助决策功能的最高级的办公自动化系统，主要担负辅助决策的任务，即为决策提供支持。

2. 集成办公自动化平台的功能

政务办公自动化是 20 世纪 70 年代中期计算机应用普及到办公室的产物。当时，主要利用计算机进行文字处理、表格处理和事务型数据管理，将办公人员从烦琐的文牍环境中解放了出来，提高了办公者个人的办公效率和质量。经过短短几年时间，这种辅助办公就得到了广泛应用，并开始向集成的办公平台方向发展，目的是使所有的办公人员都在同一个桌面环境中一起工作。图 5.17 所示为政府办公自动化平台的功能结构示例。显然，它集成了几乎所有政府事务处理功能。

集成办公自动化平台可以为工作带来以下八个好处。

① 成为信息沟通的平台。使组织的通信和信息交流快捷、通畅，人们无论在何时、何地都可以通过便捷的办法获得必要的信息，实现与他人的实时交流与沟通，并进行业务处理。

② 成为信息发布的平台。在政府内部建立一个有效的信息发布和交流的机制，使内部的规章制度、新闻简报、技术交流、公告事项等能在内部及时传播。

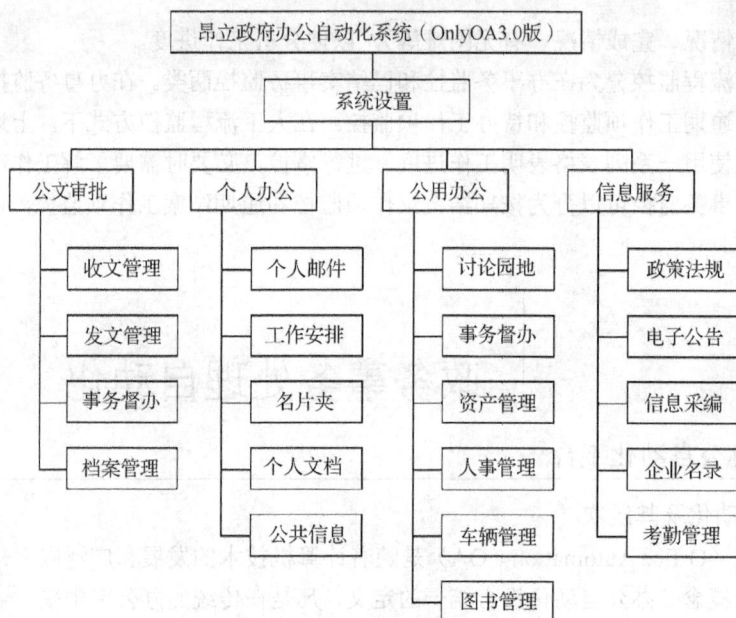

图 5.17　政府办公自动化平台的功能结构示例

③ 成为信息集成与共享的平台。每一级政府以及政府的每一个部门都掌控着大量信息，这些信息往往与其他部门有关。采用集成办公自动化平台可以进行信息集成，进行部门间共享，使信息资源得到充分利用，削弱信息的不一致性，提高整体的反应速度和决策能力。

④ 成为综合办公、业务协同的平台。公文流转平台可改变传统纸质公文办公模式，在内外部的收发文、呈批件、文件管理、档案管理、报表传递、会议通知等方面均采用电子起草、传阅、审批、会签、签发、归档等电子化流转方式，可实现工作流程的自动化，提高政府的办事效率，规范各项工作的执行。同时，通过对流转过程的实时监控、跟踪，每个工作人员都能够及时获取业务处理信息，从而实现了多岗位、多部门之间的协同工作，提高了单位的工作效率。

⑤ 具有综合管理功能，能够对日常事务进行统一协调。

⑥ 支持分布式办公。政府部门往往是分散的，具有多分支机构，有些还要跨地域办公以及移动办公。集成办公自动化平台要支持这种办公需要。

⑦ 提供统一的办公界面，减少学习成本。

⑧ 系统易于扩充。

5.3.2　从职能管理到流程管理

现代政府的科层结构是基于分工理论形成的。分工理论的鼻祖亚当·斯密在他的不朽之作《国富论》中论述的核心问题就是分工。他以别针的生产为例，论述了分工在提高劳动生产率方面的作用。分工之所以能够提高生产率，是因为在分工社会中，专门从事某一项生产活动的人只管钻研与自己有关的生产技术，而不必过问别的知识。

分工不仅可以静态地提高社会生产的能力，还能动态地刺激经济的腾飞。纵观人类社会发展的历史，我们可以发现，当在原有的社会结构中出现新的分工，而且这一分工能够快速发展，最后形成对社会具有举足轻重的作用时，一种新的社会形态就形成了。

分工在经济发展中的巨大作用，促使人们把它引入政府的行政管理中。按照分工理论组织政府，在初期显示出了极大的积极作用。但是随着分工不断细化，政府的规模越来越大，不仅政府在财政方面的开支越来越大，直到不堪重负，处理问题的效率也越来越低，内部的管理不断出现漏洞，民众的不满情绪越来越强烈。

面对这种情况，人们最先的解决策略是"精兵简政"。但是，每一次精简的结果是机构规模的再次反弹。后来人们开始从行政理念和体制上寻求突破。

随着分工理论研究的深入，人们认识到，对于企业来说，分工细化虽然提高了生产效率，但是分工细化的结果是交易次数的增加。交易次数的增加，增加了总的交易费用。所以，分工不会无穷细分，合理的分工应当停止在分工的边际收益等于交易边际成本的那个点上。当新的技术和经济制度使交易费用降低时，分工将进一步细化。分工就是这样与经济发展相辅相成地增长的。但是，政府是不获取利润的，分工细化可以提高单次的处理效率和质量，但是增加了部门和人员，也就增加了通信（信息交换和协调）消耗。因此，政府的分工细化也是有限度的。

随着研究的深入，人们发现了一个新的突破口：在传统政府中，管理是基于职能的，分工是按照专业或职能进行的。这种基于职能的分工仅仅从个别环节上使行政效率提高的角度考虑问题。

随着业务流重组（Business Process Reengineering，BPR）在企业管理中应用的成功，人们发现，在一个组织中业务流程决定着组织的运行效率，而分工理论决定了业务流程的构造方式。于是，基于职能的管理方法开始被基于流程的管理方法代替。

5.3.3 BPR 与政务流程再造

1. BPR 的概念

BPR 作为一种先进的管理思想，最先由美国麻省理工学院教授哈默（Michael Hammer）于 1990 年在《重组工作：不要自动化改造，而是彻底铲除》一文中提出。1993 年，哈默与 CSC Index 的首席执行官詹姆斯·钱皮（James Champy）共同发表了《公司重组：企业革命的宣言》，对 BPR 进行了详细的阐述。此后，这种新的管理思想风潮席卷了整个美国和其他工业化国家。哈默认为，亚当·斯密的劳动分工理论在提高生产效率的同时，也给企业的持续发展制造了障碍。工业革命忽略了流程的连贯性，将连续的业务流程强行分解成一个个支离破碎的任务片段，据此设立岗位，由专业人员负责这些任务片段。在分工理论的影响下，科层制成为企业的主要组织形态，人为形成硬性的上下级关系。任务分解所导致的岗位分割以及建立在任务上的科层制组织就成了工业社会的基石。基于劳动分工和管理分工划分任务，简单地规定岗位职责，导致了流程的复杂化和混乱，员工只专注于与自身利益密切相关的岗位职责，忽略业务流程的整体连贯性和流程结果的商业价值。

微课 扫一扫：

BPR 与政务流程
再造

根据哈默与钱皮的定义，"BPR 就是对企业的业务流程（Process）进行根本性（Fundamental）再思考和彻底性（Radical）再设计，从而获得在成本、质量、服务和速度等方面业绩的戏剧性的（Dramatic）改善"。在这个定义中，"根本性""彻底性""戏剧性""流程"是 BPR 的 4 个核心内容。

BPR 的基本思想和主要原则包括以下内容。

① BPR 要求实现从传统面向职能向面向流程管理的转变，将业务的审核与决策点定位在业务流程执行的地方，尽量缩短信息沟通的渠道和时间，提高对客户的反应速度。

② BPR 强调业务流程中每一个环节上的活动尽可能实现最大化增值，并根据整体流程全局最优（而不是局部最优）的目标设计和优化流程的各项活动，消除本位主义和利益分散主义。

③ BPR 的一个基本目标是尽量减少中间层次，建立扁平化的新型组织。但是，扁平化组织

要在流程设计和优化的基础上建立。在新的扁平化组织中，管理权力下放，将决策点定位在业务流程执行的地方。

④ BPR 要通过计算机技术和网络技术实现。

2. 政务流程再造与优化

政务流程再造就是在政府管理中引入流程再造理论，借助管理创新和信息技术来改进公共服务和加强社会管理的过程。对于服务型政府，可以将政务流程分成三类：面向公众的服务流程、位于政府后台内部的支撑流程和负责整体协调控制的管理流程。

① 服务流程类似于企业的经营流程，主要为公众提供公共服务。

② 支撑流程不完全等同于支撑政务的流程，主要包括位于政府内部且服务于服务流程的其他政务流程，为服务流程直接提供产品、服务和信息。

③ 管理流程相当于企业的战略流程和协同类管理流程，既要保证服务流程和支撑流程两者之间的有效配合，又要落实服务型政府的发展战略，满足公众对服务型政府的价值期望。

流程再造大大提高了行政效率。在新加坡，对中小企业技能发展基金审批业务进行重组后，审批时间由原来的 42 天缩短到 5 天，对产品的测试由 22 天缩短到 10 天。

政务流程的再造方式可分为优化和再造两类。再造与优化都是在政府治理理念的指导下对政府管理的组织结构、服务方式、管理制度等的变革，可归纳为行政体制改革或者管理机制变革的范畴，但绝不是单纯的机构精简或者新一轮的"三定"编制。

政务流程优化立足于现有政务流程，对现有政务流程进行渐进式的改进和完善。政务流程再造则是抛开现有政务流程，完全面向政府发展战略，重新、彻底地设计新的政务流程。

3. 政务流程再造过程

政务流程再造过程大致如下：梳理审批流程，描述业务流程，分析现有审批流程，进而规范与改进审批流程。

（1）梳理流程

梳理流程就是判断哪些系列活动可以看作一个流程，通常可以从以下几个方面进行识别。

① 一个流程有特定的输入和输出。

② 每个流程的执行都要跨越组织内的多个部门。

③ 一个流程专注于目标和结果，而不是行动和手段。它是对"什么"的回答，而不是对"怎样"的回答。

④ 流程的输入和输出都能被组织中的任何一个人轻易地理解。

⑤ 所有的流程都是与用户及其需要相关的，流程之间也相互关联。

（2）描述流程

根据分析识别流程要素的结果，参照《电子政务业务流程设计方法　通用规范》（GB/T 19487—2004），采用程序流程图、跨功能流程图、业务协作流程图等描述流程。

在实际工作中，要从现实需求和不同目标出发，来判断各方法的适合程度，并可将不同方法有效组合，创造出一种适合特定需求的组合化流程描述方法。

（3）流程诊断

流程诊断就是查看现有流程的不足之处，寻找流程增值空间以及流程中不先进的环节的过程。

（4）流程改进和优化

在描述现有业务流程的基础上，对流程进行规范与改进，并清楚地描述未来的流程，为工作人员提供清晰、可识别的业务流程，为相应的软件系统开发打下坚实基础。此外，在应用信息技术建设"一站式"服务系统时，也有必要对业务流程进行调整和优化，否则不合理的流程和方式不改变，即使引入了先进的信息技术，也是直接模拟手工业务处理方式和处理流程，固化了落后的模式，甚至有可能导致工作效率不如手工方式高。

（5）流程再设计

流程再设计包括清理、简化、整合和自动化四个阶段。

① 清理是指减少流程中的非增值活动，删除无效活动。

② 简化是在清理了非增值活动和无效活动之后，简化剩余的必要活动。

③ 整合是对简化后并分解开的任务进行统一整理，确保流程流畅、连贯。

④ 自动化是指采用信息技术来加速流程和提高服务质量。

（6）监测评估

流程管理不可能一次性完成，要结合绩效考核，建立合理的"一站式"行政服务绩效评估体系，通过"一站式"体系的网上监察监督系统，评估流程的绩效，以便持续改善流程，提高网上审批的应用效果，体现系统的社会效益和经济效益。

5.3.4　工作流技术

1. 工作流与工作流管理系统

工作流（Workflow）是针对日常性的、具有固定程序的活动提出的一个概念。不同的研究者和产品供应商从不同的角度给出了工作流的定义。下面是三种具有代表性的定义。

① 工作流是一类能够完全或者部分自动执行的业务流程。它根据一系列的过程规则，使得文档、信息或任务能够在不同的执行者之间传递与执行。这是工作流管理联盟（Workflow Management Coalition，WfMC）给出的定义。

② 工作流是将一组任务组织起来，以完成某个业务流程。在工作流中定义了触发顺序和触发条件。每个任务可以由一个或多个软件系统完成，也可以由一个或一组人完成，或由人和系统协作完成。触发顺序和触发条件定义并实现了任务的触发、任务的同步、信息流的传递。

③ 工作流是业务流程计算机化的表现模型，定义了完成整个流程所需的各种参数，包括步骤的定义、步骤的执行顺序和条件、数据流的建立、每一步骤由谁负责以及每个活动所需的应用程序。

工作流常被看作一种计算机协同工作技术。这就是说，一个实际的工作流是一种团队行为，每个团队的参与者必须通过协同行为参与到流程或子流程中。所以，一个工作流管理系统（Workflow Management System，WfMS）是人与计算机协同工作的自动化系统，它的基本功能体现在几个几方面。

① 定义工作流，包括具体的活动、规则等。这些定义是同时被人及计算机所"理解"的。

② 遵循定义创建和运行实际的工作流。

③ 监察、控制、管理运行中的业务流程（Business Process），如任务、工作量与进度的检查、平衡等。

2. 工作流管理系统的分类

根据所实现的业务过程，工作流管理系统可分为四类。

① 管理型工作流（Administrative Workflow）管理系统。在这类工作流管理系统中，活动可以预定义，并且有一套简单的任务协调规则，如收发文过程等。

② 设定型工作流（Ad Hoc Workflow）管理系统。与管理型工作流管理系统相似，但一般用来处理异常或发生机会比较小的情况，有时甚至是只出现一次的情况，这与参与的用户有关。

③ 协作型工作流（Collaborative Workflow）管理系统。参与者和协作的次数较多，在一个步骤上可能反复发生几次，直到得到某种结果，甚至可能返回到前一阶段。

④ 生产型工作流（Production Workflow）管理系统。实现重要的业务过程的工作流，特别是与业务组织的功能直接相关的工作流。与管理型工作流管理系统相比，生产型工作流管理系统一般应用在大规模、复杂和异构的环境中，整个过程会涉及许多人和不同的组织。

3．工作流管理系统的应用

随着信息技术的发展和日趋激烈的商业竞争，人们不再满足于独立、零散的办公自动化和计算机应用，需要综合的、集成化的解决方案。作为一种对常规性事务进行管理、集成的技术，WfMS的出现是必然的。工作流管理可以带来以下好处。

① 改进和优化业务流程，提高业务工作效率。

② 实现更好的业务过程控制，提高服务质量。

③ 增强业务流程的柔性等。

第二代办公自动化系统采用了工作流技术。图5.18所示为采用了工作流技术的办公自动化系统所提供的流程管理图形界面。

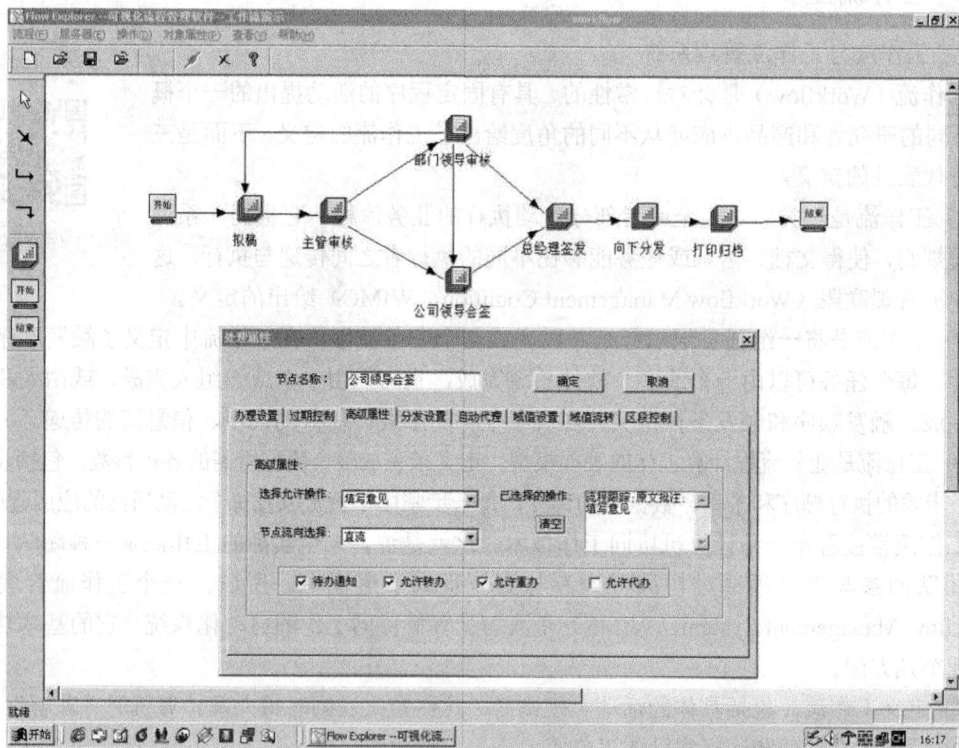

图5.18　采用了工作流技术的办公自动化系统所提供的流程管理图形界面

4．工作流与BPR

如果说BPR是一种思想和方法，那么工作流可以看成一种技术。按照BPR的观点，人们要将眼光投向实际业务进行的过程，但这个过程应当是什么样的？怎样分析？怎样构造？工作流将给出一个具体的、可操作的答案。因此，工作流与BPR现在已经被几乎所有的研究者联系在一起研究和应用。在这个领域，有一个非常活跃的国际组织——国际工作流与重规划协会（Workflow and Reengineering International Association，WARIA）。

5.4 电子政务行政决策与知识管理

5.4.1 行政决策

1. 决策的概念

决策是人类的一种高级思维活动，是为了实现某个具体的特定目标而确定战略、策略、方案和办法的过程。这个过程是一个综合分析、推理、判断的思维过程，通常是运用科学的方法与技术，在掌握大量有关情报信息的基础上，提出多个预选方案，并从中选择一个最优行动方案的过程。

微课 扫一扫：

行政决策

2. 行政决策的作用

行政决策是各种决策中的一种，是指行政领导者在处理政务时，从公共利益及公平与公正原则角度出发，依照法律和有关规定做出决定的行政行为，是国家行政机关在履行行政管理职能时一项最主要的工作。它一般包含三方面的含义。

① 行政决策是政府的一种行政行为，其性质具有国家法定的行政效力。

② 行政决策是所有行政机关的重要功能，既要体现国家意志，又要反映自身制度化和组织化的行为。

③ 行政机关在做出处理公共事务的决定时，应当遵循行政管理活动程序，对所解决的问题，根据事物发展的客观规律拟订多种方案，并选择一个满意的方案依法付诸实施。

行政决策具有如下作用。

① 行政决策在行政管理过程中具有决定性作用，处于核心地位。

② 行政决策主导着公共行政的全过程。

③ 行政决策是行政管理成功与失败的决定性因素。

④ 行政决策是贯彻执行国家意志和加强政府合法性的必要途径。

3. 行政决策的分类

对于行政决策的分类，学术界有各种不同的分类方法。由于角度不同，分类自然有异。一般依据决策对象、决策内容、决策主体、决策行为、决策目标的不同进行划分。

（1）按决策对象所处状态分类

① 确定型决策：是指决策者对决策对象的自然状态和客观条件能够确定，决策目标非常明确，决策实施的结果也能够确定。

② 风险型决策：是指决策者对决策对象的自然状态和客观条件比较清楚，有比较明确的决策目标，但是实现决策目标必须冒一定风险。

③ 不确定型决策：是指决策者对决策对象的自然状态和客观条件都不清楚，决策目标也不够明确，对决策的结果也不能进行控制和预测。

（2）依据决策内容是否重复出现分类

① 程序性决策：也叫常规性决策，是指决策者对有法可依、有章可循、有先例可参考的结构性重复性、较强的日常事务所进行的决策。

② 非程序性决策：也叫非常规性决策，是指决策者解决无法可依、无章可循、无先例可供参考的问题时所进行的决策，是非重复性的、非结构性的决策。

（3）按决策主体的不同分类

① 个人决策：是指在进行行政决策时，由行政领导者一个人做出决策。

② 集体决策：是指在进行行政决策时，由行政领导者集体做出决策。集体决策往往采取少数服从多数的原则。

③ 领导决策：实际权力把持者（个人或群体）做出决策。

④ 公民磋商与参与决策：政府决策时与公民磋商并吸收公民参与，是现代行政决策体制的重要内容，也是行政民主化和政治民主化的重要内容。

⑤ 专家咨询决策：是指各类各级行政领导依靠结构合理的专家群体，通过咨询、论证等活动，为决策提供依据。专家咨询能够弥补领导者能力、智力和时间上的不足，使决策更具有科学性和可行性。

（4）按照决策行为分类

① 经验决策：是指决策者对决策对象的认识与分析，以及对决策方案的选择，完全凭借决策者在长期工作中积累的经验和解决问题的惯性思维方式所进行的决策。

② 科学决策：是指决策者凭借科学思维，利用科学手段和科学技术所进行的决策。

（5）依决策目标及所涉及的规模和影响程度不同分类

决策分为战略性决策和战术性决策。

（6）危机决策

危机决策是指领导者在自然或人为的突发性事件发生后，迅速启动各种突发事件应急机制，大胆预测，做出决定的过程。

4．行政决策的过程

西蒙从心理学的研究角度出发，把决策过程分为四个阶段。

① 情报活动阶段，主要任务是收集信息，找出差距，界定问题，确定决策目标。

② 方案设计活动阶段，主要任务是提出各种各样的决策备选方案。

③ 选择方案阶段，也就是决策阶段。

④ 审查方案阶段，对实施方案进行审查和评价。

被称为"犹如行为科学的达尔文"的美国政治学家哈罗德·拉斯韦尔（Harold Lasswell，1902—1977年）也从认识过程的角度来考察决策过程，把决策过程分成七个阶段。

① 情报（Intelligences），也称信息（Informations）阶段。这个阶段的主要任务是认定问题和研究信息。

② 倡议（Promotion），又称荐举（Recommendation）阶段，即暂时地试验性实行。

③ 命令（Prescription）阶段，即权威性规定所做出的选择。

④ 试行（Trial）阶段，即试验性地推行。

⑤ 施行（Application）阶段，即具体执行。

⑥ 终止（Termination）阶段，即更换、修正和废止决策。

⑦ 评估（Appraisal）阶段，即审核决策及其后果。

行政决策过程是指行政决策过程中各个相互独立又相互联系诸环节的先后次序与步骤。目前，我国的行政决策一般按照以下步骤进行。

① 认识问题，界定问题，找出差距。

② 确定决策目标。我国政府产生决策目标的基本方法大体有如下几种。

• 立法机关确立的决策目标。

• 中国共产党制定的方针、路线和政策。

- 上级政府或上级领导机关下达的具体决策目标。
- 政府或上级领导部门下达的粗略目标。
- 组织本身的发展所确定的决策目标：一种是为了落实组织发展的长远目标而制定的短期目标，另一种是针对组织目前存在的问题所确定的决策目标。

③ 确定决策标准，确定每个标准的权重。

④ 拟订决策方案。拟订决策方案分两个阶段：粗拟阶段和精心设计阶段。决策方案一般有四种：积极方案、临时方案、追踪方案和应变方案。

⑤ 分析方案。

⑥ 选择方案。

⑦ 实施决策方案，完善决策。

⑧ 评估决策，重点评估以下几个方面。

- 在决策执行过程中，是否真正贯彻执行了党的方针、政策，是否按照有关的法律和法规执行决策，是否贯彻执行了上级的指示与命令。
- 民众的反应和满意程度。
- 决策质量。
- 决策执行活动的成本效益。
- 实施决策的领导机构和执行机构的工作是否卓有成效、坚强有力。
- 采取措施，完善决策。

5.4.2 决策支持系统

1. 决策支持系统的提出

从 20 世纪 50 年代计算机应用于数据处理开始，人们就开始把计算机应用于管理。到了 20 世纪 60 年代，随着数据库技术的出现和快速发展，各种管理信息系统（Management Information System，MIS）迅速发展，大大提高了管理的效率和质量。于是，人们借助生产自动化的经验，设想在 MIS 的支持下建立自动化的、能够进行决策的自动系统，但是一直没有成功。到了 20 世纪 70 年代，人们开始反思 MIS 的问题。西蒙从心理学和管理学的角度找到了问题的本质原因：管理过程与生产过程不同，其是不可以完全由机器代替的。他把管理中的处理分为三类：结构化、半结构化和非结构化。结构化的处理是可以程序化的，也是能够自动化的；非结构化的问题是不能程序化的；半结构化的问题处于中间。决策过程中有许多问题是半结构化的，一部分是结构化的。对于半结构化的问题，只可以建立一个决策支持环境，辅助决策者决策，而不能用机器代替决策者决策。于是，人们开始从研制自动化的 MIS 转向开发决策支持系统（Decision Support System，DSS）。

微课 扫一扫：

决策支持系统

2. 决策支持系统的特点与结构

一个好的决策支持系统应该具备以下特点。

① 辅助决策者解决半结构化或非结构化的问题。

② 允许用户试探几种不同的决策方案。

③ 必须具备决策支持模型的管理功能。

④ 把数学模型或分析技术与数据存储和检索功能结合起来。

⑤ 系统必须具备友好的人机交互界面。

⑥ 系统必须具备良好的适应能力，可以适应不同环境和满足用户的需求。

根据这些要求设计出的决策支持系统的结构如图 5.19 所示。

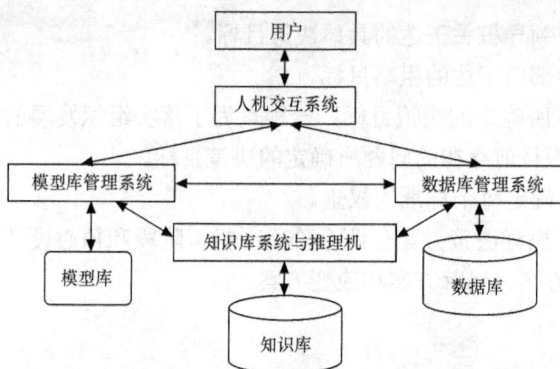

图 5.19　决策支持系统的结构

3．DSS 中的关键技术

（1）决策建模技术

为了辅助决策，首先要探索政府决策的规律和实际运行过程中发现的本质规律，分析各种因素对科学决策的影响程度，在此基础上建立一个恰当的简化模型并加以描述，为最终确立正确的决策模型提供科学的依据。

（2）模型库系统

随着社会和技术的发展，各级政府面临的问题会越来越复杂，需要的决策模型也将越来越多，有时为解决一个问题可能会涉及成百上千个模型，这些模型可以构建一个模型库。

（3）接口技术

① 决策支持系统内部各部分之间的接口，主要是决策模型和数据库之间的接口。

② 决策支持系统与电子政务系统之间的接口，其可把现有的决策支持系统与电子政务系统有机地结合起来。

③ 决策支持系统与数据仓库-数据挖掘系统之间的接口，其可把现有的决策支持系统与数据仓库-数据挖掘系统有机地结合起来。

（4）知识表示及推理技术

其为决策支持系统中的关键技术。知识表示是把用自然语言形式描述的信息通过形式化的方法转化为计算机可以识别和使用的形式。推理则是根据系统拥有的知识和数据得到新信息的技术。

（5）系统集成技术

系统集成技术可把"模型、数据、知识、新技术"集成为一个有机的整体，使系统一方面具有良好的稳定性和可靠性，另一方面能够及时反映当前社会和技术发展的最新动态。

4．群体决策支持系统

群体决策支持系统（Group Decision Supporting System，GDSS）是指在系统环境中，多个决策参与者共同进行思想和信息的交流，群策群力，寻找一个令人满意和可行方案的决策支持系统，但在决策过程中只由某个特定的人做出最终决策，并对决策结果负责。

（1）GDSS 的技术功能

① 对决策过程中的数据信息交流进行控制。

② 自动选择合适的群体决策技术。

③ 对可行的决策方案进行分析计算和解释。

④ 如果群体决策无法得出一致结果，则讨论个体决策差异或提出重新定义问题的建议。

（2）GDSS 的基本结构

GDSS 是对 DSS 的扩充，扩充的内容如下。

① 增加了一个通信库（Communication Base），方便决策参与者之间进行交流。

② 加强了模型库，提供了投票、排序、分类评估等功能。

③ 系统使用前能够快速准备，具有协调能力，如安排会议议程，事先让与会者熟悉相关数据文件和决策模型等。

④ 扩充了必要的物理设备。

5. 智能决策支持系统

智能决策支持系统（Intelligence Decision Supporting System，IDSS）是人工智能（Artificial Intelligence，AI）和 DSS 的结合，其应用专家系统（Expert System，ES）技术，使 DSS 能够更充分地应用人类的知识，如关于决策问题的描述性知识、决策过程中的过程性知识、求解问题的推理性知识，通过逻辑推理来帮助解决复杂的决策问题。

IDSS 的概念最早由波恩切克（Bonczek）等人于 20 世纪 80 年代提出，它既能处理定量问题，又能处理定性问题。

把 AI 技术引入 DSS，主要是通过专家系统与 DSS 相结合，在 DSS 系统中加入学习机制、推理机和规则库。由于在决策过程中许多知识不能用数据表示，也不能通过模型描述，也没有固定方式的专门知识和历史经验。IDSS 引入的规则库可以存储这些知识，为决策提供重要的参考和依据。

5.4.3 知识与知识管理

1. 知识

知识到底是什么，目前仍然有争议，从不同的角度可以做出不同的表述。例如，在《中国大百科全书·教育》中，"知识"条目是这样表述的："所谓知识，就它反映的内容而言，是客观事物的属性与联系的反映，是客观世界在人脑中的主观映像。就它反映的活动形式而言，有时表现为主体对事物的感性知觉或表象，属于感性知识，有时表现为关于事物的概念或规律，属于理性知识。"这是从哲学角度做出的表述。这一表述说明知识是主客体相互统一的产物。它来源于外部世界，所以知识是客观的，但是知识本身并不是客观现实，而是事物的特征与联系在人脑中的反映，是客观事物的一种主观表征。知识是在主客体相互作用的基础上，通过人脑的反映活动产生的。

与哲学不同，认知心理学是从知识的来源、个体知识的产生过程及表征形式等角度对知识进行研究的。例如，皮亚杰从个体知识产生过程的角度来表述知识。他认为，经验（即知识）来源于个体与环境的交互作用。这种经验可分为两类：一类是物理经验，它来自外部世界，是个体作用于客体而获得的关于客观事物及其联系的认识；另一类是逻辑-数学经验，它来自主体的动作，是个体理解动作与动作之间相互协调的结果。例如，儿童通过摆弄物体，可获得关于数量守恒的经验；学生通过数学推理可认识数学原理。布卢姆则从知识所包含的内容的角度来表述知识，属于一种现象描述。他认为知识是"对具体事物和普遍原理的回忆，对方法和过程的回忆，或者对一种模式、结构或框架的回忆"。

从信息处理的角度，需要区分"信息"与"知识"。信息是对数据的解释，是可以消除认识不确定性的东西；知识是系统化了的信息，或者说知识是经过加工的，能够对组织、个人、事物产生改变的信息。

英国物理化学家和思想家波兰尼依据存在的形式将知识分为两类：显性的知识（Articulated

Knowledge）和隐性的知识（Tacit Knowledge）。他认为，显性的知识即通常被说成知识的东西，即用书面语言、图表或数学公式表达的东西，如专利、商标、商业计划、市场研究和客户名单等；隐性的知识是指不能系统阐述的知识或"只可意会不可言传"的知识，是一种主观的、基于长期经验积累的知识。它们被储存在人们的大脑里，是高度个人化的知识，不能用几个词、几句话、几组数据或公式来表达，是知道却难以言述的知识。

2. 知识管理

知识管理（Knowledge Management，KM）诞生于知识经济逐渐兴起，信息技术飞速发展，商业竞争日益加剧的环境中，是信息管理的进一步发展。第一代信息化管理的对象是数据，第二代信息化管理的对象是信息，而第三代信息化管理的对象是知识。这个词来自彼得·德鲁克1988年说的一句话。他认为知识是新经济的硬通货，知识工人是组成新经济的个体。随着知识经济时代的到来，德鲁克的这个观点被普遍认可。

> **小资料：彼得·德鲁克**
>
> 彼得·德鲁克（Peter F. Drucker，1909—2005年），当代世界最著名的企业管理顾问。他在管理学上取得了伟大成就，被尊称为"管理学之父"。他的著作给现代商业公司提供了许多理论和现实基础，被推举为当代最不朽的管理思想大师。他在纽约大学管理研究所教书二十多年，著作颇丰，代表作有《管理：任务，责任，实践》《卓有成效的管理者》等。

知识管理的基本精神是知识分享（Knowledge Sharing）和共用，即透过知识的分享，促使整个组织中的人得以利用。从这点出发，可以给出如下定义：知识管理是一种通过掌握、捕捉、共享和使用组织的知识资产，进行评估和利用，以此强化组织力量的管理活动。

美国生产力和质量中心（American Productivity & Quality Center，APQC）对知识管理的定义是：知识管理应该是组织有意识采取的战略，它能够保证在最需要的时候将最需要的知识传送给最需要的人。这样可以帮助人们共享信息，最终达到提高组织业绩的目的。

奎达斯（P. Quitas）将知识管理看作"一个管理各种知识的连续过程，以满足现在和将来出现的各种需要，确定和探索现有和获得的知识资产，开发新的机会"。

简单地说，知识管理就是利用组织智力或知识资产创造价值的过程。一个典型的例子是，一位首长带着几位专业部门的领导举行记者招待会，当某位记者问到一个专业性较强的问题时，某位部门领导就会主动请求回答，或者首长说这个问题请××回答，这就是知识管理的一个例子。这里，专业部门的领导就是专业知识专家。

另一个是酒店服务员的例子。一位优秀的酒店服务员非常注意客人们对酒店饭菜的评价。她收集了这些评价后，一方面向主管经理反映，使酒店对饭菜进行改进；另一方面，在客人点菜时，她会推荐反响好的菜，提高客人的满意度，增加酒店的回客率。如果酒店推广这位服务员的做法，形成一种机制，就是知识管理。

当然，这里要讨论的是如何在现代技术条件下实现知识管理。在这方面，经典的例子就是沃尔玛超市对啤酒和尿布上架问题的处理。

3. 知识管理的基本功能

知识管理的基本功能有四个，即外化、内化、中介和认知。下面以啤酒和尿布问题的发现来说明这四个功能。

（1）外化

外化是以外部储藏库的形式捕获知识，并根据分类框架或标准来组织它们。沃尔玛公司强大的数据仓库就是一个典型的例子。

通常，外化过程会使用强大的搜索工具和文件管理系统，它们对储存的知识进行分类，并能识别出各信息源之间的相似之处。可用聚类的方法找出公司知识库中各知识结构间隐含的关系或联系。例如，沃尔玛公司不断发现有些商品有相关性的销量增长；而有些商品在销量增长的同时，另一些商品销量减少。其中，啤酒和婴儿尿布在购买趋势上存在着相似之处。

（2）内化

外化是发展知识的相似之处，内化则是从外部储藏库里提取信息，通过过滤发现与知识寻求者相关的知识，并把这些知识传递给知识需求者。例如，沃尔玛公司把与啤酒和尿布销售相关的信息从外部储藏库里提取出来，交给营销部门。

在内化的过程中，提取的知识可以最适合的方式进行重新布局或呈现，或许还要借助于一些解释，同时文本可被简化为关键数据元素，并以一系列图表或原始来源的摘要方式呈现出来。例如，沃尔玛公司的经理们通过快速浏览与此相关的先前的研究，从浩如烟海的记录和报告中发掘出所需的知识概要：啤酒和婴儿尿布大多是在下班后一段时间内由男性顾客同时消费的。

（3）中介

对于无法编码存储的知识（主要是隐知识），知识管理要将知识寻求者和最佳知识源相匹配，把需要知识的人与有经验的人联系起来。

（4）认知

认知是知识管理的终极目标。凭借现有技术很少能实现认知过程的自动化，通常采用专家系统或使用人工智能技术，并据此做出决策。

5.4.4　内容管理

内容管理（Content Management，CM）并不是一个新概念，最早源于对文档、数字图书馆、档案馆等数字化内容的管理——进行文档内容的分类、标引、查找。从 20 世纪 90 年代开始，为满足网站对指数级增长的网页等内容的管理需求而产生了 Web 内容管理，内容管理形成热潮并快速发展，其内涵和外延也不断变化。

对于内容管理，业界还没有一个统一的定义，不同的机构有不同的理解：一般认为，内容管理首先利用一些可行的技术手段，对非结构化的数据进行电子化的收集和采集，并通过分类和索引的处理，将其存放在一套面向企业内部和外部内容共享的组织级内容管理系统当中，使这些宝贵的资源在组织内部各部门之间及组织与外部交互作业时，达到信息全面共享和协同化作业的信息化技术。

内容管理的对象是以各类非结构化数据为主的数字内容，包括企业的各种文档、报表、账单、网页、图片、传真、扫描影像，以及大量的音频、视频信息等。与业务信息系统中大量用于交易记录、流程控制和统计分析的数据相比，其内容具有某种特定和持续的价值，这种价值在共享、检索、分析等过程中得以产生和放大，并最终对企业业务和战略产生影响。

内容管理的功能覆盖内容采集、创建、加工、存储、发布（出版）以及检索、分析等，并随着技术的发展和业务的创新不断地演化。

5.5 2018—2019年国家电子政务综合试点方案

2017年12月25日，为贯彻落实党中央、国务院关于推进电子政务工作的有关部署，中共中央网络安全和信息化委员会办公室、中华人民共和国国家发展和改革委员会、中华人民共和国工业和信息化部等部门联合印发了《关于开展国家电子政务综合试点的通知》（以下简称《通知》），确定在北京、上海、浙江、福建、陕西等基础条件较好的省（自治区、直辖市），开展为期二年的国家电子政务综合试点。《通知》明确要求针对当前地方电子政务存在的统筹规划不足、业务协同水平不高、政务服务不到位等问题开展综合试点，探索形成可借鉴推广的电子政务发展经验。

微课 扫一扫：

《国家电子政务综合
试点方案》

《通知》提出对建立统筹推进机制、提高基础设施集约化水平、促进政务信息资源共享、推动"互联网+政务服务"、推进电子文件在重点领域规范应用五大方面共十三项具体任务进行重点探索。

在建立统筹推进机制方面，要求试点地区组织建立省级电子政务工作统筹推进机制，省级电子政务统筹协调会议制度、规章制度、专家咨询制度。

在提高基础设施集约化水平方面，要求试点地区构建逻辑集中的区域性电子政务平台，积极配合国家电子政务网络建设，实现电子政务基础设施的集约共享。

在促进政务信息资源共享方面，要求试点地区编制本地区政务信息资源目录，明确数据资源的共享范围和使用方式，厘清数据管理共享权责，建立政务信息资源共享交换机制，特别是要积极协调省级部门向下级政务部门或数据共享交换平台提供数据。

在推动"互联网+政务服务"方面，要求试点地区在构建一体化网上政务服务平台、政务服务事项标准化、统一身份认证体系、全程网上办理、平台数据共享交换、电子证照互认等网上政务服务的关键环节取得突破，实现政务服务事项数据统一、同步更新、同源发布，实现"单点登录、全网通办"，并推动试点地区政务服务事项和办件信息的统计分析和可视化服务。

在推进电子文件应用方面，要求试点地区推进 OFD 版式文档、电子证照、电子交易凭证的试点应用。

《通知》要求，到2019年年底，各试点地区电子政务统筹能力显著增强，基础设施集约化水平明显提高，政务信息资源基本实现按需有序共享，政务服务便捷化水平大幅提高，探索出一套符合本地实际的电子政务发展模式，形成一批可借鉴的电子政务发展成果，为统筹推进国家电子政务发展积累经验。

习 题

一、选择题

1. 按照西蒙的观点，（ ）问题容易实现自动化。

    A. 非结构化   B. 结构化   C. 半结构化   D. 结构化和半结构化

2. 信访是（　　）赋予公民的一项政治权利，信访制度是一项有中国特色的政治参与制度。

    A. 中国宪法　　　　　B. 中国政府　　　　　C. 中国共产党　　　　D. 国务院

3. 行政审批也称行政许可，是对（　　）进行分配的一种手段。

    A. 社会资源　　　　　B. 行政权力　　　　　C. 政府资产　　　　　D. 公共资产

4. 税收的特点是（　　）。

    A. 强制性、无偿性、固定性　　　　　　　B. 强制性、自愿性、固定性

    C. 强制性、无偿性、灵活性　　　　　　　D. 协商性、无偿性、固定性

5. 在现代经济条件下，社会保障大体包括四方面的内容，即（　　）。

    A. 社会保险、社会救助、社会福利和社会优抚

    B. 居民住房、工人工资、保健养老和社会优抚

    C. 文化生活、居民住房、医疗保健和残疾人保护

    D. 医疗保险、教育就业、住房养老和子女抚养

6. 社会保险是社会保障体系中最基本、最核心的内容，是国家为丧失劳动能力或暂时失去工作的人制定的收入保险制度，由国家通过立法手段在全社会强制推行，具有（　　）。

    A. 普遍性、自愿性、互济性及补偿性　　　B. 普遍性、强制性、互济性及补偿性

    C. 选择性、强制性、互济性及补偿性　　　D. 选择性、强制性、福利性及无偿性

二、填空题

1. 从历史规范的角度来看，政务可以大致分为＿＿＿＿、＿＿＿＿和＿＿＿＿。

2. 从认识论的角度出发，西蒙将管理中的问题分为结构化问题、＿＿＿＿＿＿＿＿问题和＿＿＿＿问题三种类型。

3. ＿＿＿＿＿＿是指行政机关（包括有行政审批权的其他组织）根据自然人、法人或者其他组织依法提出的申请，经依法审查，准予其从事特定活动、认可其资源资质、确认特定民事关系或者特定民事权利能力和行为能力的行为。

4. 2003 年 8 月 27 日，十届全国人大常委会第四次会议通过了《中华人民共和国行政许可法》（2004 年 7 月 1 日起施行），对＿＿＿＿和＿＿＿＿做出了全方位的规范。

5. 社会保障是指国家和社会通过＿＿＿＿对国民收入进行＿＿＿＿，对社会成员特别是生活有特殊困难的人的基本生活权利给予保障的＿＿＿＿制度。

三、简答题

1. 与传统审批相比，电子审批有什么好处？网上审批有什么好处？

2. 常用的公文有哪些类型？

3. 会议一般具有哪些要素？

4. 采用视频会议系统有什么好处？

5. 政府采购与企业采购有什么不同？

6. 采用电子采购有什么好处？

7. 采用电子税务有什么好处？

8. 采用电子化社会保障体系有什么好处？

9. 政务管理从职能管理发展到流程管理有什么好处？

10. 采用工作流程管理后，是否政府内部就没有分工了？

11. 试述政府流程再造的过程。

12. 试述决策与信息的关系。

13. 试述数据仓库与数据库的关系。

14. 试述 DSS 与 MIS 之间的区别。

15. 试述知识管理与内容管理之间的关系。

四、实践题

1. 浏览并试用三个政府专业网站，写出使用心得体会。

2. 试用一个日程管理软件，体会一下它的好处。

3. 到一个政府部门（可以用其他组织代替）实习，帮助其进行流程再造设计。

4. 目前，多数人认为办公自动化已经经过了三个发展阶段。总结这三个阶段的特点。

政务是政府的活动，事关国家与社会的发展、稳定和安全。电子政务是一个复杂的系统，其建设与运营需要有多方面的保障，如人力、物力、组织的保障，基础设施的保障，法律、法规的保障，安全的保障，工程实施的保障等。本章主要就其中关键性的几个问题进行讨论。

- 网络基础设施——支撑性保障。
- 政务信息安全——正常运行保障。
- 电子政务法律和法规保障——强制性保障。
- 电子政务标准化体系——互通、互连、互换、共享、协同性保障。

6.1 电子政务的网络基础设施

电子政务的主要目的是推进政务业务协同、信息共享、信息服务和信息沟通。实现这些目标离不开计算机网络的支持。计算机网络是电子政务的基本设施。

6.1.1 计算机网络及其类型

计算机网络是计算机处理技术与通信技术相结合的技术。计算机网络的出现，可以带来如下一些好处。

微课 扫一扫：

[二维码]

计算机网络及其类型

① 实现资源共享。这里的资源包括计算机硬件、软件和数据。当一台计算机（软、硬件）的能力不足时，可以使用远程的计算机进行处理；一台计算机的数据可以供远程的计算机使用。

② 增强系统的可靠性。一地的计算机可以作为其他计算机的后援。

③ 改造、提升通信技术。

计算机网络是一种复杂的系统。人们对于复杂系统的认识，一开始只能像盲人摸象，但若能从不同的角度触摸几次，认识就会趋向全面。分类就是一种从不同角度认识计算机网络的方法。

1. 按覆盖地域分类

网络按照其覆盖地域的大小，可以分为微微网（Piconet）、个人局域网（Personal Area Network，PAN）、局域网（Local Area Network，LAN）、城域网（Metropolitan Area Network，MAN）和广域网（Wide Area Network，WAN）。

① 微微网是由采用蓝牙技术的设备以特定方式组成的网络。这种网络的建立是从两台设备（如笔记本电脑和移动电话）的连接开始的，同一时刻最多可以激活 8 台设备。

② 个人局域网（PAN）是随着各种短距离无线电技术的发展而提出的一个新概念，一般覆盖距离为 100 m 以内。

③ 局域网（LAN）又称局部地域网，是指通信距离通常在中等规模的地理区域内（一般在 10 km 范围内）的网络，如一幢办公楼、一座仓库、一所学校中的计算机网络。它能借助具有中高速数据传输率的物理通信信道实现可靠通信。

④ 城域网（MAN）的地理覆盖范围大约为一个城市，通信距离一般为 5～50km。

⑤ 广域网（WAN）又称远程网，一般指跨地区甚至延伸到整个国家和全世界的网络。

2. 按照网络中主机的台数分类

这是 Internet 中的分类方法，它按主机台数将网络分为 A、B、C 三类。

① A 类网络是大型网络，网内主机最多可达 1 600 万台。

② B 类网络是中型网络，网内主机最多可达 65 534 台。

③ C 类网络是小型网络，网内主机最多可达 254 台。

3. 按照网络的使用权限分类

（1）公用网（Public Network）

公用网也称公众网，一般由电信公司作为社会公共基础设施建设，任何人只要按照规定注册、交纳费用都可以使用。按照电信行业的规定，一个公用网基本可以分为如图 6.1 所示的三个层次。

图 6.1 公用网的结构

① 核心网（Core Network，CN）：国家信息基础设施中承载多种信息的主体部分。

② 用户驻地网（Customer Premises Network，CPN）：用户终端与网络运营商接入点之间的机线设备，现多为局域网或者只是一个用户终端。

③ 用户接入网（Access Network，AN）：CPN 与 CN 之间的连接网络，一般为城域网或专线，如 ISDN、ADSL、HFC 等。

在上述三个层次的网络之间，必须采用两级接口标准：业务节点接口（Services Node Interface，SNI）和用户网络接口（User Network Interface，UNI）。

（2）专用网（Private Network）

专用网也称私用网，由某些部门或组织（如军队、铁路、企业等）为自己内部使用而建设，一般不对公众开放。

（3）虚拟专用网（Virtual Private Network，VPN）

其为在公用网络上采用安全认证技术建立的专用网络。这样可以节省远距离的线路建设所花费的大额投资。其通常用于具有分散性、有异地分支机构或业务联系的情况。

6.1.2 计算机网络的几何结构

计算机网络虽然是一种复杂的系统，但是从几何角度看，它们都是由两种元素组成的：节点和链路。

1. 节点

节点是计算机网络中担负处理任务的元素，不同类型的节点所担负的处理任务不同。网络节点大致有四种：端节点、中继节点、交换节点和路由节点。

（1）端节点

端节点的主要任务是进行数据（信息）处理，这种节点的器件就是计算机。

（2）中继节点

信号在介质中传输时，随着传输距离的增加，幅度将会逐渐衰减，波形将会产生失真。中继器（Repeater）用于同类网络介质之间的互连，起信号再生、放大的作用。再生就是通

微课 扫一扫：

计算机网络的几何结构

过对失真但仍可以辨认的波形进行分析，重新生成原来的波形；放大就是将信号衰减了的幅度加以恢复。再生和放大能够使网络传输的距离、范围得以扩大。图 6.2 所示为中继器的基本工作原理。

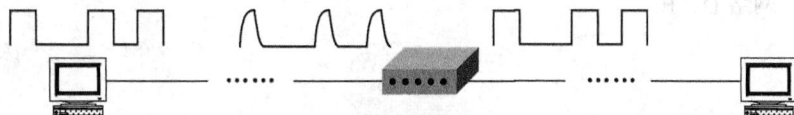

图 6.2　中继器的基本工作原理

中继有一通一的中继和一通多的中继。集线器（Hub）是一通多的中继器或称多端口的中继器。集线器所连接的各条链路之间的信号具有共享性，一个端口的输入信号，经整形、放大后可以分发到其他所有连接的链路或网段上，形成星形结构。目前，集线器主要用于在星形结构的中央节点上连接多条无屏蔽双绞线，当某条线路或节点有故障时，可以简单地卸掉，不扩大故障范围，不影响其他节点的正常工作，便于维护。集线器按配置形式可分为独立型集线器、模块化集线器和可堆叠式集线器三种；按其端口分，集线器有 8 端口、16 端口、24 端口等几类；按其传输速率分，有 10 Mbit/s、100 Mbit/s 和 10/100 Mbit/s 等几种。图 6.3 所示为独立型集线器和可堆叠式集线器外形。

（a）独立型集线器　　　　　　　　（b）可堆叠式集线器

图 6.3　独立型集线器和可堆叠式集线器

经过集线器的信号都是重新整理过后再传送出去的。不同的通信介质适用不同的中继器，如微波中继器、卫星中继器、用于同轴电缆的双口中继器（连接两段同轴电缆）和多口中继器（用于扩展三个或三个以上网段），以及用于多条双绞线连接的集线器等。

（3）交换节点

把一条线路上的数据转接到另一条线路上，称为数据交换。交换（Switching）的基本功能就是转发业务流。交换是通过交换节点中的交换机构实现的。如图 6.4 所示，交换机构的功能是将一条输入信道上的数据转送到另外的输出信道上，将输入端口与输出端口对应起来。

在多节点的网络中，为了提高线路的利用率，任意两个节点间的通信都不可能建立在一条直接通路上，在许多情况下要使用两条以上的线路，或者说一个通信过程往往要经过多条链路之间的转接才能实现。如在图 6.5 中，节点 A 到节点 B 之间的通信要经过一系列中间节点的转接。转接由交换节点实现。

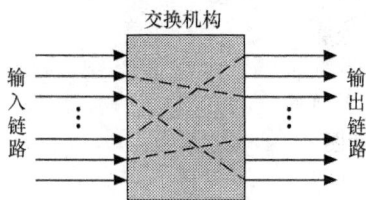

图 6.4　交换机构的功能

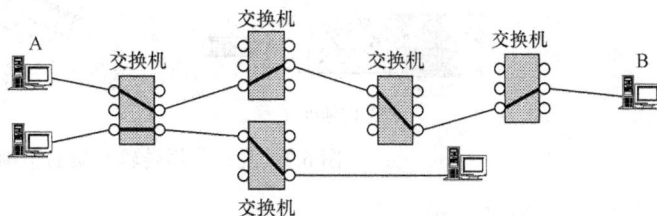

图 6.5　通过交换节点连接的通信

（4）路由节点

现代广域网都是由许多网络互连而成的。网络之间的连接设备称为路由器（Router）。这种节点称为路由节点。如图 6.6 所示，节点 R_1 连接了网络 A、B、C、D，节点 R_2 连接了网络 C、E，节点 R_3 连接了网络 D、E。

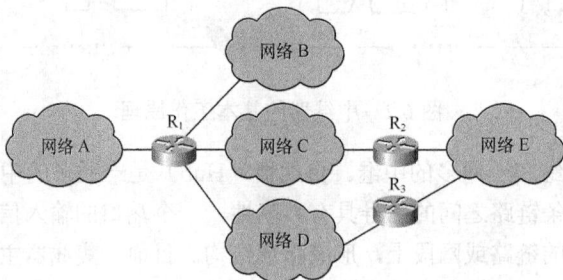

图 6.6　用路由节点连接网络

路由节点的作用是为到达的数据信号确定传输的路径。例如，当一个数据传输至路由器 R_0 时，R_0 就会根据这个数据的目的地确定一条传输路径。除此之外，路由器还可以记录经过的数据包，将其保存到日志中，供网络管理（认证、审计、收费等）使用；也可以在网络之间建立一个"阻塞点"，隔离可信任网络和不可信任网络，进行数据的进出检查，形成一个"防火墙"。

2．链路

（1）链路与传输介质

链路（Link）是网络中连接两个节点的直接信息通路，其主要作用是形成数据信号的传输通路——信道。形成链路的物理部件是传输介质。按照传播途径，传输介质分为如下两类。

① 有线传输介质：在有限空间内传输，如双绞线电缆、同轴电缆、光缆等。

② 无线传输介质：在自由空间中传输，如微波通信、卫星通信、红外通信等。

图 6.7 所示为几种常用传输介质的结构示意图。

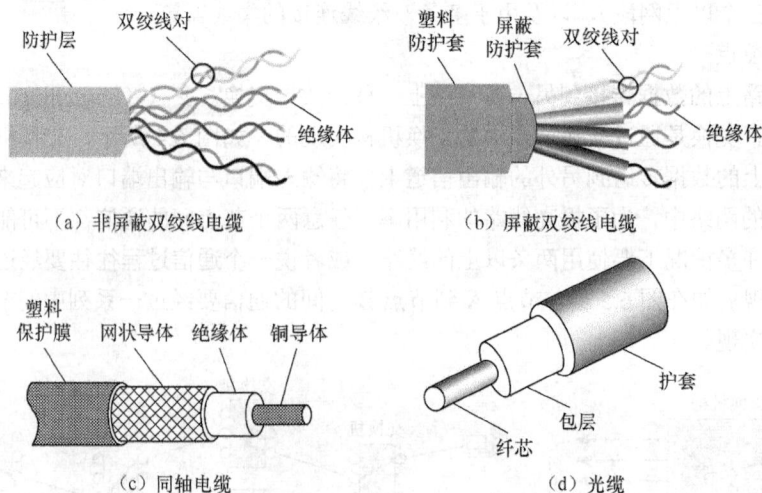

（a）非屏蔽双绞线电缆　　（b）屏蔽双绞线电缆

（c）同轴电缆　　（d）光缆

图 6.7　几种常用传输介质的结构示意图

表 6.1 所示为几种传输介质的性能比较。

表 6.1   几种传输介质的性能比较

性　　能	双 绞 线	同轴电缆 （基带）	同轴电缆 （宽带）	光　纤	地面微波	卫　星
带宽/Hz	< 1 GB	< 100 MB	< 300 MB	< 300 GB	0.3～300 GB	500 MB
距离/km	< 0.3	< 2.5	< 100	100	40～50	不受限制
抗强电干扰性	较弱	强	强	极强	弱	弱
安装难易程度	易	中	中	较难	易	易
布局多样性	好	较好	较好	中	好	好
保密性	一般	好	好	极好	差	差
经济性	差	较差	较差	较好	中	较好
时延	小	小	小	小	小	大

（2）带宽

带宽是频带宽度（Band Width）的简称，有时也称为频宽，是指能够有效通过该信道的信号的最大频带宽度，单位为 Hz。它是模拟电子技术中衡量信道传输能力的最重要技术指标。例如，模拟语音电话的信号带宽为 3 400Hz，一个 PAL-D 电视频道的带宽为 8MHz（含保护带宽）。

在数字电子技术出现后，由于数据的传输单位是数字脉冲，信号的传输单位成了比特（Bit），信道的信号传输能力就要用 kbit/s 或 Mbit/s、Gbit/s 为单位进行衡量，称为波特率或符号率，通常也称带宽。于是，带宽的概念就成为单位时间内链路能够通过的数据量。例如，ISDN 的 B 信道带宽为 64kbit/s。

（3）多路复用技术

为了提高传输介质的利用率，人们开发了多种技术，使一种物理介质可以传输多路数据，形成多条逻辑信道。这种技术称为多路复用技术。常用的多路复用技术如下。

① 时分多路复用（Time Division Multiplexing，TDM），即把传输周期分成许多时间片，每个时间片传输一路数据，轮番进行多路信号传输，如图 6.8 所示。

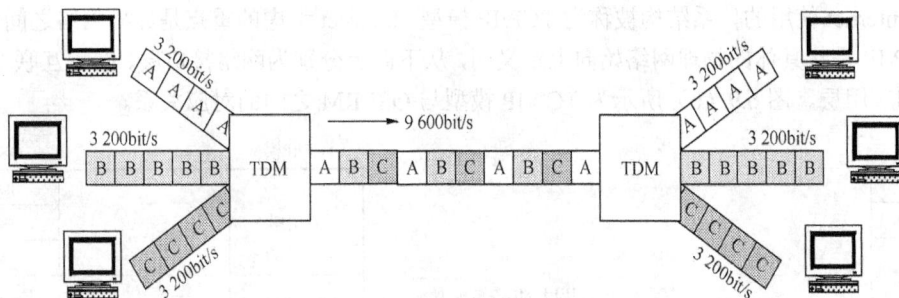

图 6.8　时分多路复用

② 频分多路复用（Frequency Division Multiplexing，FDM），即把要传输的多路信号分别调制成不同频率的信号进行传输，到了对方后再分开，很像调频无线电。

③ 波分多路复用（Wavelength Division Multiplexing，WDM），即把要传输的多路信号分别调制成不同的光波，在光纤中传输，到了对方后再分开。现在广泛使用的 DWDM（密集的 WDM）是在一根光纤中密集地传输多路光波数据。

④ 码分多路复用（Code Division Multiplexing，CDM），即要传输多路信号时，将每一路信号中的"1"调制成多位信号，形成一个编码进行传输（"0"的每一位与"1"的每一位相反），并使各路信号的编码不同且不造成混淆。下面是传输一个四路信号时，"1"的四种不同的 8 位码

编码的例子。

A：00011011（-1-1-1+1+1-1+1+1）

B：00101110（-1-1+1-1+1+1+1-1）

C：01011100（-1+1-1+1+1+1-1-1）

D：01000010（-1+1-1-1-1-1+1-1）

现在手机使用的 CDMA 就是码分多路复用的实例。

6.1.3　计算机网络体系结构

计算机网络体系结构主要包含两方面的内容：分层结构和协议。

1. 计算机网络的层次结构

微课　扫一扫：

计算机网络体系
结构

计算机网络是一种非常复杂的系统。开发和建设复杂系统的有效方法是采用层次结构进行构建，所以计算机网络也是采用层次结构的。采用层次结构构建计算机网络，可以减弱系统设计、建造的复杂性，增强系统的稳定性，并可促进计算机网络标准化。

2. 最有影响的三种计算机网络体系结构

由于设计和开发目的不同，不同的组织研究、设计、开发的计算机网络的层次划分互不相同，使用的协议也不相同，这就形成了不同的计算机网络体系结构。目前，影响最大的计算机网络体系结构有下列三种。

① 国际标准化组织（ISO）制定的开放系统互连参考模型（OSI/RM）。从下向上依次是物理层、数据链路层、网络层、运输层、会话层、表示层和应用层，共七层，所以也简称七层网络模型。

② 电气和电子工程师协会（IEEE）于 1980 年 2 月成立的局域网标准委员会制定了一套局域网标准，称为 IEEE 802。IEEE 802 由多组不同的网络协议组成，每一组都定义了一种计算机局域网络，如无线局域网、百兆以太网、吉比特以太网、10G 比特以太网等。图 6.9（a）所示为 OSI/RM 与 IEEE 802 之间的对应关系。

③ Internet 使用的体系结构被称为 TCP/IP 模型。Internet 考虑的重点是异构网络之间的互连，所以 TCP/IP 是从具体的物理网络始向上定义的，从下向上分别为网络接口层、网际互联（IP）层、运输层和应用层。图 6.9（b）所示为 TCP/IP 模型与 OSI/RM 之间的对应关系。

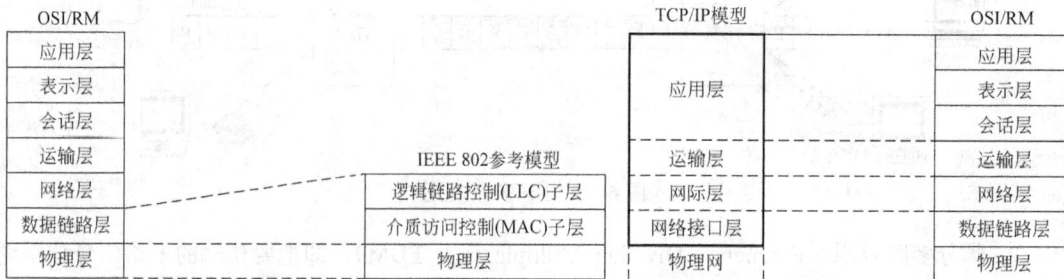

图 6.9　在网络界影响最大的三种网络体系

3. 计算机网络协议

在网络的各种层次模型中，网络之间的通信是在各节点的对等层进行的。例如在七层模型网络中，应用层与应用层、表示层与表示层、会话层与会话层、运输层与运输层、网络层与网络层、数据链路层与数据链路层、物理层与物理层都分别进行对等的通信，分别完成所在层的功能。这

些对等层之间的通信规则由所在层的协议（protocol）规定。例如，在 TCP/IP 网络中，应用层有各种不同的应用协议（Telnet、FTP、SMTP 等），在运输层有 TCP 协议和 UDP 协议，在网际层有 IP 协议。需要注意的是，只有在物理层才实现物理通信，其他层的通信都是逻辑的。

简单地说，计算机网络协议就是网络对等层之间，为了确保数据的发送与接收之间的协调，以使通信过程顺利、安全、可靠地进行，建立的规程、规则和约定，例如：

- 同步：如何确定数据传输的开始和结束等；
- 格式：两方不事先约定，就不能知道所传输的内容是什么；
- 差错控制：接收方如何知道所传输数据是否正确，如果传错了怎么办？

……

应当注意，协议仅描述通信结点的对等层之间在通信过程中的逻辑关系，而同一结点的上下层之间用下层对相邻上层的服务与支持定义。

6.1.4　国家电子政务网络架构

中国国家电子政务网络架构由政务内网、政务专网和政务外网组成。政务内网和政务专网都是党政机关的办公网络。其中政务内网是涉密网络，主要用于传输涉密公文，属高度机密的网络，一般联网范围不延伸到乡镇一级政府；政务专网是党政机关的非涉密内部办公网，主要用于机关非涉密公文、信息的传递和业务流转。政务外网是政府对外服务的业务专网，主要用于机关访问国际互联网，发布政府公开信息，受理、反馈公众请求和运行安全级别不需要在政务专网运营的业务。副省级以下的党政机关业务流转和信息处理的主要平台一般部署在外网。

这样的三级架构，既可以保证政务信息的安全，又可以方便党政机关与民众的密切联系。

6.2 电子政务信息系统安全保障

政务系统是建立在网络平台上的信息系统。政务信息的重要性、敏感性和受关注性，使得电子政务系统往往成为攻击的目标；Internet 的高度开放性和信息系统的复杂性，造成电子政务系统具有脆弱性，很容易遭受攻击；系统防御与攻击之间的不对称性，使得电子政务防护非常困难。

> **攻击与防御的不对称**
>
> （1）攻击在系统的某一点上进行，而防御由于不知道攻击点的位置，必须全范围地进行。
>
> （2）攻击只在某一个特定的时刻进行，而防御由于不知道攻击的具体时间，必须全天候地进行。
>
> （3）攻击可以采用一种技术/方法进行，而防御由于不知道攻击采用的具体方法/技术，必须尽可能地对付各种可能的攻击技术。

6.2.1　信息系统安全威胁

信息系统安全威胁（Thread）是指对信息系统的组成要素及其功能造成某种损害的潜在可能。电子政务是一种服务于政务的信息系统。其安全威胁与其他信息系统的安全威胁基本相同，主要来自以下三方面。

1. 恶意代码或恶意程序入侵

恶意代码（Malicious Code）或恶意程序（Malicious Program）是指一类特殊的程序代码，它们通常在用户不知晓也未经授权的情况下潜入计算机系统中，对系统产生不良影响。

在信息系统安全的反复博弈中，恶意代码的花样不断翻新，种类不断增加。其中，最常见的是病毒（Virus）、蠕虫（Worm）、特洛伊木马（Trojan Horse）、细菌（Bateria）、陷门（Trap Doors）、僵尸（Bot）等。它们的区别主要表现在存在形式、自繁殖性、传播机制、运行机制和攻击机制等方面。表 6.2 所示为几种典型恶意代码的主要特征。

表 6.2 　　　　　　　　　　　　　　几种典型恶意代码的主要特征

恶意代码	存在形式	自繁殖性	传播机制	运行机制	攻击机制
病毒	寄生	有	文件感染传播	自主运行，条件触发	文件感染
蠕虫	独立	有	利用网络，主动传播	自主运行	消耗资源加恶意行为
特洛伊木马	欺骗性，独立	无	被植入	受控运行	窃取网络信息
细菌	独立	有	自传播	自主运行	消耗计算机资源

下面对几种恶意代码进行说明。

① 计算机病毒是一种具有传染性和自我复制能力，寄生在其他程序上的恶意程序，一般情况下处于隐蔽状态潜伏起来，在某些条件下可以对系统运行产生不良影响。

② 陷门是进入程序的一些秘密入口。有些陷门是程序员为了进行调试和测试而预留的一些特权，有些则是系统漏洞。黑客也挖空心思地设计陷门，以便以特殊的、不经授权的方式进入系统。陷门通常寄生在某些程序（有宿主）上，但无自我复制功能。

③ 细菌是以自我繁殖为主要目的的独立程序。

④ 蠕虫是一种不依附于其他程序，可以独立存在的恶意代码。它们能通过网络进行自我复制和传播。其传播途径主要是通过网络和电子邮件。

⑤ 逻辑炸弹是嵌入某些合法程序中的一段代码，没有自我复制功能，在某些条件下会执行一个有害程序，造成一些破坏。

⑥ 特洛伊木马是计算机网络中一种包含有害代码的有用或表面上有用的程序或过程，被激活后产生有害行为。它们不具备自我复制功能。

2. 黑客攻击

黑客攻击是人为威胁。从攻击动机角度看，其主要分为三种情况：一是好奇心或恶作剧，二是具有明显敌意性，三是为了某种利益。黑客的攻击手段在不断翻新。下面是已经发现的一些黑客攻击手段。

（1）获取敏感数据

网络拓扑结构、网络地址、端口开放状况、运行什么样的操作系统、存在哪些漏洞以及用户口令等关系到信息系统的运行和安全状态，它们都可以称为信息系统敏感数据。

获取与网络有关敏感数据的手段是网络扫描，也称为网络信息采集。其内容包括地址扫描、端口扫描和漏洞扫描。网络扫描是网络管理人员进行网络维护常用的手段，也是攻击者进行攻击踩点、确定攻击目标和攻击方法的基本手段。

获取用户口令的手段是口令破解。攻击者获得了用户口令后，就可以以合法身份进入被攻击的系统。

网络扫描和口令破解一般采用某种软件工具进行。

（2）欺骗攻击

在网络环境中，通信主体之间的认证也是基于数字进行的。这种非直接的认证为欺骗（Spoofing）提供了机会。从广义上说，网络欺骗泛指在网络环境中，攻击者冒充已经建立了信任关系的对象中的一方，对另一方进行欺骗，获取有用资源的行为。一般说来，网络欺骗是针对网络协议漏洞实施的。欺骗攻击可以在网络的不同层次上进行，如 ARP 欺骗、IP 源地址欺骗、路由欺骗、TCP 会话劫持、DNS 欺骗、Web 欺骗、网络钓鱼和伪基站欺骗等。

数据驱动型攻击是通过向某个程序发送数据，以产生非预期结果的攻击，通常为攻击者给出访问目标系统的权限。它分为缓冲区溢出攻击、格式化字符串攻击、整数溢出攻击、悬浮指针攻击、同步漏洞攻击和信任漏洞攻击等。

（3）拒绝服务攻击

拒绝服务（Denial of Service，DoS）攻击的目的是使目标系统因遭受某种程度的破坏而不能继续提供正常的服务，甚至导致物理上的瘫痪或崩溃。具体的攻击方法多种多样，可以采用单一的手段，也可以多种方式组合使用，但基本的思路是耗尽系统资源。典型的拒绝服务攻击有 IP 碎片攻击、分布式拒绝服务（DDoS）攻击。

3．其他威胁

（1）自然灾害威胁。自然灾害是不以人的意志为转移的一些自然事件，如地震、台风、雷击、洪涝、火灾等。这些灾害虽然不能阻止其发生，但可以通过技术或管理手段避免或降低灾害带来的损失，如采取防雷、防火、防水、防地震以及自然灾害预警措施等。

（2）滥用性威胁。意外人为威胁主要由系统内部人员（设计人员、操作人员、管理人员等）的操作不当或失误引起。这种威胁的发生是偶然的，却是时有发生的，并且存在于信息系统开发的整个生命周期中。安全专家经过长期调查得出一个结论：无论是私人机构还是公共机构，大约65%的损失是由无意的错误或疏忽造成的。

6.2.2　信息系统安全策略

安全策略是控制和管理主体对客体进行访问时，出于安全目的制定的一组规则和目标约束，以及为达到安全目的而采取的步骤。安全策略可以反映一个组织或一个系统的安全需求。信息系统安全策略的制定应以信息系统为对象，根据风险分析确立安全方针，并依照安全方针来制定相应的策略。下面是中国信息安全产品评测认证中心提出的系统一般采取的安全策略，供安全管理人员制定系统安全策略时参考。在具体制定系统的安全策略时，可以根据风险分析，从中选择必要的内容，同时根据需求追加一部分内容。

1．基于数据资源的安全保护

（1）基于数据资源的安全保护目标

① 机密性保护，就是保护信息（数据）不被非法泄露或不泄露给那些未授权掌握这一信息的实体。

② 完整性保护，就是保护信息（数据）不被未授权篡改，或被非法篡改后有被恢复的能力。

③ 拒绝否认性（No-Repudiation）保护，也称为不可抵赖性或不可否认性保护，即通信双方不能抵赖或否认已经完成的操作或承诺。

（2）基于数据资源的安全保护策略

① 数据隐藏，隐蔽数据的可见性。

② 数据加密，隐蔽数据的可读性，使攻击者即使获得了数据也难以知道其真实内容。

③ 数字认证，具体手段包括数字签名和数据公证。

④ 数据容错、数据容灾和数据备份，便于数据资源被篡改、破坏，数据资源丢失后，能及时恢复。

2. 基于系统的安全保护

（1）基于系统的安全保护目标

① 可用性保护，即确保授权用户在需要时可以正确地访问系统中的数据。为此要保证系统能够正常工作，能在确定的条件下、规定的时间内完成规定的功能，实现规定的特性，并使合法用户对数据资源的使用不会被拒绝。

② 可控性（Controllability）保护，即系统对信息内容和传输具有控制能力。

③ 有效性（Validity）保护，即提供面向用户的服务。简单地说，就是合法者可用，非法者拒绝。

（2）基于系统的安全保护内容

① 恶意程序的预防、检测和清除。

② 入侵检测（IDS）。当出现不正当访问时，应设置能够将其查出并通知风险管理者的检测功能。

③ 灾害预防与应急处理，具有应对各种灾害的策略和应急处理方案。

④ 防火墙。

⑤ 授权，包括口令、访问控制、数字证书和身份认证。

⑥ 日志。

⑦ 漏洞扫描与渗透测试。

⑧ 安全审计。

6.2.3 数据加密与数据隐藏

数据加密和数据隐藏是保护数据机密性的基本方法。前者使数据不可读——获得了也不知道什么内容；后者就是隐蔽数据，让数据不可见。

1. 数据加密的基本方法

用数据加密的方法隐蔽数据的可读性，可将可读的数据——明文（Plaintext，也叫明码）转换为不可读数据——密文（Ciphertext，也称密码），使非法者不能直接了解数据的内容。加密的逆过程称为解密。

加密数据有两个要素：一是密钥，二是算法。如果用 P 表示明文，用 C 表示密文，则可以将加密写成如下函数形式：

$$C=E_{K_E}(P)$$

这里，E 为加密函数，用一种算法描述；K_E 称为加密密钥。下面举例说明它们的意义。

设有明文和密钥为：

$$P = \text{data security}, \quad K_E = \text{basic}$$

采用维吉利亚密码算法。维吉利亚密码的加密过程如下。

① 制作维吉利亚方阵，如表 6.3 所示。规则是第 i 行以 i 打头。

表 6.3   维吉利亚方阵

明文	a	b	c	d	e	f	g	h	i	j	k	l	m	n	o	p	q	r	s	t	u	v	w	x	y	z
a	A	B	C	D	E	F	G	H	I	J	K	L	M	N	O	P	Q	R	S	T	U	V	W	X	Y	Z
b	B	C	D	E	F	G	H	I	J	K	L	M	N	O	P	Q	R	S	T	U	V	W	X	Y	Z	A
⋮	⋮	⋮	⋮	⋮	⋮	⋮	⋮	⋮	⋮	⋮	⋮	⋮	⋮	⋮	⋮	⋮	⋮	⋮	⋮	⋮	⋮	⋮	⋮	⋮	⋮	⋮
i	I	J	K	L	M	N	O	P	Q	R	S	T	U	V	W	X	Y	Z	A	B	C	D	E	F	G	H
⋮	⋮	⋮	⋮	⋮	⋮	⋮	⋮	⋮	⋮	⋮	⋮	⋮	⋮	⋮	⋮	⋮	⋮	⋮	⋮	⋮	⋮	⋮	⋮	⋮	⋮	⋮
z	Z	A	B	C	D	E	F	G	H	I	J	K	L	M	N	O	P	Q	R	S	T	U	V	W	X	Y

② 按密钥的长度将 P 分解为若干节。这里 basic 的长度为 5，故将明文分解为表 6.4 所示的样子。

表 6.4　　　　　　　　　　　　　　　　按照密钥分解明文

密钥	b	a	s	i	c
明文	d	a	t	a	s
	e	c	u	r	i
	t	y			

③ 对每一节明文，利用密钥 basic 进行变换。以明文"d"为例，变化的方法是：由于 d 处于 b 列，因此在维吉利亚方阵的第 b 行中找到第 d 个字符即是，其余以此类推。于是，得到如下密文：

$$C=E_{K_E}(P)=\text{EALIU FCMZK UY}$$

④ 使用 ASCII，所发送的位流为：

0100010101000001010011000100110101010101010001100100001101001101010010100100101101010101011101

这种算法属于替换算法，就是把一个或一组字母用其他一个或一组字母替代。除了替换算法，还有交换算法、异或算法、分组算法以及这些简单算法的组合算法。

2. 对称密码体制和非对称密码体制

如前所述，一个加密过程可以描述为：

$$C=E_{K_E}(P)$$

E 称为加密函数，K_E 为加密密钥。相应地，可以把解密过程写成：

$$P=D_{K_D}(C)$$

D 称为解密函数，K_D 为解密密钥。于是，按照 K_D 与 K_E 的关系，可以分为以下两种情况。

（1）对称密码体制

若一种加密方法有 $K_D=K_E$，则称其为对称密码体制，或称单钥密码，即在这种方法中，加密使用的密钥与解密使用的密钥相同。在对称密码体制中，最为著名的加密算法是 IBM 公司于 1971—1972 年间研制成功的数据加密标准（Data Encryption Standard，DES）分组算法。1977 年，其被定为美国联邦信息标准。

（2）非对称密码体制

若一种加密方法有 $K_D \neq K_E$，则称其为非对称密码体制，或称双钥密码，即在这种方法中，加密使用的密钥与解密使用的密钥不相同。在非对称密码体制中，最著名的是以 MIT 的 R. Rivest、A. Shamir 和 L. M. Adleman 三名数学家的名字命名的 RSA 算法。RSA 算法对一对密钥有如下要求。

① 加密和解密分别用不同的密钥进行，如用加密密钥 K_E 对明文 P 加密后，不能再用 K_E 对密文进行解密，只能用另一把密钥 K_D 进行解密，得到明文，即有 $D_{K_E}[E_{K_E}(P)] \neq P$ 和 $D_{K_D}[E_{K_D}(P)]=P$。

② 加密密钥和解密密钥可以对调，即 $D_{K_E}[E_{K_D}(P)]=P$。

③ 应能在计算机上容易地成对生成，但不能由已知的 K_D 导出未知的 K_E，也不能由已知的 K_E 导出未知的 K_D。

3. 密钥的安全与公开密码体制

如前所述，密码的安全取决于算法的安全和密钥的安全两方面。为此，在实际中可以采用两种不同的策略。一种称为受限制的算法。受限制的算法就是基于算法保密的安全策略。这种策略曾经被使用，但是在现代密码学中已经不再使用，原因如下。

① 算法是要人掌握的，一旦人员变动，就要更换算法。

② 算法的开发是非常复杂的，一旦算法泄密，重新开发需要一定的时间。

③ 不便于标准化：每个用户单位必须有自己唯一的加密算法，不可能采用统一的硬件和软件产品，否则偷窃者就可以在这些硬件和软件的基础上进行猜测式开发。

④ 不便于质量控制：用户自己开发算法，需要好的密码专家，否则安全性难以保障。

因此，现代密码学认为，数据加密机制的安全性都应当基于密钥的安全性，而不是基于算法实现的细节。这就意味着加密算法可以公开，也可以被分析，可以大量生产使用算法的产品，即使攻击者知道了算法也没有关系，只要不知道解密具体使用的密钥，就不能破译密文。所以，保密的关键是保护解密密钥的安全。

按照这一思想，对称密码体制运算效率高、使用方便、加密效率高，是传统企业中最广泛使用的加密技术。但是，由于通信双方使用同样的密钥，因此无论任何一方生成密钥，都要通过一定渠道向对方传送密钥，有可能在传送过程中使密钥泄露。通信双方无论任何一方泄密，都会给双方造成损失。

在非对称密码体制中，加密与解密使用不同的密钥，所以情况有所不同。设通信在 A、B 之间进行，可以采用下面的方法生成密钥。

① A 端产生一对密钥，将其中一个自己保存，称为 A 的私钥，记作 K_{S_A}；另一个传递给 B 端，称为 A 的公钥，记作 K_{P_A}。

② B 端也产生一对密钥，将其中一个自己保存，称为 B 的私钥，记作 K_{S_B}；另一个传递给 A 端，称为 B 的公钥，记作 K_{P_A}。

这样，每端都拥有两个密钥：一个是只有自己知道，其他任何人都不知道的私钥；另一个是自己和对方都知道的公钥。于是，非对称密码体制可以提供图 6.10 所示的方法进行加密。

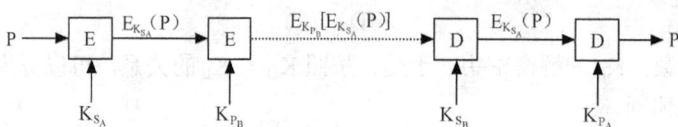

$$P \rightarrow \boxed{E} \xrightarrow{E_{K_{S_A}}(P)} \boxed{E} \xrightarrow{E_{K_{P_B}}[E_{K_{S_A}}(P)]} \boxed{D} \xrightarrow{E_{K_{S_A}}(P)} \boxed{D} \rightarrow P$$

$$K_{S_A} \qquad K_{P_B} \qquad K_{S_B} \qquad K_{P_A}$$

图 6.10　非对称密码体制的加密与解密

A 端先用自己的私钥 K_{S_A} 对数据加密，形成密文 $E_{K_{S_A}}(P)$，再用 B 方的公钥 K_{P_B} 对数据加密，形成双重加密的密文 $E_{K_{P_B}}[E_{K_{S_A}}(P)]$。

双重加密的密文 $E_{K_{P_B}}[E_{K_{S_A}}(P)]$ 传送到 B 方后，B 方先用 B 方的私钥 K_{S_B} 进行一次解密，得到 $E_{K_{S_A}}(P)$，再用 A 方的公钥 K_{P_A} 进行二次解密，才能将二重密文最终解密。

在这种情况下，为了保护数据的机密性，只要对每一方的私钥加以保护即可。而公钥可以不进行保护，甚至可以公开。这样就不存在密钥传输中的失密问题了。所以，通常也将非对称密码体制称为公开密钥体制，因为向对方传送的一个密钥可以被公开。

公开密钥体制的问题是算法效率低。所以，一般是用公开密钥体制传送对称密码体制中的密钥，再用对称密码体制传送密文。

公开密钥体制是斯坦福大学的两名科学家 Diffie 和 Hellman 在 1976 年提出来的。

4. 信息隐藏

信息隐藏（Information Hiding）是指隐藏数据的存在性，通常把一个秘密信息（Secret Message）隐藏在另一个可以公开的信息载体（Cover）之中，形成新的隐秘载体（Hidden Carrier），目的是不让非法者知道隐秘载体中隐藏了秘密信息，并且即使知道也难以从中提取或去掉秘密信息。

图 6.11 所示为信息的隐藏过程和提取过程。

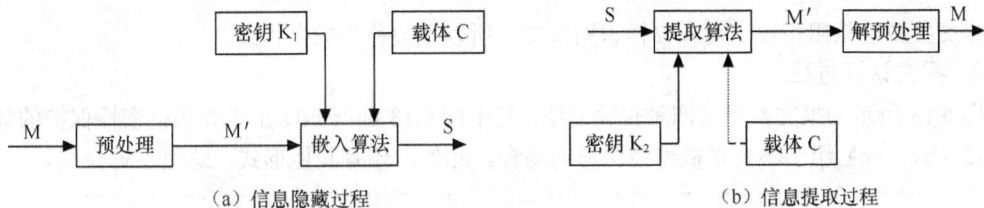

图 6.11　信息的隐藏过程和提取过程

信息隐藏过程如下。

① 对原始报文 M 进行预处理（如加密、压缩等），形成隐藏报文 M'。

② 在密钥 K_1 的控制下，通过嵌入算法（Embedding Algorithm）将隐藏报文 M'隐藏于公开信息载体 C 中，形成隐秘载体 S。

信息提取过程如下。

③ 在密钥 K_2 的控制下，使用提取算法从隐秘载体 S 中提取出隐藏报文 M'。

④ 对隐藏报文 M'进行解密、解压等解预处理，恢复为原来的报文 M。

6.2.4　数字签名与报文认证

数据认证要解决以下三个问题。

① 完整性保护，即防止报文在传输过程中被篡改。这里的篡改包括三方面的内容。

* 内容篡改：截获数据，进行插入、删除、修改操作。

* 序列篡改：在传输的报文分组序列中，进行分组的插入、删除或重新排列。

* 时间篡改：对传输的报文进行延时或回放操作。

② 抗抵赖（或否认）保护，即防止接收方否认收到报文或发送方否认发送报文。

③ 真实性保护，防止伪装或假冒别人身份发送数据。

在传统形式的公文流转中，上述保护实现的方法就是签名盖章。在电子公文流转中，达到同样目的的方法叫作报文认证，也叫数字签名。最基本方法是产生一个与所传输报文具有唯一关系又含有发送方身份信息的"附件"，实现上述三方面的保护。具体地说，有两个过程：生成一个与传输报文具有唯一关系的报文鉴别（Message Authentication）码，然后用不对称密钥加密传输。

1. 报文鉴别码

目前广为采用的生成报文鉴别码的方法主要有两种：一种方法称为密码校验和报文鉴别码（MAC）方法，它使用一个由密钥控制的公开函数由报文产生的固定长的小数据块附加在要传输的报文后面；另一种方法称为杂凑码（散列码），它是将报文使用单向杂凑函数变换成具有固定长度的报文（消息）摘要（Message Digest，MD）。图 6.12 所示为将报文 M 使用杂凑函数 H 变换为杂凑码 H(M)的过程。

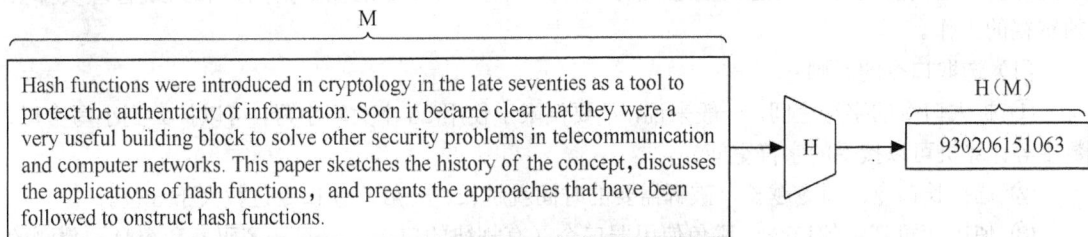

图 6.12　杂凑函数的功能

报文摘要能像用指纹识别人一样识别报文，所以也被称为数字指纹。

2. 报文认证过程

图 6.13 所示为报文摘要的四种传输方法，其中图 6.13（a）、（d）用于要求机密性保护的场合，图 6.13（b）、（c）用于不要求机密性保护的场合。此外，还有其他形式，这里不再介绍。

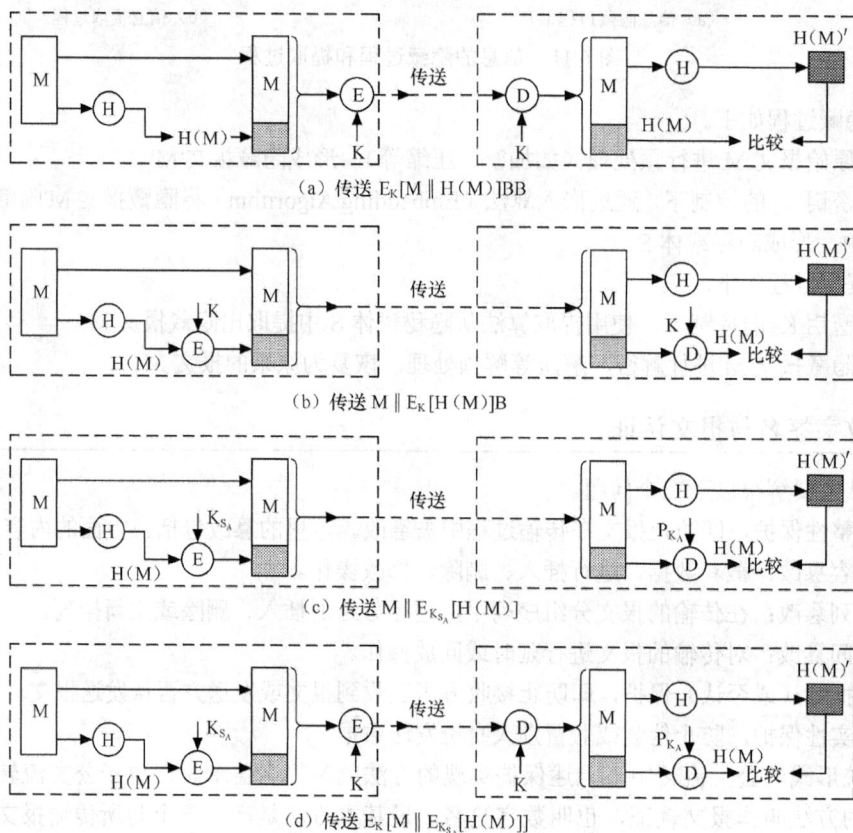

（a）传送 $E_K[M \| H(M)]BB$

（b）传送 $M \| E_K[H(M)]B$

（c）传送 $M \| E_{K_{S_A}}[H(M)]$

（d）传送 $E_K[M \| E_{K_{S_A}}[H(M)]]$

图 6.13 报文摘要的四种传输方法

6.2.5 身份认证与访问控制

身份认证与访问控制是防止非授权访问的常用手段。

1. 口令

口令通常是作为用户账号的补充部分向系统提交的身份凭证。一般来说，用户账号是公开的，当用户向系统提交了账号以后，还需要提交保密形式的凭证——口令，供系统鉴别用户的真实性，防止非法用户使用该账号登录。所以，口令一旦失密或被破解，该用户的账号就不再受到保护，攻击者就可以大摇大摆地进入系统。因此，对口令的保护是用户和系统管理员都必须重视的工作。

（1）选取口令的原则

① 扩大口令的字符空间。一般来说，不要仅限于使用 26 个大写字母，可以扩大到小写字母、数字等计算机可以接受的字符空间。

② 选择长口令。口令越长，破解需要的时间就越长，一般应使口令位数大于 6 位。

③ 使用随机产生的口令。避免使用弱口令（有规律的口令，参见弱密码）和容易被猜测的口令，如家庭成员或朋友的名字、生日、球队名称、城市名等。

④ 使用多个口令。在不同的地方不要使用相同的口令。

（2）正确使用口令

① 缩短口令的有效期。口令要经常更换，最好使用动态的一次性口令。

② 限制口令的使用次数。

③ 限制登录时间，如工作上的登录要把登录时间限制在上班时间内。

（3）增强系统对口令的安全保护

① 安全地保存指令。

② 系统管理员除对用户账户按照资费级别等加以控制外，还要在以下几个方面对口令的使用进行审计。

- 最小口令长度。
- 强制修改口令的时间间隔。
- 口令的唯一性。
- 口令过期失效后允许入网的宽限次数，如果在规定的次数内输入不了正确口令，则认为是非法用户的入侵，应给出报警信息。

③ 增加口令认证的信息量，如在认证过程中，随机地提问一些与该用户有关且只有该用户才能回答的问题。

2. 生物特征信息

生物特征信息一般采用用户固有的生物特征和行为特征，要求这些具有唯一性和永久性。下面介绍几种主要的生物特征信息及其验证方法。

（1）指纹

指纹是一种十分精细的拓扑图形，如图 6.14 所示。一枚指纹不足方寸，上面密布着 100～120 个特征细节，这么多的特征细节组合的数量可达 640 亿种（高尔顿说），并且由于指纹从胎儿 4 个月时生成后保持终生不变，因此将它作为人的唯一标识是非常可靠的。

（2）虹膜

虹膜是位于眼睛黑色瞳孔与白色巩膜之间的环形部分，如图 6.15（a）所示。在总体上，它呈由里向外的放射状结构，如图 6.15（b）所示，并包含许多相互交错的类似斑点、细丝、冠状、条纹、隐窝等细微特征。这些细微特征被称为虹膜的纹理信息，主要由胚胎发育环境决定。

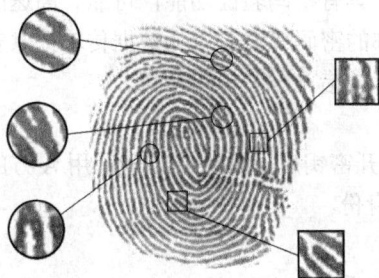
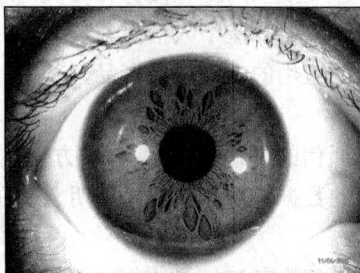
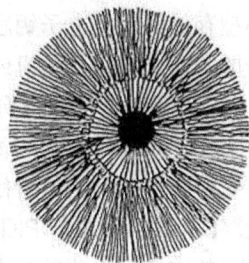

（a）虹膜位置　　　　　　（b）虹膜结构

图 6.14　指纹的细节特征　　　　　　　　图 6.15　虹膜

（3）人脸识别

人脸识别（Human Face Recognition）是一种基于人的相貌特征信息进行身份认证的生物特征识别技术，技术的最大特征是能避免个人信息泄露，并采用非接触的方式进行识别。

人脸识别技术包含三个部分。

① 人脸检测。人脸检测是指在动态的场景与复杂的背景中判断是否存在面相，并分离出这种面相。一般有下列几种检测方法：参考模板法、人脸规则法、样品学习法、肤色模型法、特征子脸法。图 6.16 所示为人脸规则法选取脸部特征点的示例。

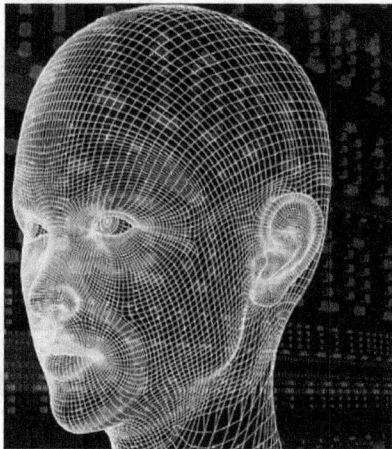

图 6.16　人脸规则法选取脸部特征点的示例

② 人脸跟踪。人脸跟踪是指对被检测到的面貌进行动态目标跟踪。它具体采用基于模型的方法或基于运动与模型相结合的方法。此外，利用肤色模型跟踪也不失为一种简单而有效的手段。

③ 人脸比对。人脸比对是对被检测到的面相进行身份确认或在面相库中进行目标搜索。即，将采样到的面相与库存的面相依次进行比对，并找出最佳的匹配对象。所以，面相的描述决定了面相识别的具体方法与性能。目前，人们主要采用特征向量与面纹模板两种描述方法。

（4）其他

其他生物特征包括步态、笔迹、签名、颅骨、唇纹、DNA、按键特征、耳朵轮廓、体温图谱、足迹等。

3．智能卡与电子钥匙身份验证

智能卡（Smart Card）是如名片大小的手持随机动态密码产生器，也称集成电路卡或 IC 卡（Integrated Card）。

电子钥匙（ePass）是一种通过 USB 直接与计算机相连，具有密码验证功能，可靠、高速的小型存储设备。电子钥匙用于存储一些个人信息或证书，内部的密码算法可以为数据传输提供安全的管道，是适合单机或网络应用的安全防护产品，其安全保护措施与智能卡相似。

4．利用密钥的身份认证

在使用非对称密码体制通信的过程中，A、B 双方交换公开密钥后，如果 B 方能够用 A 方的公钥和自己的私钥对所传输的数据解密，就可以证明 A 方的身份。

5．数字证书与 PKI

数字证书也称数字身份证、数字 ID，是由权威机构——认证中心（Certificate Authority，CA）颁发给网上用户的一组数字信息，包含用户身份信息、用户公开密钥、签名算法标识、证书有效期、证书序列号、颁证单位、扩展项等。数字证书具有以下特点。

① 由于包含了身份信息，因此可以用于证明用户身份。

② 由于包含了非对称密钥，故不但可用于数据加密，还可用于数据签名，从而保证通信过程的安全和不可抵赖。

③ 由于是权威机构颁布的，因此具有很高的公信度。

数字证书要按照一定的安全策略进行管理、维护，因而形成了一套基于公开密钥技术的综合安全平台。这个平台被称为公钥基础设施（Public Key Infrastructure，PKI）。CA 就是 PKI 的核心或中枢。

PKI 安全体系是电子政务工程的一个重要组成部分，为网络层、应用支持层和业务应用层提供统一的信息安全服务，现在已经形成包括证书业务服务系统、证书查询验证服务系统、安全保密管理服务系统、可信授权服务系统、物理隔离系统、可信时间戳服务系统、网络信任域系统、信息安全防御系统、故障恢复及容灾备份系统等在内的综合性安全体系。

6. 访问控制

访问控制是从系统资源安全保护的角度对要进行的访问进行授权控制。其基本方法是，从访问的角度将系统对象分为主体（Subject）和客体（Object）两类。主体也称访问发起者，主要指用户、用户组、进程以及服务等；客体也称资源，主要指文件、目录、机器等。授权就是赋予主体一定的权限（修改、查看等），赋予客体一定的访问属性（如读、写、添加、执行、发起连接等），同时在主体与客体之间建立一套安全访问规则。表 6.5 所示为一个用矩阵描述访问规则的例子，它通过对客体的读出、写入、修改、删除、运行等进行管理，确保主体对客体的访问是经过授权的，同时要拒绝非授权的访问。

表 6.5　　　　　　　　　　　　一个用矩阵描述访问规则的例子

主体（Subjects）	客体（Objects）			
	File1	File2	File3	File4
张山	Own，R，W		Own，R，W	
李司	R	Own，R，W	W	R
王武	R，W	R		Own，R，W

表 6.5 中，Own 为授予（Authorize）或撤销（Revoke）其他用户对文件的访问控制权限，R 为可读，W 为可写。例如，张山对 File1 具有 R、W 和 Own 权限，所以张山不仅可以读、写 File1，还可以授予或撤销李司和王武对 File1 的读（R）、写（W）权限。再如，李司对于 File1 只能读、不能写，对于 File3 只能写、不能读。

从广义上讲，身份认证也属于访问控制，它们是在系统级授权。

6.2.6　系统隔离与 VPN

1. 网络隔离

系统隔离就是采取措施，使受保护的系统与不受保护的系统之间不连通。隔离可以采用两个级别的技术：逻辑隔离和物理隔离。逻辑隔离就是两种系统之间相连接，但传送的数据有限制，常用的技术为防火墙；物理隔离就是两种系统之间不直接连接，任何数据都无法直接传递，常用的技术为网闸。

为加快电子政务的发展，解决好对外服务和安全保密之间的关系，国家要求副省级以上政府机构的电子政务网络划分为内网和外网。内网为涉密网络，外网为不涉密的为民众服务的网络。

国家保密局于 2000 年 1 月 1 日起实施的《计算机信息系统国际联网保密管理规定》第二章第六条要求：“涉及国家机密的计算机信息系统，不得直接或间接地与国际互联网或其他公共信息网络相连接，必须实行物理隔离。”

《国家信息化领导小组关于我国电子政务建设的指导意见》（2002 年 8 月 15 日，中办 17 号文件）中提出，"十五"期间我国电子政务建设的主要任务之一是："建设和整合统一的电子政务网络。为适应业务发展和安全保密的要求，有效遏制重复建设，要加快建设和整合统一的网络平台。电子政务网络由政务内网和政务外网构成，两网之间物理隔离，政务外网与 Internet 之间逻辑隔离。政务内网主要是副省级以上政务部门的办公网，与副省级以下政务部门的办公网物理隔离。政务外网是政府的业务专网，主要运行政务部门面向社会的专业性服务业务和不需在内网上运行的业务。要统一标准，利用统一平台，促进各个业务系统的互连互通、资源共享。要用一年左右的时间，基本形成统一的电子政务内外网络平台，在运行中逐步完善。"

国家电子政务
外网网络与信息
安全管理暂行办法

图 6.17 所示为外网、专网和内网三网之间采用的隔离技术。

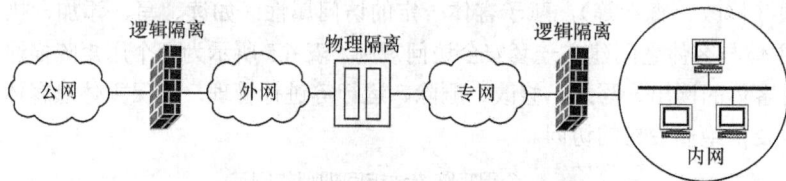

图 6.17　电子政务的三网结构

① 公网和外网之间实行逻辑隔离。
② 专网和外网之间实行物理隔离。
③ 内网和专网之间实行逻辑隔离。

（1）网络的逻辑隔离——防火墙

在逻辑上，防火墙是一个分离器、一个限制器，也是一个分析器。它有效地监控着内部网络和 Internet 之间的任何活动，保证内部网络安全。作为一个中心"遏制点"，其可以将局域网的安全管理集中起来，屏蔽非法请求，防止跨权限访问并产生安全报警。具体地说，防火墙有以下一些功能。

① 网络安全的屏障。人们可以通过设置，利用防火墙阻止某些数据的流入或流出。设置可以按照下面的一种策略进行。

- 白名单法：只允许符合条件的数据流过。
- 黑名单法：只阻止符合条件的数据流过。

设置的依据可以是数据来源（如来自某些敏感网站的数据）、数据内容（如不宜内容）、程序特征（如病毒特征）等。

② 强化网络安全策略。防火墙能将所有安全软件（如口令、加密、身份认证、审计等）配置在一起，形成以防火墙为中心的安全方案。

③ 对网络存取和访问进行监控审计。防火墙具有日志功能，可以记录相关信息。利用这些日志信息进行统计、分析，一方面可以监控通信行为，建立报警机制，对入侵者起到一定的威慑作用，另一方面可以检查安全漏洞和错误配置，完善安全策略。

④ 远程管理。管理界面一般完成对防火墙的配置、管理和监控。

⑤ 防止攻击性故障蔓延和内部信息的泄露。防火墙能够将网络中的一个网块（也称网段）与另一个网块隔开，从而限制了局部重点或敏感网络安全问题对全局网络造成影响。

⑥ 流量控制（带宽管理）和统计分析、流量计费。

（2）网络的物理隔离——网闸

网闸的全称是安全隔离网闸，也称为信息交换与安全隔离系统，其设计理念基于如下两点："摆渡"和"裸体检查"。

① "摆渡"。过河时可以用船摆渡过河，也可以通过桥过河。差别在于船不连接两岸，桥连接两岸。网闸采用摆渡方式。如图 6.18 所示，用这种方式进行网络隔离时，当设备连接一端时，另一端一定是断开的，这就断开了物理层和数据链路层，消除了物理层和数据链路层的漏洞。

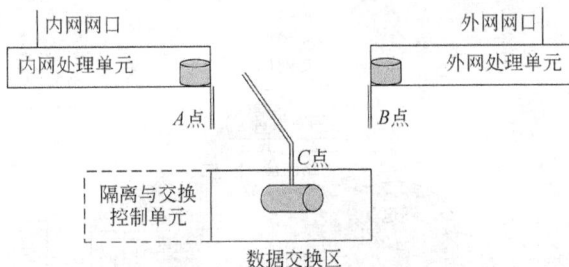

图 6.18　网络"摆渡"示意图

② "裸体检查"。传统网络传输要经过一层一层地封装，在每一层中按照协议进行转发。这些转发可以称为逻辑连接。摆渡消除了物理层和数据链路层的漏洞，但无法消除之上各层的漏洞。要想通过摆渡网闸消除 TCP/IP（OSI 的 3～4 层）漏洞，必须剥离 TCP/IP；要想消除应用协议（OSI 的 5～7 层）漏洞，必须剥离应用协议。这是一种"裸体检查"的思想。在网闸工作时，经过了一个"剥离—检测—重封装"的过程，即首先将数据包进行包头的剥离、分解或重组，然后对静态的裸数据进行安全审查（包括网络协议检查和代码扫描等），之后用特殊的内部协议封装后转发，到达对端网络后重新按照 TCP/IP 进行封装，从而实现了"协议落地，内容检测"。

图 6.19 所示为一个采用网闸的政府网络安全解决方案。

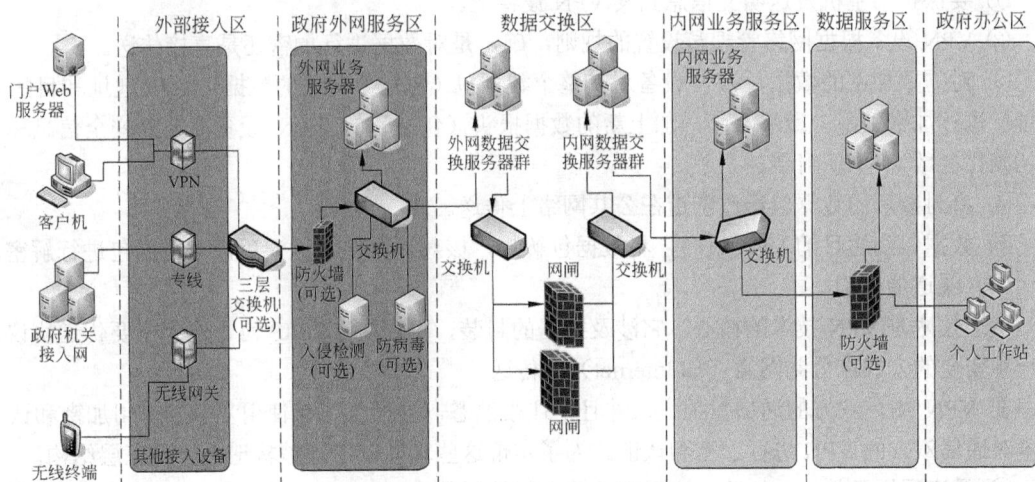

图 6.19　一个采用网闸的政府网络安全解决方案

2．VPN

虚拟专用网（Virtual Private Network，VPN）是指将物理上分布在不同地点的专用网络通过不可信任的公共网络构造成逻辑上信任的虚拟子网，进行安全的通信。在这里，公共网络主要指

Internet。

（1）VPN 的基本原理

图 6.20 所示为 VPN 的结构与基本原理示意图。图中有 3 个专网，它们都位于 VPN 设备的后面，同时用路由器连接公共网络。VPN 技术采用了安全封装、加密、认证、存取控制、数据完整性保护等措施，使得敏感信息只有预定的接收者才能读懂，可实现信息的安全传输，使信息不被泄露、篡改和复制，相当于在各 VPN 设备间形成了一些跨越 Internet 的虚拟通道——隧道。

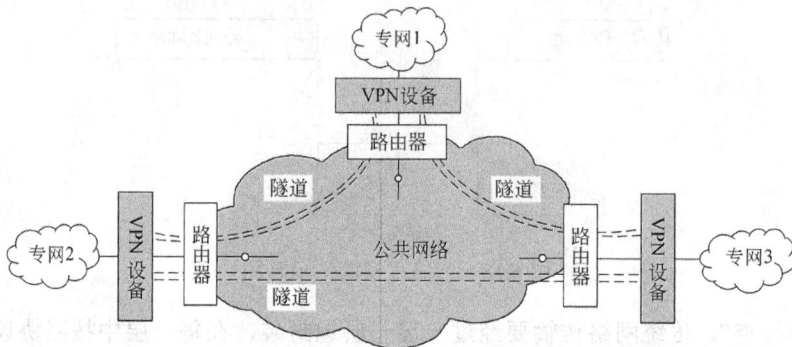

图 6.20　VPN 的结构与基本原理示意图

隧道的建立主要有两种方式：客户启动（Client-Initiated）和客户透明（Client-Transparent）。客户启动也称为自愿型隧道，要求客户和服务器（或网关）都安装特殊的隧道软件，以便在 Internet 中可以任意使用隧道技术，完全由自己控制数据的安全。客户透明也称为强制型隧道，只需要在服务器端安装特殊的隧道软件，客户软件只用来初始化隧道，并使用用户 ID、口令或数字证书进行权限鉴别，使用起来比较方便，主要供 ISP 将用户连接到 Internet 时使用。

（2）VPN 的基本处理过程

① 要保护的主机发送明文信息到其 VPN 设备上。

② VPN 设备根据网络管理员设置的规则，确定是对数据进行加密还是直接传送。

③ 对需要加密的数据，VPN 设备对其整个数据包（包括要传送的数据、源 IP 地址和目的 IP 地址）进行加密并附上数字签名，加上新的数据报头（包括目的 VPN 设备需要的安全信息和一些初始化参数），重新封装。

④ 将封装后的数据包通过隧道在公共网络上传送。

⑤ 数据包到达目的 VPN 设备，将数据包解封，核对数字签名无误后，对数据包进行解密。

（3）隧道的结构

隧道技术是 VPN 技术的核心，它涉及数据的封装，可以将 TCP/IP 协议作为主要传送协议，以一种安全的方式在公共网络（如 Internet）上传送。

在 VPN 中，双方的通信量很大，并且往往很熟悉，这样就可以使用复杂的专用加密和认证技术对通信双方的 VPN 进行加密和认证。为了实现这些功能，隧道被构造为一种三层结构。

① 最底层用于传输。传输协议用来传输上层的封装协议，IP、ATM、PVC 和 SVC 都是非常合适的传输技术。其中，因为 IP 具有强大的路由选择能力，可以运行于不同的介质上，所以应用最为广泛。

② 第二层用于封装。封装协议用来建立、保持和拆卸隧道，或者说用于数据的封装、打包与拆包。

③ 第三层用于认证。

6.2.7 恶意代码的防治

1. 反病毒软件

人们一般都把恶意代码概括地称为"计算机病毒"。因此，下面提到的"计算机病毒"在无特别说明时，代表了一切恶意代码。它们的防治分为以下四部分。

2. 强化安全管理，加强防范体系与规范建设

计算机病毒防范制度是防范体系中每个主体都必须遵守的行为规程。没有制度，防范体系就不可能很好地运作，也不可能达到预期的效果。我们必须依照防范体系对防范制度的要求，结合实际情况，建立符合自身特点的防范制度。一般来说，计算机病毒防范应当做到以下几个方面。

① 系统管理员的口令应严格管理，不使之泄露，要不定期地予以更换，保护网络系统不被非法存取，不被感染上病毒或遭受破坏。

② 应用程序软件的安装，应由系统管理员进行或由系统管理员临时授权进行，以保障网络用户使用共享资源时总是安全无毒的。

③ 系统管理员对网络内的共享电子邮件系统、共享存储区域和用户卷应定期进行病毒扫描，当发现异常情况应及时处理。条件许可时，系统管理员还应在应用程序卷中安装最新版本的杀病毒软件供用户使用。

④ 系统管理员在做好日常管理事务的同时，还要拟订应急措施，及时发现病毒感染迹象。一旦出现病毒传播迹象，系统管理员应立即隔离被感染的计算机系统和网络并进行处理，而不应当带病毒继续工作。这时，要按照特别情况清查整个网络，切断病毒传播的途径，保障正常工作的进行。

⑤ 对新购置的计算机硬软件系统进行测试。

⑥ 单台计算机系统的安全使用要采取以下措施。

a. 在一台计算机中使用在其他计算机中用过的移动存储器时，要先对其进行病毒检测。

b. 对重点保护的计算机系统应做到专机、专盘、专人、专用。

⑦ 在封闭的使用环境中是不会自然产生病毒代码的。对于网络计算机系统，除了要首先保证自己使用的计算机安全外，还应采取下列针对网络的防杀病毒措施。

a. 在安装网络服务器时，系统管理员应保证安装环境和网络操作系统本身没有感染病毒。

b. 在安装网络服务器时，系统管理员应将文件系统划分成多个文件卷系统。一旦系统卷受到某种损伤，导致服务器瘫痪，就可以通过重装系统卷恢复网络操作系统，使服务器能马上投入运行，而装在共享的应用程序卷和用户卷内的程序和数据文件不会受到任何损伤。如果用户卷内由于病毒或使用上的原因导致存储空间拥塞时，系统卷不会受影响，不会导致网络系统运行失常。这种划分十分有利于系统管理员设置网络安全存取权限，保证网络系统不受病毒感染和破坏。

c. 要用硬盘启动网络服务器，否则在受到引导型病毒感染和破坏后，遭受损失的将不仅仅是一台个人计算机，而是会影响整个网络的中枢。

d. 在网络服务器上必须安装真正有效的防杀病毒软件，并经常进行升级。必要的时候，系统管理员还可以在网关、路由器上安装病毒防火墙产品，从网络出入口保护整个网络不受病毒的侵害。

e. 不随便直接运行或直接打开电子函件中夹带的附件文件，不随意下载软件，尤其是一些

可执行文件和 Office 文档；即使下载了，也要先用最新的防杀病毒软件进行检查。

⑧ 重要数据文件要有备份。例如：

a. 硬盘分区表、引导扇区等的关键数据应做备份并妥善保管，以便在进行系统维护和修复工作时作为参考。

b. 重要数据文件定期进行备份工作，不要等到被病毒破坏、计算机硬件或软件出现故障而使用户数据受到损伤时再去急救。

3. 病毒的检测分析方法

病毒是一段程序代码，即使它隐藏得很好，也会留下许多痕迹。通过对这些蛛丝马迹的判别，我们发现病毒的特征和名称，就称为查毒。目前使用的查毒方法有以下几种。

（1）现象观测法

现象观测法是根据病毒代码发作前、发作时和发作后的表现现象，推断和发现病毒代码。

（2）进程监视法

进程监视会观察到系统的活动状况，同时也会拦截所有可疑行为。例如，多数个人计算机的基本输入输出系统（Basic Input Output System，BIOS）都有防病毒设置，当这些设置被打开时，就允许计算机拦截所有对系统主引导记录进行写入的企图。

（3）比较法

比较法是用原始的或正常的文件与被检测的文件进行比较。按照比较的内容有以下几种方法。①长度（内容）比较法；②内存比较法；③中断比较法；④校验和比较法。

比较法可以通过感染实验室法进行分析。它先运行一些确切知道不带毒的正常程序，然后观察这些正常程序的长度和校验和，如果发现有的程序增长或者校验和有变化，就可以断定系统中有病毒。

（4）特征码法

特征码法是将所有病毒的病毒特征码加以剖析，把分析得到的这些病毒独有的特征搜集在一个病毒特征码资料库（病毒库）中。人们在检测时，以扫描的方式将待检测程序与病毒库中的病毒特征码一一对比；当发现有相同的代码时，则可判定该程序已遭病毒感染。这种方法是许多病毒检测工具的基础。但是，这种方法检测不出未知病毒。

（5）软件模拟法

软件模拟法是一种软件分析器，用软件方法来模拟和分析程序的运行。这种方法后来演变为虚拟机上进行的查毒、启发式查毒等技术，是相对成熟的技术。

（6）分析法

分析法是适用于反病毒技术人员的病毒检测方法，分为静态分析和动态分析两种方法。

静态分析法是用消除故障（DEBUG）等反汇编程序，将病毒代码打印成反汇编后的程序清单进行分析。它主要是看病毒分成哪些模块，使用了哪些系统调用，采用了哪些技巧，如何将病毒感染文件的过程翻转为清除病毒、修复文件的过程，哪些代码可被用作特征代码以及如何防御这种病毒。

动态分析法是利用 DEBUG 等调试工具，在内存带病毒的情况下对病毒进行动态跟踪，观察病毒的具体工作过程，以进一步在静态分析的基础上理解病毒工作的原理。

在病毒编码比较简单的情况下，动态分析不是必须的。当病毒采用了较多的技术手段时，必须使用动、静相结合的分析方法才能完成整个分析过程。

4. 使用工具查杀

除了一些木马程序需要特殊方法清除外，多种恶意代码可以用反病毒软件进行检测和清除。

（1）反病毒软件类型

反病毒软件的功能不外乎查毒、杀毒。按照查毒、杀毒机制，反病毒软件可分为三类。

① 病毒扫描型软件。病毒扫描型软件采用特征扫描法，根据已知病毒特征扫描可能的感染对象。这类反病毒软件的关键部件是病毒库，在病毒库中收集了已经发现的病毒的特征。在运行这些软件时，会对计算机内的所有程序进行比对，检测哪些程序是恶意程序或者携带有恶意代码。为了提高这类软件的性能，开发商要不断增加新发现的病毒的特征码，用户也应当及时升级自己机器中的病毒库。

② 完整性检查型软件。完整性检查型软件采用比较法和校验和法监视对象（包括引导扇区和文件等）的属性（大小、时间、日期和校验和）和内容。如果发生变化，则对象极有可能被病毒感染。

③ 行为封锁型软件。行为封锁型软件采用驻留内存在后台工作的方式监视可能因病毒引起的异常行为。发现异常行为后就及时发出警告，让用户决定是否让所发生的行为继续进行。

现在许多反病毒软件已经兼有上述三种功能。

（2）使用反病毒软件的注意事项

① 发现计算机病毒后，系统管理员一般应利用防杀计算机病毒软件清除文件中的计算机病毒。如果可执行文件中的计算机病毒不能被清除，应将其删除后重新安装相应的应用程序。

② 杀毒完成后，重启计算机，再次用防杀计算机病毒软件检查系统中是否还存在计算机病毒，并确定被感染破坏的数据确实被完全恢复。

③ 对于杀毒软件无法杀除的计算机病毒，系统管理员应将计算机病毒样本送交防杀计算机病毒软件厂商的研究中心，以供详细分析。

5. 计算机病毒侵害系统的恢复

计算机病毒侵害了系统后，采取一些简单的办法就可以杀除大多数的计算机病毒，恢复被计算机病毒破坏的系统。下面介绍计算机病毒感染后系统的一般修复方法。

① 修复前，尽可能备份重要数据文件。目前，反病毒软件在杀毒前大多会保存重要数据和被感染文件，以便误杀或因杀毒造成新的破坏后能够恢复系统。对于特别重要的用户数据文件等，在杀毒前还应当单独进行手工备份，但是不能备份在被感染破坏的系统内，也不应该与平时的常规备份混在一起。

② 开始修复时，先要对系统破坏程度有详细而全面的了解，并根据破坏的程度来决定采用的有效清除方法和对策。

• 若受破坏的大多是系统文件和应用程序文件，并且感染程度较深，那么可以采取重装系统的办法来达到清除计算机病毒的目的。

• 若感染的是关键数据文件且感染比较严重（如硬件被 CIH 计算机病毒破坏），就应当请计算机病毒专家来进行病毒清除和数据恢复工作。

③ 杀毒完成后，重启计算机，再次用反病毒软件检查系统中是否还存在计算机病毒，并确定被感染破坏的数据确实已被完全恢复。

④ 对于反病毒软件无法杀除的计算机病毒，应将计算机病毒样本送交反病毒软件厂商的研究中心，以供详细分析。

6.2.8 入侵检测系统、网络诱骗和数字取证

入侵检测系统（Intrusion Detection System，IDS）、网络诱骗和数字取证是三种主动防御技术，也是三种信息系统安全侵害的威慑技术。

1. 入侵检测系统

入侵检测可以像雷达警戒一样，在不影响网络性能的前提下，对网络进行警戒、监控，从计算机网络的若干关键点处收集信息，通过分析这些信息，查看网络中是否有违反安全策略的行为和遭到攻击的迹象，从而扩展了系统管理员的安全管理能力，增强了信息安全基础结构的完整性。入侵检测作为一种积极主动的安全防护技术，提供了对内部攻击、外部攻击和误操作的实时保护，被认为防火墙后面的第二道安全防线。

具体来说，入侵检测系统的主要功能如下。

① 监视并分析用户和系统的行为。

② 审计系统配置和漏洞。

③ 评估敏感系统和数据的完整性。

④ 识别攻击行为，对异常行为进行统计。

⑤ 自动收集与系统相关的补丁。

⑥ 审计、识别、跟踪违反安全法规的行为。

⑦ 使用诱骗服务器记录黑客行为。

2. 网络诱骗

网络诱骗的主要作用如下。

① 诱惑黑客攻击虚假网络而忽视真正的网络。

② 加重黑客的工作量，消耗其资源，让系统管理员有足够时间响应。

③ 收集黑客信息和企图，以便系统进行安全防护和检测。

④ 为起诉留下证据。

已经在研究的网络诱骗技术分为两类：蜜罐主机技术和蜜网技术。具体不再介绍。

3. 数字取证

现在，信息系统的攻击和对抗已经不仅仅是技术领域和管理领域的问题了。许多问题已经涉讼，成为法学案件。随着数字犯罪案件的增多，数字证据的获取已经成为信息技术专家和法学家们共同关注的热点。

（1）数字取证的基本原则

实施数字取证时应当遵循如下原则：符合程序、共同监督、保护隐私、影响最小、证据连续、原汁原味。

（2）数字取证的一般步骤

① 保护现场。在取证过程中要保护目标系统，避免发生任何改变、损害；保护证据的完整性；防止证据信息丢失和被破坏；防止病毒感染。

② 证据发现。下面是可以作为证据或可以提供相关信息的信息源。

* 日志，如操作系统日志等。
* 磁盘的特殊区域（未分配区域、文件栈区等）。
* 系统进程，如进程名、进程访问文件等。
* 用户，特别是在线用户的服务时间、使用方式等。
* 系统状态，如系统开放的服务、网络运行的状态等。
* 通信连接记录，如网络路由器的运行日志等。
* 存储介质，如磁盘、光盘、闪存等。
* 文件。

在证据发现阶段可以使用的技术有 IDS、蜜罐主机技术、网络线索自动识别技术、溯源技术等。同时，还可以使用一些相关的工具。

③ 证据固定。数字证据具有挥发性，数字证据的固定非常重要。

④ 证据提取。证据提取的内容主要是提取特征，包括以下内容。

- 过滤和挖掘。
- 解码：对软件或数据碎片进行残缺分析、上下文分析，恢复为原来的面貌。

⑤ 证据分析。分析的目的大致如下。

- 犯罪行为重构。
- 嫌疑人画像。
- 确定犯罪动机。
- 受害程度行为分析等。

⑥ 提交证据。

向律师、管理者、公安或法庭提交证据。这时要注意使用规定的法律文书格式和术语。

6.2.9 信息系统安全管理

信息系统安全管理的关键是建立安全制度和领导机构。

1. 数据容错和数据容灾

信息系统是脆弱的，它的可靠性不断遭受威胁。为了保证系统的可靠性，经过长期摸索，人们总结出了三种途径：避错、纠错和容错。避错是指完善设计和制造，但是构造一个不会发生故障的系统是不太现实的，任何一个系统总会有纰漏。因此，人们不得不将纠错作为避错的补充。一旦系统出现故障，可以通过检测和核实来消除，再进行系统的恢复。容错的基本思想是：即使出现错误，系统仍能执行一组规定的程序，或者说程序不会因为系统中的故障而中断或被修改，并且故障也不引起执行结果的差错。

容灾是针对灾害而言的。灾害对系统的危害比错误要大、要严重。

对于信息系统来说，最重要的是事件或灾害发生后如何快速进行数据的恢复。所以，数据容错和数据容灾都是围绕数据的快速恢复进行的。

（1）数据容错

数据容错的基本方法有以下几种。

① "空闲"设备：也称双件热备，就是配置两套相同的部件。在正常状态下，一套运行，另一套空闲。当正常运行的部件出现故障时，立即用空闲的部件替补。

② 镜像：就是把一份工作交给两套相同的部件同时执行。这样在一套部件出现故障时，另一套部件继续工作。

③ 复现：也称延迟镜像。复现与镜像一样，需要两个系统，一个称为原系统，另一个称为辅助系统，辅助系统从原系统中接收数据。与原系统中的数据相比，辅助系统的数据接收存在一定延迟。当原系统出现故障时，辅助系统只能在接近故障点的地方开始工作。与镜像相比，复现在同一时间只需管理一套设备。

④ 负载均衡：就是将一个任务分解成多个子任务，分配给不同的服务器执行，通过减少每个部件的工作量，增强系统的稳定性。

（2）数据容灾

设计一个容灾备份系统，需要考虑多方面的因素，如备份/恢复数据量大小、应用数据中心和备援数据中心之间的距离和数据传输方式、灾害发生时所要求的恢复速度、备援数据中心的管理及投入资金等。根据这些因素和不同的应用场合，人们将常见的容灾等级分为以下四个。

① 第 0 级：本地备份、本地保存的冷备份。只在本地进行数据备份，并且被备份的数据只在本地保存，没有送往异地。

② 第 1 级：本地备份、异地保存的冷备份。在本地进行关键数据备份，然后送到异地保存。

③ 第 2 级：热备份站点备份。在异地建立一个热备份点，通过网络进行数据备份。

④ 第 3 级：活动互援备份。与第 2 级基本相同，只是主、从系统不再是固定的系统，而是互为对方的备份系统。

2. 应急响应

为了在紧急事件发生时能够有条不紊地应对，每个使用信息系统的组织都应当有一套紧急响应的机制。这套机制包括几个环节：应急响应组织、应急预案处理过程和安全事件报告。

（1）应急响应组织

应急响应组织的主要工作如下。

① 安全事件与软件安全缺陷分析研究。

② 安全知识库（包括漏洞知识、入侵检测等）的开发与管理。

③ 安全管理和应急知识的教育与培训。

④ 发布安全信息（如系统漏洞与补丁、病毒警告等）。

⑤ 安全事件紧急处理。

应急响应组织包括应急保障领导小组和应急技术保障小组。应急保障领导小组的主要职责是领导与协调突发事件与自然灾害的应急处理。应急技术保障小组主要解决安全事件的技术问题，如物理实体和环境安全技术问题、网络通信技术问题、系统平台技术问题、应用系统技术问题等。

（2）应急预案

应急预案是指面对突发事件，预先制定的处理方案。应急预案一般包括以下内容。

① 执行应急预案的人员（姓名、住址、电话号码以及有关职能部门的联系方式）。

② 系统紧急事件类型及处理措施的详细说明。

③ 应急处理的具体步骤和操作顺序。

（3）应急处理的基本流程

应急处理的基本流程如下。

① 安全事件报警。值班人员发现紧急情况时要及时报告。依照安全事件的类型，安全事件呈报条例，应依次报告：a. 值班人员；b. 应急工作组组长；c. 应急领导小组。

② 安全事件确认。确定安全事件的类型，以便启动相应的预案。

③ 启动应急预案。首先要能够找到应急预案，关键是保护现场证据（如系统事件、处理者采取的行动、与外界的沟通等），避免灾害扩大。应当注意，安全事件处理工作复杂，责任重大，至少应有两人参加。

④ 恢复系统。尽快恢复系统运行。在弥补了安全漏洞或者解决了配置问题以后，建议变更系统中所有账户的密码。

⑤ 加强系统和网络的安全。

⑥ 应急工作总结。召开会议，分析事件原因、产生的影响、处理过程及经验教训。

（4）安全事件报告

安全事件报告的内容如下。

- 安全事件发生的时间。
- 处理安全事件的人员。
- 事件发现的途径。

- 事件类型。
- 事件涉及的范围。
- 现场记录。
- 事件产生的损失和影响。
- 事件处理过程。
- 使用的技术和工具。
- 经验和教训。

3. 日志

日志（Log）是系统指定对象的某些操作及其操作结果按时间有序的集合，是记录信息系统安全状态和问题的原始数据。通常情况下，系统日志是用户可以直接阅读的文本文件。每个日志文件都由日志记录组成，每条日志记录描述了一次单独的系统事件。

典型的日志内容有以下几种。

① 事件的性质：数据的输入或输出，文件的改变或修改，系统的用途等。

② 全部相关标识：人、设备和程序。

③ 有关事件的信息：时间，成功或失败，涉及因素的授权状态，转换次数，系统响应，项目更新地址，建立、更新或删除信息的内容，使用的程序，兼容结果和参数检测，侵权步骤等。对大量生成的日志要适当考虑保存期限。

日志文件中的记录可用于以下用途。

① 监控系统资源，审计用户行为，对可疑行为进行警告。

② 确定入侵行为的范围，为恢复系统提供帮助，生成调查报告。

③ 为打击计算机犯罪提供证据。

6.3 电子政务相关法律与法规

法律和法规是由国家立法机构和政府部门制定或认可，并由国家强制力保证实施的各种行为规范的总和。法律具有强制性、规范性、连续性特征，规定人们在社会活动中行为主体享受的权利和应履行的义务，以此达到固定社会关系，稳定社会秩序的目的。法规亦称规范性文件，是国家机关在其职权范围内制定的要求人们普遍遵守的行为规则文件，是法律规范性的表现形式，具有法律规范的一般约束力。政策是国家、政党为完成一定历史时期的任务而规定的行为准则。

为了保障电子政务高速、协调地发展与正常、稳定地运行，必须建立有效的电子政务法治环境。

① 电子政务的建设要求政府内部自身改革与政府职能调整同步进行，原来固定了的机构与机构、机构与个人、政府内部与外部之间的关系需要重新调整。规范这些旧的固定关系的法律、法规就不再适用，需要按照新的关系进行相应的修订或重新制定。

② 数字系统与物理系统相比，最大的特点在于虚拟性。针对这个虚拟世界，必然需要相应的法律和法规来维持社会的安定，规范人们的行为。

③ 数字系统比物理系统具有更强的脆弱性，因此需要用强制的手段来保护这些系统。

有关电子政务的法律涉及多个方面，下面仅介绍其中几个方面。

6.3.1　信息安全的法律保障

信息安全包括信息的安全、信息环境的安全。信息安全问题在相当多的情况下是人为造成的。因此，信息安全不能完全靠技术手段解决，还需要通过法律规范人的行为。信息系统的重要性使世界各国都非常重视信息安全法律的制定。例如，美国已经出台了《计算机保护法》《网上电子安全法案》《反电子盗窃法》《计算机欺诈及滥用法案》《网上禁赌法案》等；法国于1997年3月提出《互联网宪章》，将"明显非法的网络内容及行为"定义为"明显有悖于公共秩序的内容或行为，诸如对儿童进行性引诱、煽动种族仇恨、教唆谋杀、进行淫媒以及毒品交易、危害国家安全等"，将"敏感内容"定义为"并不明显违法，但实质上对某些人造成伤害的内容"。英国于1996年9月颁布了《三R互联网络安全规则》，用于消除网络中的非法资料，特别是色情淫秽内容。其基本措施为"3R"——分级认定、举报告发、责任承担。1999年9月，英国政府还发布了工作计划，提出将由政府带头发展方便且容易使用的过滤技术，以保护公民免受网络有害内容的侵害。

我国在信息安全的法制建设方面已经做了大量工作，已经出台了许多法律和法规，举例如下。

- 《中华人民共和国保守国家秘密法》。
- 《计算机软件保护条例》。
- 《中华人民共和国计算机信息系统安全保护条例》。
- 《中华人民共和国计算机信息网络国际联网管理暂行规定》。
- 《计算机信息系统安全专用产品检测和销售许可证管理办法》。
- 《计算机信息网络国际联网安全保护管理办法》。
- 《计算机病毒防治管理办法》。
- 《计算机信息系统国际联网保密管理规定》。
- 《信息网络传播权保护条例》。
- 《信息安全技术　政务和公益机构域名命名规范》。
- 《信息安全技术　信息系统安全运维管理指南》。
- 《信息安全技术　网络安全等级保护测试评估技术指南》。
- 《信息安全技术　信息技术产品安全可控评价指标》。
- 《信息安全技术　网络用户身份鉴别技术指南》。
- 《信息安全技术　网络安全监测基本要求与实施指南》。
- 《信息安全技术　数字签名应用安全证明获取方法》。
- 《互联网信息服务管理办法》。
- 《全国人民代表大会常务委员会关于维护互联网安全的决定》。
- 《全国人民代表大会常务委员会关于加强网络信息保护的决定》。
- 《中华人民共和国网络安全法》。
- 《互联网群组信息服务管理规定》。
- 《中华人民共和国人民警察法》中规定"履行监督管理计算机信息系统安全保护工作"。
- 《中华人民共和国刑法》中增加了针对计算机信息系统和利用计算机犯罪的条款。
- ……

6.3.2　知识产权以及个人信息保护

知识产权法包括著作权法、专利法、商标法、反不正当竞争法等。随着网络技术的发展和人类进入信息时代，知识产权受到了前所未有的重视，改变着人们获取和传播信息的方式。利用网络轻易、快捷地上传或下载信息不仅降低了人们获取信息的成本，还打开了侵害知识产权的方便之门，主要表现如下。

① 在大量信息的生产和传播过程中，一些人将并不为自己专有的信息输入互联网络，直接或间接地侵害了公民、企业甚至国家的利益。

② 有的人未经所有权人的许可或付酬，擅自下载和商业性使用网络信息、软件、音乐、游戏等。

目前，域名主要由民间组织负责分配。随着社会经济的发展，域名会逐渐成为一种稀缺资源，围绕域名的利益冲突会逐渐增加。

诸如此类的问题都需要相关的法律进行规范、制约和控制。

美国已经出台了一系列以知识产权为主要内容的法律，如《千禧年数字版权法》《反域名抢注消费者保护法》等。我国也已经出台了有关法律，举例如下。

- 《中华人民共和国著作权法实施条例》。
- 《计算机软件保护条例》。
- 《计算机软件著作权登记办法》。
- 《实施国际著作权条约的规定》。
- 《中华人民共和国商标法》。
- 《世界知识产权组织版权条约》。
- 《中华人民共和国专利法》。
- 《中国互联网络域名注册实施细则》。
- 《电信和互联网用户个人信息保护》。
- 《中国互联网络域名管理办法》。
- 《中文域名注册暂行管理办法》。
- 《中文域名争议解决办法》。

6.3.3 信息化与电子政务促进法

1. 国外促进电子政务法律概况

世界各国基本上根据国家的利益目标和价值取向，通过立法建立相应的法律体系，为其推进的信息化提供法律上的依据和支持。例如，美国的《1996 年电信法》《全球电子商务政策框架》等都很好地体现了这一宗旨和原则。

《1996 年电信法》打破了原来的法律长期以来使电信业受到部门和地区限制的困扰，为计算机互联网和有线电视网方面的竞争排除了法律上的障碍，为其发展提供了较为宽松的环境，直接酿成了全国范围内从电信运营到硬件制造、软件开发、网络通信、互联网服务、广播电视等信息业务各个领域内的收购兼并风潮，强化了部门和地区之间的合作与协调，达到了整合力量、优势互补、共同发展的目的。

《全球电子商务政策框架》更是一份通过完善基础环境促进发展的文件。在这份文件中，分别在关税与税收、电子支付系统、统一商务法则、知识产权保护、个人隐私安全、电信基础结构、内容和技术标准九大方面阐述了政府的立场，并提出了私营企业应起的主要作用、政府应避免不恰当的限制等基本原则。

除此之外，还有 1998 年美国出台的《文书工作消失法》，2002 年联合国国际贸易法委员会通过的《电子签字示范法》，日本出台的《电子签名与认证法案》，欧盟出台的《电子欧盟计划》，英国 2000 年出台的《电子通讯法》，爱尔兰出台的《电子商务法》，德国 1997 年出台的《信息与通讯服务法》《数字签名法》，意大利出台的《数字签名法》和 2000 年发布的《电子信息与文书法》等。

2．我国促进电子政务发展法律概况

为了扫除信息化和电子政务建设的障碍，我国也进行了有关法制建设，其中最有影响力的是制定了《中华人民共和国行政许可法》（简称《行政许可法》）、《中华人民共和国电子签名法》（简称《电子签名法》）和《政府信息公开法》。

（1）《行政许可法》

2004 年 7 月 1 日，《中华人民共和国行政许可法》正式实施。这对于电子政务建设有着极为重要的意义，从法律的高度对电子政务进行了认可和推进。

《行政许可法》明确规定：行政机关应当建立和完善有关制度，推行电子政务，在行政机关的网站上公布行政许可事项，方便申请人采取数据电文等方式提出行政许可申请。而且相关职能部门应当与其他行政机关共享有关行政许可信息，提高办事效率。《行政许可法》从法律的高度上认可了电子政务，它的实施将会在中国电子政务的建设过程中发挥重要的支撑、保障作用，而且会加快我国电子政务建设与国际接轨的步伐。

（2）《电子签名法》

简单地说，电子签名就是在传输文件的同时，传输"数字签名+数字证书"，使接收方可以确认发送方的身份和权利。《电子签名法》的宗旨就是将电子签名的有效性以法律的形式确定下来。

电子签名要符合法律上认可的确定性标准，必须具有以下特性。

- 唯一性。
- 不可伪造性。
- 容易鉴别性。
- 不可否认性。

这些条件使得数字文档中的数字签名与传统的在公文上加盖公章和签字具有同等的法律效力，为电子政务的推进提供了保障。

（3）《政府信息公开法》

《政府信息公开法》的基本原则如下。

- 权利原则。
- 公开原则，不公开为例外。
- 利益平衡原则。
- 不收费原则。
- 自由使用原则。
- 救济原则。

6.4

电子政务标准体系

6.4.1　电子政务标准化

标准是指一组得到认可的关于产品、技术和工艺的特性及参数的规范。其目的是要保证产品和系统间的互连与互换，维护市场参与各方之间的正常交流和合理秩序。自工业革命以来，标准一直发挥着重要的作用。正是在技术标准化的作用下，体现规模经济的大批量生产才能得以实现，市场也才能平等且有效地进行交易。

一个政府往往是条块交织网络中的一个节点。电子政务建设的目标是实现政府条块间的互连互通、信息共享、业务协同，把政府建设成一个密切联系社会的系统。这样一个复杂的系统工程，没有统一的技术标准、业务标准和管理标准是难以实现的。

电子政务标准化（Standardization of Electronic Govern-ment）是为电子政务的相关技术、业务流程、管理等全面建立标准与规范的过程。因此，标准化是电子政务的重要支撑手段。

以电子政务为核心的政府信息化则是推动我国国民经济信息化的关键。电子政务是各有关部门和地方各级政府利用信息和网络通信技术，加强政府管理，实现政务公开，提高效率，科学决策，改进和完善服务职能的重要手段，是一项系统工程。政府行政管理信息网络化是一场深刻革命。政府信息化建设要与政府职能转变相结合，提高办事效率和管理水平，促进政务公开和廉政建设，特别是要针对群众最关心的问题应用信息技术，增强为民办事的透明度和公正性。

为贯彻落实国家信息化领导小组推进国家信息化工作的五项方针和统一标准的具体要求，进一步推动我国电子政务顺利发展，国家标准化管理委员会和国务院信息化工作办公室批准成立电子政务标准总体组。

我国电子政务标准化工作的开展是在国家标准化管理委员会和国务院信息化工作办公室的统一领导下，由国家电子政务标准化总体组组织实施的。

总体组的主要工作是积极研究、跟进国内外与电子政务有关的标准的发展动态，及时调整工作思路及方向，与国内各政府部门、技术专家及开发商一起研究制定中国电子政务标准，推动我国电子政务健康、有序建设。

国家信息化领导小组及其办公室历史沿革

6.4.2 中国电子政务标准化体系的框架

《国家电子政务总体框架》指出，电子政务标准化体系以国家标准为主体，充分发挥行业标准在应用系统建设中的作用，由总体标准、应用标准、应用支撑标准、信息安全标准、网络基础设施标准、管理标准等组成，是电子政务建设和发展的基础，是确保系统互连、互通、互操作的技术支撑，是电子政务工程项目规划设计、建设管理、运行维护、绩效评估的管理规范。

《国家电子政务标准化指南》及六个电子政务标准勾画了中国电子政务标准化体系的框架。其中，《国家电子政务标准化指南》共分为以下六部分。

第一部分：总则，概括描述电子政务标准化体系及标准化的机制。

第二部分：工程管理，概括描述电子政务工程管理须遵循或参考的技术要求、标准和管理规定。

第三部分：网络建设，概括描述网络建设须遵循或参考的技术要求、标准和管理规定。

第四部分：信息共享，概括描述信息共享须遵循或参考的技术要求、标准和管理规定。

第五部分：支撑技术，概括描述支撑技术须遵循或参考的技术要求、标准和管理规定。

第六部分：信息安全，概括描述保障信息安全须遵循或参考的技术要求、标准和管理规定。

6.4.3 电子政务标准分类

电子政务标准化体系是将电子政务建设中涉及的所有标准，按其内在联系形成的有序集合和科学整体。电子政务具有跨领域、跨行业、跨信息系统的特点，其标准涉及的范围十分广泛，种类繁多。为了便于掌握和应用，需要对其进行分类。由于应用领域不同，人们的出发点不同，故分类方法有很多。下面仅介绍按电子政务标准的业务分类和按电子政务标准的应用层次分类。

1. 按电子政务标准的业务分类

根据电子政务标准的业务，电子政务标准分为五大类：基础标准、技术标准、应用标准、安全标准、管理标准。

（1）电子政务基础标准

电子政务基础标准是指在电子政务范围内作为其他标准应用的基础，被普遍使用的标准。电子政务基础标准主要包括计算机基础标准、基础通信标准和网络标准。虽然计算机基础标准主要是信息技术方面的标准，与电子政务并无直接的联系，但它对电子政务的实现可起到很大的作用；基础通信标准是电子政务通信的基准性指标，是保证电子政务系统相互连通、协调一致的核心标准；网络标准是电子政务中必不可少的有关计算机网络的标准，网络标准保证了电子政务应用中所有网络的互连互通。

（2）电子政务技术标准

电子政务技术标准是指电子政务应用方面一些技术支持所需的标准。没有电子政务技术标准的支持，电子政务的应用将难以实现。技术标准主要包括数据类和业务处理类两大类。数据类标准主要有数据表达与处理、数据格式、数据访问、数据交换四类，业务处理类标准分为服务调用标准、事务处理标准、业务访问标准和流程控制标准。

（3）电子政务应用标准

电子政务应用标准是指电子政务具体应用方面的标准，是为规范电子政务应用而设计、制定的一系列标准，主要包括基础信息、信息元及其代码、电子公文格式、业务流程等标准。这些标准的制定对规范系统开发，增强系统运作的兼容性和通用性有很大帮助。

（4）电子政务安全标准

电子政务安全标准主要是针对电子政务数据的保密性和安全性制定的标准。它为电子政务的实施提供安全保障，维护公众个人信息和系统的安全。安全标准主要包括信息安全标准、物理安全标准、系统安全标准和应用工程标准等。

（5）电子政务管理标准

电子政务管理标准是指确保电子政务工程建设顺利实施所需的标准，主要包括电子政务软件工程、项目验收与监管、系统测试与评估等涉及电子政务工程建设管理的标准。它贯穿电子政务建设整个过程，为电子政务的监管和评估提供基本依据，确保电子政务建设质量和实施水平。

2. 按电子政务标准的应用层次分类

按应用层次分类，电子政务标准主要分为三大类：网络基础设施层标准、应用支持层标准、应用层标准。

（1）网络基础设施层标准

电子政务网络基础设施层标准是为电子政务提供基础通信平台的标准。该标准处于整个电子政务标准体系的底层，为以后的电子政务应用提供基础设施和通信平台，可使信息有效、可靠地传输。网络基础设施层标准主要包括基础设施建设标准和网络安全管理标准。

（2）应用支持层标准

电子政务应用支持层标准是为确保电子政务应用的顺利实施而制定的标准。它为电子政务应用提供支撑和服务，主要包括信息交换、数据处理和电子政务服务等标准。

（3）应用层标准

应用层标准是指电子政务应用方面的标准，以确保电子政务能够规范应用。应用层包括在应用支撑层上构造的各种电子政务应用，是整个电子政务面向最终用户的层面，所以应用层标准的制定可以方便用户对电子政务的具体使用。此类标准主要包括基础信息、信息元及其代码、电子公文格式、业务流程等标准。

习 题

一、选择题

1. 地域覆盖范围在 100 m 以内的计算机网络称为（　　），地域覆盖范围在 10 km 以内的计算机网络为（　　），地域覆盖范围为 5～50km 的计算机网络为（　　），跨地区甚至延伸到整个国家和全世界的计算机网络为（　　）。

　　A. LAN　　　　　　B. PAN　　　　　　C. WAN　　　　　　D. MAN

2. 在 Internet 中，主机可以达到 1 600 万台的网络称为（　　）类网络，主机可以达到 65 534 台的网络称为（　　）类网络，主机最多达到 254 台的网络称为（　　）类网络。

　　A. D　　　　　　　B. C　　　　　　　C. B　　　　　　　D. A

3. 国家信息基础设施中承载多种信息的主体部分称为（　　）。

　　A. 核心网　　　　B. 用户驻地网　　　C. 用户接入网　　　D. 专用网

4. 在广域网中，位于网络之间的联结节点为（　　）节点，它的作用是为到达的数据信号确定传输的路径。

　　A. 中继　　　　　B. 交换　　　　　　C. 终端　　　　　　D. 路由

5. 常用的 Hub 是一种（　　）。

　　A. 中继器　　　　B. 交换机　　　　　C. 终端　　　　　　D. 路由器

6. 要传输多路信号时，将每一路信号中的"1"调制成多位信号，形成一个编码进行传输（"0"的每一位与"1"的每一位相反），并使各路信号的编码不同且不造成混淆。这种多路复用技术称为（　　）。

　　A. TDM　　　　　B. FDM　　　　　　C. WDM　　　　　　D. CDM

7. 没有经过授权（同意）就获得系统的访问权限或特权，对系统进行非正常访问，或擅自扩大访问权限越权访问系统信息，这种系统威胁被称为（　　）。

　　A. 信息泄露　　　B. 抵赖　　　　　　C. 滥用　　　　　　D. 入侵

8. 系统的敏感数据有意或无意地被未授权者知晓，这种系统威胁被称为（　　）。

　　A. 信息泄露　　　B. 抵赖　　　　　　C. 滥用　　　　　　D. 入侵

9. （　　）是一种不依附于其他程序可以独立存的恶意代码。

　　A. 逻辑炸弹　　　B. 木马　　　　　　C. 蠕虫　　　　　　D. 病毒

10. （　　）是一种具有传染性和自我复制能力，并寄生在其他程序上的恶意程序。

　　A. 逻辑炸弹　　　B. 木马　　　　　　C. 蠕虫　　　　　　D. 病毒

11. 在电子政务的网络系统中，物理隔离一般配置在（　　）。

　　A. 专网与内网之间　B. 外网与内网之间　C. 外网与公网之间　D. 外网与专网之间

12. （　　）的基本思想是，即使出现错误，系统仍能执行一组规定的程序，或者说程序不会因为系统中的故障而中断或被修改，并且故障不引起执行结果的差错。

　　A. 容灾　　　　　B. 容错　　　　　　C. 避错　　　　　　D. 纠错

13. 数据加密是隐蔽数据的（　　），数据隐藏是隐蔽数据的（　　）。

  A. 可读性　　　　　　B. 机密性　　　　　　C. 存在性　　　　　　D. 公开性

14. 数字证书基于（　　）技术。

  A. 对称密钥　　　　　B. 公开密钥　　　　　C. 口令　　　　　　　D. 计算机网络

15. 数字证书是由（　　）颁发给网上用户的一组数字信息，包含用户身份信息、用户公开密钥、签名算法标识、证书有效期、证书序列号、颁证单位、扩展项等。

  A. 政府有关部门　　　B. PKI`　　　　　　　C. 认证中心　　　　　D. 标准部门

16. （　　）的实施，使政府由"无所不管"的全能型政府转变为"有所取舍"的有限型政府。

  A. 《政府信息公开法》　　　　　　　　B. 《行政许可法》

  C. 《电子签名法》　　　　　　　　　　D. 《合同法》

17. 政府信息公开的原则是（　　）。

  A. 不公开为例外　　B. 公开为例外　　C. 以公开为原则　　D. 以不公开为原则

二、填空题

1. 准确地说，信道的最大传输速率称为信道的_____，信道可以传输的信号的频率范围称为信道的_____。

2. 国际标准化组织（ISO）制定的开放系统互连参考模型（OSI/RM），把计算机网络设计为一种七层结构，从下向上依次是_____、_____、_____、_____、_____、_____和_____。

3. 电气和电子工程师协会（IEEE）于 1980 年 2 月成立的局域网标准委员会制定了一套_____，称为 IEEE 802。

4. Internet 考虑的重点是_____，所以 TCP/IP 是从相对于 ISO/OSI 的网络层开始向上定义的，并且考虑实际应用的情况，从下向上只定义了网络接口层、网际互连（IP）层、运输层和应用层。

5. 按照来源，信息系统威胁有_____、_____和_____三种。

6. 若 E 为加密函数，K_E 为加密密钥，D 为解密函数，K_D 为解密密钥，则对于对称密码体制，有_____，对于非对称密码体制，有_____。

7. 数字签名用于_____、_____和_____三种保护。

8. 电子政务标准化体系以_____为主体，充分发挥行业标准在应用系统建设中的作用，由_____、_____、_____、_____、_____、_____等组成，是电子政务建设和发展的基础，是确保系统互连、互通、互操作的技术支撑，是电子政务工程项目规划设计、建设管理、运行维护、绩效评估的管理规范。

三、判断题

1. 在使用计算机系统时，应当使用账号证明自己的身份。（　　）

2. 在现代密码学中，加密算法的安全比密钥的安全重要得多。（　　）

3. 政府信息公开的内容以多数群众的要求为依据。（　　）

四、简答题

1. 计算机网络为什么要按照层次结构设计和开发？

2. 发现计算机系统感染病毒后，应当如何处置？

3. 网络防火墙有什么作用？

4. 在计算机网络中，IDS 有什么用处？

5. 应急预案一般包括哪些内容?

6. 数字取证一般有哪些步骤?

7. 数据加密与数据隐藏有什么区别与联系?

8. 比较对称密钥体制与非对称密钥体制。

9. 如何使用非对称密钥来证实对方的身份?

10. 简述利用数字签名进行报文认证的过程。

11. 列举我国有关信息安全的五个法律法规。

12. 列举我国有关知识产权保护的五个法律法规。

13. 《行政许可法》的实施对于电子政务的发展有什么意义?

14. 简述《政府信息公开法》的基本内容。

15. 简述《电子签名法》的立法原则。

五、实践题

1. 用一个表格对自己计算机中的文件进行访问控制配置。

2. 搜集资料,整理国家已经发布的有关电子政务的标准或规范。

3. 搜集我国电子政务有关标准,提出自己的分类方法。

第7章 电子政务规划、设计与项目管理

电子政务建设事关重大，涉及国计民生的多个方面。其是一个复杂的系统，需要耗费大量人力、物力、财力。因此，它需要进行良好的规划、精细的设计和认真的建设管理。本章介绍电子政务规划、设计与项目管理中的一些关键问题。

7.1 电子政务建设项目规划与顶层设计

7.1.1 电子政务建设项目规划

项目规划是预测未来，确定目标，评估风险，并提出实现目标、解决问题的有效方案、方针、措施和手段的过程，是建设项目实施的前提和基础，是建设项目实施的依据、建设项目评估的标准。

微课 扫一扫：

电子政务建设项目规划

"十三五"国家政务信息化工程建设规划

1. 电子政务建设项目规划的内容

电子政务建设项目规划要以国家战略规划为指导，从本地区、本部门的实际出发，因地制宜地制定自己的项目规划。其内容如下。

① 国内外相关电子政务建设项目的经验和实施现状。

② 本地区、本部门电子政务的现状。

③ 本项目的任务、指导思想、建设方针、目标和原则。

④ 本项目的资源分配，包括人力、物力和财力资源的分配。

⑤ 本项目的体系结构、基础设施、网络架构。

⑥ 本项目的实施计划。

⑦ 本项目的标准化体系。

⑧ 本项目的安全保障体系。

⑨ 本项目的应用方案，包括基础应用和综合应用：基础应用包括政府门户网站、办公自动化系统、一站式审批系统、数据中心、政务公文交换系统等，综合应用包括网上虚拟政府、政府客户关系管理、电话与网站相结合的呼叫中心系统、知识管理、社区信息化工程、电子采购系统、多媒体网络会议中心、人力资源管理系统等。

⑩ 本项目的培训设计，包括信息技术培训、项目管理培训、电子政务专题培训等。

⑪ 本项目的推广建议。

2. 电子政务建设项目规划的一般步骤

电子政务建设项目规划可以分为如下三个阶段。表7.1所示为每个阶段的工作要点和成果。

表 7.1 电子政务建设项目规划每个阶段的工作要点与成果

阶 段 名 称	工 作 要 点	成 果
可行性分析	立项 需求分析：根据国家有关要求，分析现行系统存在的问题 进行相关考察、调查、研究，分析可行性	1. 项目组织机构 2. 可行性分析报告

续表

阶 段 名 称	工 作 要 点	成 果
总体设计与顶层设计	确定开发应用标准与规范 构建基本支撑系统和应用体系 进行总体设计、顶层设计	总体设计方案
编制项目计划书	编制项目计划书	项目计划书

（1）可行性分析报告

可行性分析报告是在详细调查、考察的基础上，经过需求、技术、经济和环境分析做出的书面总体构思或说明。其内容如下。

① 根据国家或上级有关要求，分析改变自身工作存在的问题而进行的需求分析。

② 技术可行性论证。

③ 经济可行性论证。

④ 财务可行性论证。

⑤ 社会和环境可行性论证。

⑥ 组织机构可行性论证。

⑦ 风险评估。

（2）系统总体设计

进行系统总体设计时要考虑以下几个方面。

① 要进行顶层设计，顶层设计的有关问题在下一小节进行专门介绍。

② 考虑构建基本支撑体系和应用体系的相关问题，如网络体系、开发平台、信息安全、实体安全、运行安全、人员管理、事故应急等。

③ 系统设计必须考虑可扩展性、安全性、易操作性。

（3）项目计划书

项目计划书可以使用文字和图表等多种形式描述，内容如下。

① 项目许可证。

② 项目章程和拟采取的管理方式。

③ 项目说明：项目范围、项目目标和可交付成果。

④ 项目工作分解结构和责任分派。

⑤ 人力、物力、财力资源配置。

⑥ 测量和控制时间进度以及费用的基准。

⑦ 项目进度的主要里程碑。

⑧ 项目费用估算。

⑨ 业绩考核和评价制度。

⑩ 项目关键问题和主要风险，以及解决问题和应对风险的措施。

（4）项目计划书的相关辅助文件

项目计划书的相关辅助文件如下。

① 项目各具体计划未考虑的事项。

② 项目规划期间新增的文件和资料。

③ 技术文件，如技术要求和设计文件。

3. 国家电子政务标准结构

电子政务建设要按照《国家电子政务总体框架》（国信〔2006〕2号）的结构进行。图7.1所示为国家电子政务总体框架的结构。

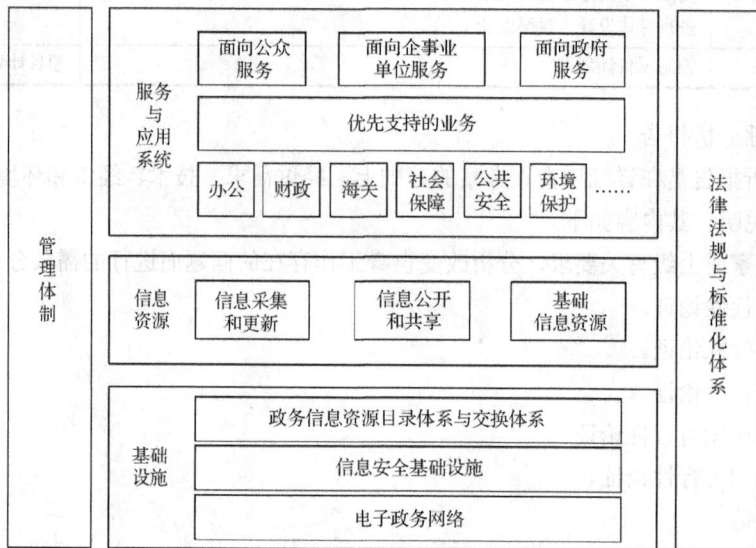

图7.1　国家电子政务总体框架的结构

7.1.2　电子政务顶层设计

2012年4月，中华人民共和国国家发展和改革委员会历时两年编制的《"十二五"国家政务信息化工程建设规划》（以下简称《"十二五"电子政务规划》）获得了国务院批复。《"十二五"电子政务规划》全面总结了近10年来我国电子政务建设的经验和问题。《"十二五"电子政务规划》中特别强调了顶层设计的重要性，在指导思想中提出"要加强顶层设计，坚持需求主导，强化信息共享、业务协同和互联互通，突出建设效能"，在基本原则处又再次提出"加强顶层设计，统筹规划，分布实施，试点先行"。

电子政务顶层设计

1. 当前我国电子政务建设中存在的问题

（1）"信息孤岛"的现象普遍存在

虽然截至2017年底，我国超过500个城市均已明确提出或正在建设智慧城市，预计到2021年市场规模将达到18.7万亿元。但是，大多数城市不得不面对的问题是城市各部门信息系统之间相互独立，信息系统资源的综合开发应用较少，"信息孤岛"的现象普遍存在。

（2）电子政务"条块分割"问题突出

电子政务项目建设经费来源多样，有发改委的工程项目经费、财政部的行政经费、科技部的专项资金等，各条线有各条线的管理要求。电子政务建设在国家层面尚未形成统一的管理体系。

从各部委电子政务系统建设的布局来看，由于各部委的信息化建设是在一种分散体制下展开的，一个部委一个"金"字工程，一个办、厅、局一批信息系统，最终造成了国家电子政务信息孤岛、重复建设、纵强横弱等问题。各部委的信息化投入越多，形成的信息化壁垒就越高，严重影响了电子政务的投资效率和产出成果。

（3）资源整合遭遇机制瓶颈

单纯就技术方面而言，云计算技术可以推动实现信息系统资源较高水平的整合与共享。然而，在智慧城市建设与电子政务实施过程中，受制于机制约束，云计算技术只能作为一种补充技术、一种试验技术在局部范围内得到应用。其作用更多地体现为对现有信息系统进行有限的修补，云计算技术的潜能和优势无法充分发挥。

解决这些问题的有效途径就是进行电子政务的顶层设计。

2. 顶层设计的一般概念与特征

顶层设计在工程学中的本义是运用系统论的方法，对某项任务或者某个项目的各方面、各层次、各要素进行统筹规划，追根溯源，统揽全局，从全局的角度，集中有效资源，高效、快捷地实现目标。

顶层设计的主要特征表现在以下三个方面。

① 顶层决定性。顶层设计是自高端向低端展开的设计，核心理念与目标都源自顶层，形成顶层决定底层、高端决定低端的设计思路。

② 整体关联性。顶层设计强调设计对象内部要素之间，围绕核心理念和顶层目标所形成的关联、匹配与有机衔接。

③ 实际可操作性。设计的基本要求是表述简洁、明确，设计成果具备可行性，因此顶层设计成果应是可实施、可操作的。

EA

总体架构（Enterprise Architecture，EA）是在信息系统架构设计与实施的实践基础上逐步发展起来的一个崭新领域，现已发展成为在 IT 规划、管理及复杂系统设计与实施方面国际上普遍采用的理论、方法和工具。EA 强调在对组织战略目标和业务流程理解的基础上，描绘出一幅未来组织信息化中业务、信息、应用和技术互动的整体蓝图，展示出组织信息化建设的整体结构框架。

美国联邦政府很早便意识到了 EA 在政府、IT 规划和电子政务建设方面的价值，并迅速在 20 世纪 90 年代末将 EA 理论应用于联邦政府电子政务建设中，先后开发出联邦政府总体架构框架（Federal Enterprise Architecture Framework，FEAF）和联邦政府总体架构（Federal Enterprise Architecture，FEA）方法体系，从而推动了 EA 的发展；英国、加拿大、韩国、新加坡、澳大利亚等国纷纷将 EA 理论引入电子政务建设，发布了本国政府的电子政务总体架构。EA 理论的应用使越来越多的国家充分体验到了 EA 在整合数据和构建跨部门业务流程方面的巨大潜力。

---

3. 电子政务顶层设计的含义

电子政务顶层设计就是一个地区、行业或者部门电子政务发展规划或总体框架的详细设计及其内部各要素之间有效组合运行的动力机制、建设机制和发展机制的模型化设定，可保证电子政务系统功能相互协调、结构基本一致、资源互相共享、标准基本统一。

电子政务顶层设计中的"顶层"主要有如下四方面的含义。

① 在分析和讨论问题的层次上，应当从全局和整体上看待和分析电子政务的发展和建设。这就需要跳出局部环境、局部利益的约束和限制。

② 在"电子"和"政务"的关系上，要首先从政务的视角上进行考虑，考虑政务业务的需求。根据经验，顶层设计成功与否，业务领域因素占 80%以上。而且一个部门的电子政务顶层设计不仅要考虑部门内各种要素之间的运作关系，还应考虑该部门在政府纵向层面和横向层面上的相互协调。

③ 在因果关系上，顶层设计看重电子政务建设的绩效。政府的核心职能是公共服务、社会管理、经济调节、市场监管。要想高效地履行这些职能，需要优化工作流程，整合信息资源，促进职能转变，提高工作效率。因此，实现政绩目标是顶层设计的深层含义。

④ 在纵横关系上，电子政务顶层设计需要建立一种合理的条块协调机制，在保障条线业务

顺利开展的同时促进横向共享和协同。

  4. 电子政务顶层设计的意义

  电子政务顶层设计的主要目的是在电子政务建设中实现理论上一致、功能上完整、结构上统一、资源可共享、部件标准化。这样可以带来以下好处。

  ① 电子政务顶层设计可促使电子政务的运作管理走上精细化道路。早期的电子政务建设仅仅依据国家的宏观建设方针和原则，缺少比较规范的设计方法和建设指南。电子政务顶层设计概念的提出，为电子政务提供了一种规范化的框架，促进了电子政务建设中一系列指导文件、管理规范、技术标准的建立和完善。

国家电子政务总体框架——国信〔2006〕2号

  ② 电子政务顶层设计可促使电子政务建设由技术主导走上政务主导的正确道路。早期的电子政务建设大都从建网建库开始，忽视了业务需求分析和对政务绩效目标的实现。电子政务顶层设计要求更多地关注业务和绩效，从而使电子政务助力的管理创新和服务创新更具有合理性。

  ③ 电子政务顶层设计的实施，将大大减少电子政务建设中出现的盲目建设、重复建设、信息孤岛、绩效失控、投资黑洞等状况，形成资源整合、共享、协同、合作、一体化的局面。

7.1.3 基于云计算的电子政务公共平台顶层设计

  进入21世纪后，顶层设计受到了普遍的重视。但是，如何进行顶层设计，以什么样的思路和方法进行顶层设计的问题又摆在了人们面前。人们曾经提出以政务信息资源建设与应用为主线和以政府业务重组为主线两种思路和方法。2008年8月13日，国家发展和改革委员会发布《国家电子政务工程建设项目管理暂行办法》，确立电子政务项目建设要以政务信息资源开发利用为主线，即电子政务的顶层设计要基于信息资源开发利用。就在这一时期，云计算的概念开始广泛传

微课 扫一扫：

基于云计算的电子政务公共平台顶层设计

基于云计算的电子政务公共平台顶层设计指南

播。2011年12月12日，工业和信息化部颁布了《国家电子政务"十二五"规划》，提出以云计算为基础的电子政务公共平台顶层设计思路，要求"积极研究云计算模式在电子政务发展中的作用"。2013年2月，工业和信息化部发布了《基于云计算的电子政务公共平台顶层设计指南》（以下简称《云指南》），随即在陕西召开了全国地方电子政务公共平台顶层设计工作座谈会，着手在全国范围内推动电子政务公共平台顶层设计。

  云计算给政府信息资源开放共享的建设带来了新的思路，将引领政府信息资源开放共享的建设，并带来新的转变。这些思路具体表现在以下几个方面。

  （1）有助于合理整合政府信息资源

  长期条块分割以及经济发展不平衡，造成我国政府信息资源开放与共享的不平衡。有的地方和部门还根本谈不上信息资源的共享，处于各自建网站，各自保管数据和资料的状态。因此，政府信息资源建设和利用成为电子政务发展的瓶颈和关键因素，资源的合理整合成为一个急需解决的问题。云计算能够将散布式存储的数据库与一站式的检索界面结合起来，通过对政府信息资源进行全面整合，解决数据冗余带来的麻烦，还能够为用户提供统一的入口，实现政府的一站式服务。

  （2）有利于提高软、硬件的共享度，建设统一的政府信息资源共享平台

  建设统一的政府信息资源共享平台可加速我国政府信息资源的开放共享，以前都是各个地方建立自己的政府平台，资源只能在自己的政府平台上共享。通过云技术可建立属于政府专用的政府信息资源平台，把计算资源和数据资源分布在大量的分布式计算机上，并可提供方便用户的多种接入方式。例如，使用计算机或手机等都可以方便地接入网络获得应用和服务，从而实现了最

小化终端设备的配置要求，使计算和存储获得很强的可扩展能力，用户只要通过云网络登录政府信息资源平台，就能访问这些资源。

（3）提高政府工作效率，降低政府信息资源建设和管理费用

政府的许多信息资源都具有很强的时效性。为了服务社会必须经常性地更新数据，新数据上传和旧数据保存成为一项很繁重的工作。在传统的数据中心，数据量大、集中，以及信息交换要求很强的计算能力，使得政府数据中心建设和运行的成本（包括电力成本、空间成本、维护成本等）在不断上升。采用云技术，政府无须自己管理这些资源，通过外包给供应商，让其承担这些繁重的数据上传、保留和管理工作，政府只需通过法令来监督和约束供应商。云计算还可以动态地分配资源、调整负载。这样，不仅提高了政府工作效率，还节省了购买基础设施的费用，降低了信息资源的管理成本。

实际上，在《云指南》发布之前，许多地方政府（如北京、青岛等）已经开始基于云计算进行电子政务的顶层设计。所以，《云指南》是实验和实践的产物。图 7.2 所示为首信公司 2012 年 12 月 5 公布的"北京市电子政务互联网云方案"中的逻辑体系结构。

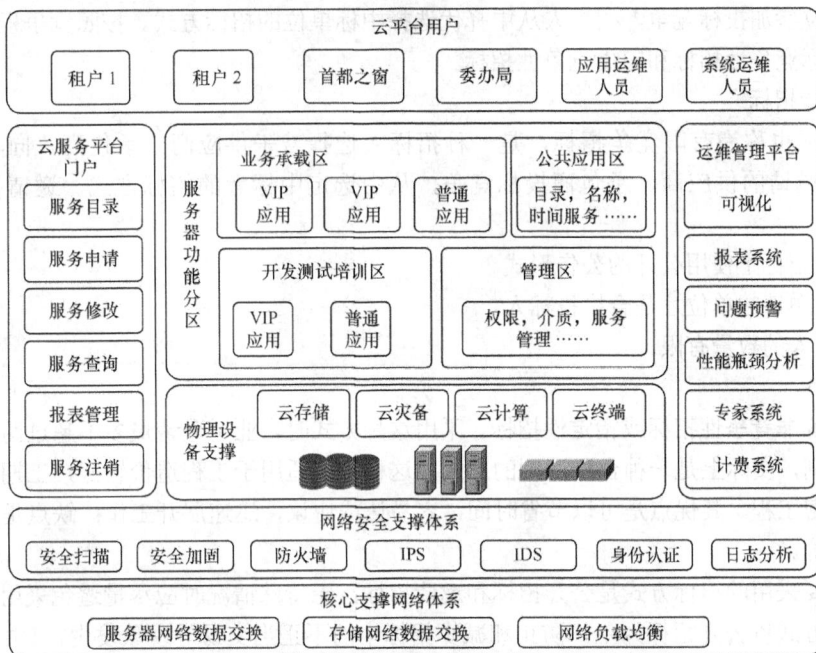

图 7.2　首信公司公布的"北京市电子政务互联网云方案"中的逻辑体系结构

7.2 电子政务工程招投标

7.2.1 招投标及其特点

招标（Invitation for Bid）是工程、货物、服务贸易中的需求方——招标人，通过事先公布的采购的要求——发出招标公告或投标邀请书，吸引众多的投标人按照同等条件进行平等竞争，并按照规定程序，组织技术、经济和法律等方面的专家对众多的投标人进行综合评审，从中择优选定项目的中标人，以获得较高投资效益的交易活动。招标和投标简称招投标，是商品经济高度发展的产物，已经成为一种国际上普遍运用的、有组织的市场交易行为。

微课 扫一扫：

电子政务工程招投标

与一般的交易方式相比，招投标主要有以下三个特点。

① 招标是由参加投标的企业按照招标所提出的条件，一次性递价成交的贸易方式，双方无须进行反复磋商。

② 招标是一种竞卖的贸易方式。

③ 招标是在指定的时间和指定的地点进行的，并事先规定了一些具体的条件，因此，投标必须根据其规定的条件进行，如不符合其条件，则难以中标。

7.2.2 招标方式与组织形式

1. 招标方式

在国际上，招标可以通过三种方式进行：公开招标、邀请招标和议标。

（1）公开招标

公开招标又叫竞争性招标，即由招标人在报刊、电子网络或其他媒体上刊登招标公告，吸引众多企业单位参加投标竞争，招标人从中择优选择中标单位的招标方式。按照竞争程度，公开招标可分为国际竞争性招标和国内竞争性招标。

（2）邀请招标

邀请招标也称为有限竞争招标，是一种招标人选择若干供应商或承包商，向其发出投标邀请，由被邀请的供应商、承包商投标竞争，从中选定中标者的招标方式。邀请招标的特点如下。

① 邀请招标不使用公开的公告形式。

② 接受邀请的单位才是合格投标人。

③ 投标人的数量有限。

（3）议标

议标亦称非竞争性招标或指定性招标。采用这种方式时，业主邀请最多不超过两家承包商来直接协商谈判，实际上是一种合同谈判的形式。这种方式适用于工程造价较低，工期紧，专业性强或军事保密工程。其优点是可以节省时间，容易达成协议，迅速展开工作；缺点是无法获得有竞争力的报价。

中国主要采用的招标方式是公开招标和邀请招标，无特殊情况时应尽量避免采用议标方式。为保证招标方式以公开招标为主，防止和减少招标中的不正当交易等现象发生，《中华人民共和国招标投标法》第十一条做了限制邀请招标的规定："国务院发展计划部门确定的国家重点项目和省、自治区、直辖市人民政府确定的地方重点项目不适宜公开招标的，经国务院发展计划部门或者省、自治区、直辖市人民政府批准，可以进行邀请招标。"

一般不适宜公开招标的项目如下。

① 招标采购的技术要求高度复杂或有专门性质，只能由少数单位完成的。

② 招标采购价格低，为提高效益和降低费用，不宜公开招标的。

③ 有其他不宜进行公开招标原因的。

2. 招标的组织形式

招标的组织形式有两种：委托招标和自行招标。

根据《中华人民共和国招标投标法》的规定，招标人具有编制招标文件和组织评标能力的，可以自行办理招标事宜。对于必须进行招标的项目，招标人自行办理招标事宜的，应向有关行政监督部门备案。

对于联合招标的项目，由项目协调领导小组办公室依据国家有关规定，共同选择招标代理机构。项目协调领导小组办公室应邀请共建部门的纪检监察或审计部门对招标活动进行监督。

评标委员会由业主单位代表和技术、经济等方面的资深专家组成。为了公平起见，每个项目的评标专家应从专家库中随机抽选。

7.2.3　招标的一般程序

1. 政府采购的一般招标程序

① 采购人编制计划，报财政厅政府采购办审核。

② 采购办与招标代理机构办理委托手续，确定招标方式。

③ 进行市场调查，与采购人确认采购项目后，编制招标文件。

④ 发布招标公告或发出招标邀请函。

⑤ 出售招标文件，对潜在投标人的资格进行预审。

⑥ 接受投标人标书。

⑦ 在招标公告或招标邀请函中规定的时间、地点公开开标。

⑧ 由评标委员会对投标文件进行评标。

⑨ 依据评标原则及程序确定中标人。

⑩ 向中标人发送中标通知书。

⑪ 组织中标人与采购单位签订合同。

⑫ 进行合同履行的监督管理，解决中标人与采购单位的纠纷。

2. 工程施工一般公开招标程序

① 建设工程项目报建。

② 审查建设单位资质。

③ 招标申请。

④ 资格预审文件、招标文件的编制和送审。

⑤ 工程标底价格的编制。

⑥ 发布招标通告。

⑦ 单位资格审查。

⑧ 编制招标文件。

⑨ 勘察现场。

⑩ 召开招标预备会。

⑪ 投标文件管理。

⑫ 工程标底价格的报审。

⑬ 开标。

⑭ 评标。

⑮ 决标。

⑯ 合同签订。

7.2.4　电子政务工程招标的范围

电子政务工程基本上是政府投资项目。根据《中华人民共和国招标投标法》的规定，全部或部分使用国有资金或者国家融资的项目，接受国际组织或者外国政府贷款、援助的项目必须进行招标。

按照相关法规，凡经国家审批的项目，均需按照审批过的招标范围进行公开招标。属于涉密、特殊领域的，在可行性研究审批阶段就要提出不公开招标的申请。

一般来说，招标范围如下。

① 设备采购：指工程需要的各种计算机硬件设备及货物供应附带的服务的采购。

② 机房建设与改造工程：包括动力空调设备、机房电磁屏蔽工程、消防设施安装、综合布线与相关管道线路敷设、装饰装修等项目及附带服务。

③ 应用系统与数据库开发：包括定制项目规定的业务应用系统和数据库应用系统的开发。

④ 系统集成：指以通信和数据网络为基础，综合利用相关硬件、软件提供的有关解决方案等服务。

⑤ 工程监理及其他。

7.2.5 编制招标文件

招标文件也称标书，是由建设单位编写的用于招标的文档。编制施工招标文件时必须做到系统、完整、准确、明了。

1. 招标文件编制原则

（1）法律原则

招标文件必须符合国家的合同法、经济法、招标投标法等。

（2）无歧义原则

招标文件应准确、详细地反映项目的客观真实情况，以减少签约和履约过程中的争议。

（3）规范原则

招标文件涉及招标者须知、合同条件、规范、工程量表等多项内容，力求统一和规范用语。

（4）公平竞争原则

要坚持公开、公平、公正的原则，不受部门、行业、地区限制，招标单位不得有亲有疏，特别是对外部门、外地区的招标单位，应提供方便，不得借故阻碍，以确保通过竞争选优，维护自身和国家的利益。

（5）科学合理原则

在标书中，技术要求和商务要求必须充分且切合实际，不可盲目提高标准、档次和性能指标，否则会造成不必要的经济损失，也会拖延工期。

2. 招标文件的内容

招标文件应至少包括以下内容。

（1）投标邀请书。投标邀请书是用来邀请资格预审合格的投标人按规定时间等前来投标的文件，一般包括以下内容。

① 招标人单位、招标性质、工程简况、分标情况、主要工程量、工期要求。

② 承包人为完成本工程需提供的服务内容。

③ 发售招标文件的时间、地点和价格。

④ 投标文件送交的地点、份数和截止时间，提交投标保证金的数额和时间。

⑤ 开标时间、地点，现场考察和召开标前会的时间、地点，承办人联系方式等。

（2）投标须知。投标须知是指导投标人正确进行投标报价的文件，告知他们应遵循的各项规定，一般包括以下内容。

① 投标者应遵循的规定和应承诺的义务。

② 投标文件的基本内容、份数、形式、有效期、密封及其他要求。

③ 组织投标人到工程现场勘察和召开标前会解答疑难问题的时间、地点及有关事项。

④ 投标人应承担的履约保证金，编制和递交投标文件所涉及的一切费用，以及考察施工现场、参加标前会所发生的费用。

⑤ 评标的方法、原则，招标结果的处理，合同的授予及签订方式等。填写投标文件时的注意事项，投标文件的送达地址、截止时间，修改与撤销的注意事项，开标、评标、定标的程序等。

（3）技术规格。技术规格是招标文件和合同文件的重要组成部分，它规定所购货物、设备的性能和标准。技术规格也是评标的关键依据之一。如果技术规格制定得不明确或不全面，不仅会影响采购质量，还会增加评标难度。货物采购技术规格应采用国际或国内公认的标准，除不能准确或清楚地说明拟招标项目的特点外，各项技术规格均不得标明某一特定的商标、名称、专利、设计、原产地或生产厂家，不得有针对某一潜在供应商或排斥某一潜在供应商的内容。

工程项目的技术规格较为复杂，包括工程竣工后要求达到的标准，施工程序，施工中的各种计量方法、程序和标准，现场清理程序及标准等。

（4）投标书的编制要求。投标书是投标供应商对其投标内容的书面声明，包括投标文件的构成、投标保证金、总投标价和投标书有效期等内容。

（5）供货一览表、报价表和工程量清单。

（6）合同条件。合同条件是招标书的一项重要内容，是双方经济关系的法律基础，必须符合有关法律规定。国际招标既要符合国际惯例，又要符合国内法律。合同条件一般包括支付方式、售后服务、质量保证、主保险费用等。这些条件不应过分苛刻，也不可将风险全部转嫁给中标方。

（7）供应商应当提供的有关资格和资信证明文件。采购单位在正式招标以前，应在政府采购主管部门指定的媒体上刊登通告。从刊登通告到参加投标要留有充足的时间，以让投标供应商有足够的时间准备投标文件。

7.3 电子政务建设项目管理

7.3.1 项目管理的概念和内容

项目就是在既定的资源和要求的约束下，为实现某种目的而相互联系的一次性工作任务。按 PMI 的定义，项目管理就是"在项目活动中运用一系列的知识、技能、工具和技术，以满足或超过相关利益者对项目的要求"。另外一种定义是：项目管理就是项目的管理者在有限的资源约束下，运用系统的观点、方法和理论，对项目涉及的全部工作进行有效的管理，即对从项目的投资决策开始到项目结束的全过程进行计划、组织、指挥、协调、控制和评价，以实现项目的目标。还有一种定义是：项目管理就是在项目工作范围内，通过管理，实现在预定的时间（Time）内，在预定的成本（Cost）限制内，得到满足质量（Quality）要求的项目目标。这里时间、质量、成本这三个要素简称 TQC。

一般来说，项目管理主要包括下列内容。

① 范围（Scope）管理：也称为工作范围，是指为了实现项目目标必须完成的所有工作。一

微课　扫一扫：

电子政务建设项目管理

般通过定义交付物（Deliverable）和交付物标准来定义工作范围。

② 时间管理：与项目时间相关的因素用进度计划描述，即完成项目工作范围内所有工作需要的时间，以及每个活动的具体开始和完成日期。

③ 质量管理：是指项目满足明确或隐含需求的程度。

④ 成本管理：是指完成项目需要的所有款项，包括人力成本、原材料、设备租金、分包费用、咨询费用等。

⑤ 人力资源管理：是指为了保证所有项目关系人的能力和积极性都得到最有效发挥和利用所采取的一系列管理措施，包括组织规划、团队建设、人员选聘和项目班子建设等一系列工作。

⑥ 项目沟通管理：是指为了确保项目信息的合理收集和传输所需要采取的一系列措施，包括沟通规划、信息传输、进度报告等。

⑦ 项目风险管理：是指识别和分析项目风险及采取应对措施的活动。

⑧ 项目采购管理：是指为了从项目实施组织之外获得所需资源或服务所进行的一系列管理，包括制订采购计划、资源的选择及合同的管理等工作。

⑨ 项目集成管理：是指为确保项目各项工作能够有机地协调和配合所展开的综合性和全局性的项目管理工作，包括项目集成计划的制订、项目集成计划的实施、项目变动的总体控制等。

7.3.2 项目管理的表述方式

项目管理过程也是项目活动的控制过程，这些控制过程通常用一些图形或表格表述。

1. 项目管理流程图

图 7.3 所示为用跨功能流程图描述的简单项目管理流程。图中描述了不同角色在项目进程中所开展的活动以及各活动之间的关系。对于具体的工程项目，需要根据具体情况绘制符合实际的项目管理流程图。对于电子政务来说，在《电子政务标准化指南　第二部分：工程管理》中推荐了一个电子政务系统工程项目管理流程图，供各级政府参考。

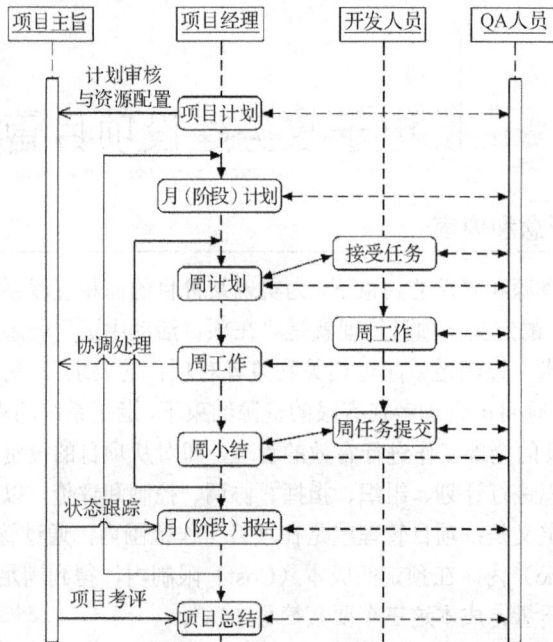

图 7.3　项目管理流程

2. 项目进度表

表 7.2 所示为用表格形式描述的项目进度及推进计划示例，包括计划进度、实际进度以及任务（活动）的状态。

表 7.2　　　　　　　　　　　　项目进度及推进计划示例　　　　　　　　　　　单位：周

活　　动	工期估计	最　　早		最　　迟		总 时 差
		开始时间	结束时间	开始时间	结束时间	
1. 收集数据	3	0	3	−8	−5	−8
2. 可行性研究	4	0	4	−9	−5	−9
3. 准备系统规划报告	1	4	5	−5	−4	−9
4. 与业务人员沟通	5	5	10	−4	1	−9
5. 研究现有系统	8	5	13	−2	6	−7
6. 明确用户需求	5	10	15	1	6	−9
7. 准备系统分析报告	1	15	16	6	7	−9
8. 分析数据输入和输出	8	16	24	9	17	−7
9. 处理数据和建数据库	10	16	26	7	17	−9
10. 审查数据字典	2	26	28	17	19	−9
11. 准备系统设计报告	2	28	30	19	21	−9
12. 开发软件	15	30	45	21	36	−9
13. 硬件规划与采购	10	30	40	26	36	−4
14. 网络实现	6	30	36	30	36	0
15. 准备系统实现报告	2	45	47	36	38	−9
16. 测试软件	6	47	53	38	44	−9
17. 测试硬件	4	47	51	40	44	−7
18. 测试网络	4	47	51	40	44	−7
19. 准备系统测试报告	1	53	54	44	45	−9
20. 人员培训	4	54	58	45	49	−9
21. 系统转换	2	54	56	47	49	−7
22. 准备系统转换报告	1	58	59	49	50	−9

3. 项目进度甘特图

图 7.4 所示为用甘特图表述项目进程的示例。

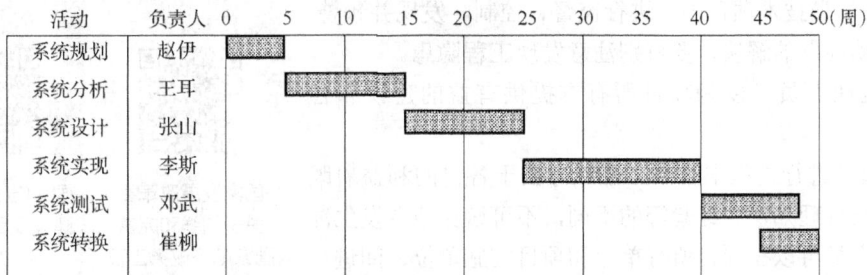

图 7.4　用甘特图表述项目进程的示例

以上这些图表可以用项目管理软件自动生成。

7.3.3 电子政务建设项目管理模式

电子政务建设项目是各级政府在一定条件下，为落实先进行政理念，进行业务流程重组，提高服务能力的一种建设项目，具有极强的综合性、专业性。各国政府都高度重视电子政务建设中的项目管理，把加强项目管理作为保证电子政务项目成功实施的重要手段。美国联邦政府预算管理办公室（OMB）基于美国联邦政府 CIO 委员会 1999 年提出的"联邦政府组织架构框架（FEAF）"的基本思想，于 2002 年提出了更为完善的统一规划 FEA，并为此专门成立了 FEA 项目管理办公室（Federal Enterprise Architecture Project Management Office，FEAPMO）。

我国也非常强调在电子政务工程中使用项目管理的方法。2007 年 8 月 13 日，中华人民共和国国家发展和改革委员会第 55 号令发布《国家电子政务工程建设项目管理暂行办法》，就电子政务工程建设中的申报和审批管理、建设管理、资金管理、监督管理、验收评价管理、运行管理做了严格规定。

一般来说，电子政务工程项目管理由表 7.3 所示的六个阶段组成。

表 7.3　　　　　　　　　　　　　　电子政务工程项目管理

序　号	阶　段	任　务	主要负责人	重点管理要素	管理特点
1	项目准备	建立领导机构，制定长期规划、制度	政府高层领导	整体管理	启动
2	项目启动	成立项目管理机构，制定目标、预算	信息化部门领导	范围管理	计划
3	项目采购	分析业务需求，设计、选择合适方案	政府项目负责人	采购管理	计划
4	项目实施	应用开发、系统集成	实施企业负责人	TQC 管理	实施/控制
5	项目评价	评估验收	政府项目负责人	质量管理	控制
6	项目维护	在运行中发现问题	政府技术负责人 实施企业负责人	质量管理	收尾

7.3.4 电子政务工程监理

工程监理与项目管理的主要功能都是对项目（工程）的范围、质量、时间、成本等要素进行管理和控制。其中，工程监理在以下几个方面具有特殊作用。

① 项目管理人员分别是项目所有单位和项目实施单位的有关人员，而监理人员受项目法人的委托，由有资质的第三方人员担任，以发挥第三方的专业化服务功能，弥补项目所有单位（政府部门）在技术、人力资源和经验方面的不足。

② 在信息技术项目中，进行监督、控制，发现并预警问题，推动问题的解决，要特别注意发现工程隐患。

③ 监理人员可以为项目所有方提供有益的建议和咨询等。

④ 项目进行过程中，甲、乙双方由于各自的利益着眼点、技术及管理知识和经验等的不同，不可避免地会发生冲突。监理人员可以在项目所有单位和项目实施单位之间进行关系协调，很好地处理项目中出现的各方沟通上的问题，解

国家发展改革委关于加强和完善国家电子政务工程建设管理的意见

国家电子政务工程建设项目管理暂行办法

决甲、乙双方的纠纷，以客观的态度和灵活的手段来调解双方的争执。

7.3.5 电子政务建设项目验收

依据国家相关法律法规、标准和行业规范，政府、大型企业的信息化建设要进行科学、客观、严谨的全生命周期的项目监控、测试、验收，以确保与信息化工程建设单位的建设需求一致。

1. 验收时限

一般来说，电子政务项目建设完成半年内，应当完成初步测试，并向项目审批部门提交竣工验收申请报告。因特殊原因不能按时提交竣工验收申请报告的，项目建设单位应向项目审批单位提交延期验收申请，经项目审批单位批准，可以适当延期进行竣工验收。

2. 验收条件

① 建设项目确定的网络、应用、安全等主体工程和辅助设施已经按照设计建成，能满足系统运行的需要。

② 建设项目确定的网络、应用、安全等主体工程和配套设施经测试和试运行合格。

③ 建设项目涉及的系统运行环境的保护、安全、消防等设施是否已经与所涉及的主体工程同时建成并经试运行合格。

④ 建设项目投入使用的各项准备工作已经完成，能适应项目正常运行的需要。

⑤ 完成预算执行情况报告和初步的财务决算。

⑥ 档案文件整理齐全。

3. 验收依据

① 国家有关法律、法规，以及国家关于信息通信、信息系统和电子政务建设项目的相关标准。

② 经批准的建设项目建议书及批复文件。

③ 经批准的建设项目可行性研究报告及批复文件。

④ 经批准的建设项目初步设计和投资概算报告及批复文件。

⑤ 建设项目的合同文件、施工图、设备和软件技术说明书。

4. 验收任务

① 审查项目建设目标、规模、内容、质量及资金使用等情况。

② 审核项目形成的资产情况。

③ 评价项目交付使用情况。

④ 检查项目建设单位执行国家法律、法规情况。

5. 验收种类

依照具体情况，验收分为初步验收（单项验收、初步测试）和竣工验收。不同验收的验收内容、条件等不同。

7.3.6 电子政务建设项目文档管理

建设项目文档管理是指在一个系统（软件）项目开发进程中对提交的文档进行收集管理的过程。通常，文档管理在项目开发中不是很受重视，当发现其重要性时，往往为时已晚，整个项目可能因此变得管理混乱，问题产生后无据可查。文档管理对于一个项目的顺利进行起着至关重要的作用，其重要性不容忽视。

电子政务是一个复杂、重要的系统。每一个组成项目都会在国民经济、政治、生态、教育、民生等领域产生重大影响。因此，在项目建设中加强文档管理十分重要。

一个电子政务建设项目在开展过程中会涉及许多文档。《电子政务标准化指南 第 2 部分：工程管理》中给出了表 7.4 所示的项目的主要文档。其对于规范化项目文档，以及检查与验收项目都有着重要的参考价值。

表7.4 项目的主要文档

阶 段 序 号	项 目 阶 段	文档编号	文 档 名 称	责 任 单 位	存 档 形 式
1	前期	E1-1	需求分析	建设单位	纸质、电子文档
		E1-2	项目计划书	建设单位	纸质、电子文档
		E1-3	项目建议书	建设单位	纸质、电子文档
		……	其他文档		纸质、电子文档
2	申授	E2-1	可行性研究报告	建设单位	纸质、电子文档
		E2-2	初步设计方案	建设单位	纸质、电子文档
		E2-3	投资概算	建设单位	纸质、电子文档
		E2-4	专家评审意见	专家组	纸质、电子文档
		……	其他文档		纸质、电子文档
3	审批	E3-1	审批意见	审批部门	纸质、电子文档
4	监理	E4-1	监理文档	监理单位	纸质、电子文档
5	招投标	E4-2	招投标文件	建设单位	纸质、电子文档
		E4-3	合同文档	相关方	纸质、电子文档
		……	其他文档		纸质、电子文档
6	实施	E5-1	阶段目标文档	实施单位	纸质、电子文档
		E5-2	项目进度控制文档	实施单位	纸质、电子文档
		E5-3	工程现场文档	实施单位	纸质、电子文档
		E5-4	变更文档	实施单位	纸质、电子文档
		E5-5	概预算文件	建设单位	纸质、电子文档
		E5-6	测评报告	测评机构	纸质、电子文档
		E5-7	文档质量控制文档	实施单位	纸质、电子文档
		E5-8	需求分析完善版	实施单位	纸质、电子文档
		E5-9	概要设计文档	实施单位	纸质、电子文档
		E5-10	详细设计文档	实施单位	纸质、电子文档
		……	其他文档		纸质、电子文档

续表

阶段序号	项目阶段	文档编号	文档名称	责任单位	存档形式
7	验收	E6-1	竣工验收申请报告	建设单位	纸质、电子文档
		E6-2	项目建设总结	建设单位	纸质、电子文档
		E6-3	工作报告	建设单位	纸质、电子文档
		E6-4	技术报告	建设单位	纸质、电子文档
		E6-5	初步验收报告	建设单位	纸质、电子文档
		E6-6	财务报告	建设单位	纸质、电子文档
		E6-7	审计报告	建设单位	纸质、电子文档
		E6-8	信息安全风险评估报告	建设单位	纸质、电子文档
		E6-9	技术操作手册	建设单位	纸质、电子文档
		E6-10	用户手册	建设单位	纸质、电子文档
		E6-11	专家评审意见	专家组	纸质、电子文档
		E6-12	考核评价文档	专家组	纸质、电子文档
		……	其他文档		纸质、电子文档
8	维护	E7-1	维护文档	维护单位	纸质、电子文档
		E7-2	交接手续文档	维护单位	纸质、电子文档
		……	其他文档	维护单位	纸质、电子文档
9	其他文档		其他有关技术文档		纸质、电子文档

习 题

一、填空题

1. 项目规划是_____，_____，_____，并提出实现目标、解决问题的有效方案、方针、措施和手段的过程。

2. 项目规划是_____的前提和基础，是_____的依据、_____的标准。

3. 电子政务建设项目规划要以_____为指导，从_____出发，因地制宜地制定自己的项目规划。

4. 国家《"十三五"电子政务规划》的指导思想是加强_____，坚持_____，强化_____、_____和_____。

5. 国家《"十三五"电子政务规划》中提出的电子政务建设的基本原则是加强_____，_____，_____，_____。

6. 电子政务顶层设计就是一个地区、行业或者部门电子政务_____或_____的详细设计及其内部各要素之间有效组合运行的_____、_____和_____的模型化设定，可保证电子政务系统功能相互协调、结构基本一致、资源互相共享、标准基本统一。

7. 招标是工程、货物、服务贸易中的_____，通过事先公布的采购的要求——发出_____，吸引众多的投标人按照同等条件进行平等竞争，并按照规定程序，组织技术、经济和法律等方面的专家对众多的投标人进行综合评审，从中择优选定项目的中标人，以获得_____的交易活动。

8. 项目管理就是在_____内，通过管理，实现在_____内，在预定的_____内，得到_____的项目目标。

二、简答题

1. 电子政务工程建设为什么以安全为先？
2. 在项目管理中，可以使用的图、表工具有哪些？
3. 在电子政务工程建设中如何保证质量？
4. 电子政务工程监理有哪些作用？

三、实践题

1. 到一个政府部门实习，查阅其曾经做过的电子政务建设项目规划书，并仿照其格式，为其编制一个新的电子政务建设项目规划书。
2. 到一个政府部门实习，查阅其曾经做过的电子政务建设工程招标书，并仿照其格式，为其编制一个新的电子政务建设工程招标书。
3. 一个政府的信息化工程外包，请为领导提交一份在工程的各个不同阶段应当依据的有关国家标准的清单。

参 考 文 献

[1] 袁曙宏. 政府形象论纲[J]. 国家行政学院学报，2000（3）.

[2] 丹尼尔·F. 史普博. 规制与市场[M]. 余晖，等，译. 上海：生活·读书·新知三联书店，上海人民出版社，1999.

[3] 丹尼尔·耶金和约瑟夫·斯坦尼罗斯. 制高点[M]. 段宏，等，译. 北京：外文出版社，2000.

[4] 金太军. 政府职能的梳理与重组[M]. 广州：广东人民出版社，2000.

[5] 赫伯特·斯坦. 美国总统经济史[M]. 金清，郝黎莉，译. 长春：吉林人民出版社，1997.

[6] 江青. 数字中国——大数据与政府管理决策[M]. 北京：中国人民大学出版社，2018.

[7] 颜廷锐. 中国行政体制改革问题报告[M]. 北京：中国发展出版社，2004.77.

[8] 张基温，张展为，史林娟. 电子政务导论[M]. 北京：人民邮电出版社，2014.

[9] 李文良. 中国政府职能转变问题报告[M]. 北京：中国发展出版社，2004：193-220.

[10] 王成栋. 政府责任论[M]. 北京：中国政法大学出版社，1999.

[11] 袁曙宏. 政府形象论纲[J]. 国家行政学院学报，2000（3）.

[12] 张基温. 信息素养——21 世纪计算机基础教育的坐标系[J]. 教育信息化，2002（12）：40.

[13] 张基温. 中国信息化进程中的几个关键问题[A]. 信息资源与社会发展——1996 年信息资源与社会发展国际研讨会论文集[C]. 武汉：武汉大学出版社，1996.

[14] 张基温. "信息高速公路"的挑战与我们的对策[J]. 电子展望与决策，1996（2）：24-25.

[15] 张基温. 信息技术与信息化基础教程[M]. 北京：电子工业出版社，1998.

[16] 汪玉凯. 政府在推动信息化中的四大作用[N]. 中国计算机报，2004.

[17] 汪玉凯. 公共治理的和谐与电子政务建设[N]. 信息化建设网站，2007.

[18] 李伟克. 发达国家政府服务经验集萃[J]. 当代党员，2006.

[19] 陈飞. 浅论信息资源规划（IRP）对企业架构（EA）的重要作用[N]. 信息资源规划网，2004.

[20] 黄澜. 关于政府网站服务"供应链"的初探[N]. 电子政务工程服务网，2007.

[21] 刘渊，王小毅. 政府门户网站绩效管理现状、误区与对策[N]. 信息化建设，2007.

[22] 李钧辉. 政务云建设的未来之路——评《基于云计算的电子政务公共平台顶层设计指南》[N/OL]. 赛迪世纪，2013.

[23] 张基温. 计算机网络技术与应用教程. 2 版. 北京：人民邮电出版社，2016.

[24] 蒋骁. 电子政务公民采纳：理论、模型与实证研究[M]. 北京：经济管理出版社，2011.

[25] 张基温. 信息系统安全教程[M]. 3 版. 北京：清华大学出版社，2017.

[26] 赵国俊. 电子政务标准的类型、级别与形式[J]. 情报资料工作，2005（6）.

[27] 宁家骏，刘增明. 电子政务工程实务概论[M]. 北京：中国市场出版社，2006.

[28] 王璟璇，于施洋. 电子政务顶层设计：国外实践评述[N/OL]. 中国电子政务网，2011.